Dr. Detlef Rettinger

Faszination Devisen

Dr. Detlef Rettinger

Faszination Devisen

Alles, was Sie über den Handel mit
Währungen wissen müssen

FinanzBuch Verlag

Bibliografische Information der Deutschen Bibliothek:
Die Deutsche Bibliothek verzeichnet diese Publikation in der Deutschen Nationalbibliografie; detaillierte bibliografische Daten sind im Internet über http://dnb.ddb.de abrufbar.

Gesamtbearbeitung: Julia Grunow
Umschlaggestaltung: Judith Wittmann
Lektorat: Dr. Renate Oettinger
Druck: Grafik + Druck, München

1. Auflage 2005

Frundsbergstraße 23
80634 München
Tel. 089 651285-0
Fax 089 652096
info@finanzbuchverlag.de

Den Autor erreichen Sie unter:
rettinger@finanzbuchverlag.de
ISBN 3-89879-095-9

Vorwort

Der Devisenmarkt ist in den vergangenen Jahren immer stärker in den Blickpunkt der Privatanleger getreten. Allenthalben ist steigendes Interesse an diesem spannenden Markt festzustellen.

Das ist zum einen sicherlich darauf zurückzuführen, dass sich für den Privatanleger inzwischen mehr, einfachere und günstigere Möglichkeiten eröffnen, am Devisenmarkt zu investieren oder zu spekulieren. Zum anderen liegt das steigende Interesse aber auch am Devisenmarkt selbst, da er durch seine Schnelligkeit und durch die Vielzahl an Einflussgrößen eine große Faszination ausübt. So ist es eben interessant zu beobachten, wie sich zum Beispiel Zinsänderungen der Notenbanken, politische Veränderungen und konjunkturelle Entwicklungen auf die Wechselkurse auswirken. Ein Anliegen dieses Buches ist es daher, dem Leser die Faszination, die vom Devisenmarkt ausgeht, zu vermitteln.

Daneben soll das Buch vor allem zwei Funktionen erfüllen: Zum einen soll es dem mit Devisen noch wenig erfahrenen Leser ein Werkzeug an die Hand geben, um sich in der Welt des Devisenhandels besser zurechtzufinden. Zum anderen soll dieses Buch durch die Vielzahl an behandelten Themengebieten aber auch dem Leser, der bereits Erfahrungen mit Devisen besitzt, als Nachschlagewerk dienen. Obwohl die einzelnen Kapitel aufeinander aufbauen, stehen sie daher trotzdem jeweils für sich, sodass sich jeder Leser nur auf den ihn besonders interessierenden Teil konzentrieren kann.

Der Schwerpunkt dieses Buches liegt auf dem Trading am Devisenmarkt. Aber der Devisenmarkt eignet sich nicht nur für das Trading, er bietet auch gute Möglichkeiten für die mittel- und langfristige Geldanlage. So ist das Investieren in ausländischen Devisen eine gute Möglichkeit der Beimischung für ein diversifiziertes Depot. Darüber hinaus kann durch die Aufnahme von Krediten in fremder Währung von den oftmals niedrigeren Zinsen in anderen Ländern profitiert werden. Auf diese Punkte wird zum Beispiel in Kapital 9 näher eingegangen.

Zum Aufbau des Buches im Einzelnen: In Kapitel 1 werden zur Einführung grundlegende Begriffe aus dem Devisenhandel erläutert. Der erste Schwerpunkt des Buches liegt anschließend auf der Erläuterung der gesamtwirtschaftlichen Zusammenhänge und ihrer Auswirkungen auf die Wechselkurse im Kapitel 2, „Fundamentale Prognose der Wechselkurse“, und im Kapitel 3, „Einflüsse auf die Wechselkurse in der Praxis“. Im Kapitel vier schließlich wird alles Wissenswerte zu den wichtigsten Währungen dieser Welt dargestellt.

Die Kapitel 5, 6 und 7 beschäftigen sich mit der Frage, welche Möglichkeiten es für den Privatanleger gibt, durch Spekulieren am Devisenmarkt Geld zu verdienen. In Kapitel 5, „Die Geschäftsarten im Devisenhandel“, werden dabei zuerst die grundlegenden Möglichkeiten vorgestellt. Anschließend wird in Kapitel 6, „Wie spekuliert man an der Forex?“, erläutert, wie die direkte Spekulation am Devisenmarkt (englisch: Forex) vor sich geht und worauf hierbei besonders zu achten ist. Nicht zuletzt wird dabei auch die Frage behandelt, wie bei der Auswahl des geeigneten Devisen-Brokers vorgegangen werden sollte. Kapitel 7, „Devisenspekulation mit Derivaten“, zeigt schließlich auf, was der Privatanleger wissen sollte, wenn er in Turbozertifikate oder Optionsscheine auf Wechselkurse investieren will.

Kapitel 8, „Regeln für eine erfolgreiche Spekulation“ widmet sich dann der Frage, was es zu beachten gilt, um das Spekulieren am Devisenmarkt zum Erfolg werden zu lassen. Dabei werden unter anderem die Grundlagen der Charttechnik, der richtige Umgang mit Stop-Loss-Strategien sowie die Psychologie des Tradings behandelt.

Abgeschlossen wird das Buch mit Kapitel 9, „Guthaben und Kredite in fremden Währungen“, das sich weniger mit der Devisenspekulation als mit dem längerfristigen Investieren in Devisen beschäftigt. Der Schwerpunkt liegt dabei auf den Fremdwährungskrediten, die in den vergangenen Jahren immer mehr an Bedeutung gewonnen haben.

Bei der obigen Beschreibung des Buches wird dem Leser auffallen, dass eine Vielzahl von Themen behandelt wird. Ziel des Autors war es nicht, diese Themen alle erschöpfend darzustellen – das wäre im Rahmen dieses Buches auch gar nicht möglich gewesen. Stattdessen soll der Leser Einblick in alle wichtigen Aspekte des Spekulierens und Investierens am Devisenmarkt erhalten. Eine nicht zuletzt durch viele Praxisbeispiele verständliche Darstellung war dabei das besondere Anliegen des Autors. Sollte sich der Leser nach der Lektüre dieses Buches dazu animiert sehen, sein Wissen auf dem einen oder anderen Gebiet mit weiterführender Literatur zu vertiefen, so liegt dies durchaus im Interesse des Autors.

1. Grundlegendes

1.1 Faszination Devisenmarkt

Der Devisenmarkt ist zweifellos einer der vollkommensten und liquidesten Märkte der Welt; gerade das macht ihn so spannend. Hier spielen dank Computertechnik Zeit und Raum kaum eine Rolle. Während selbst die großen Aktienbörsen weltweit immer noch einen nationalen Charakter besitzen, ist der Devisenmarkt ein echter internationaler Markt.

Es gibt keinen Börsenschluss und keine Eröffnung. Die Devisenhändler geben sich über alle Zeitzonen weltweit sozusagen die Klinke in die Hand und sorgen für einen ununterbrochenen Handel, 24 Stunden lang, rund um die Uhr. Ob man am Nordkap sitzt oder auf Neuseeland, spielt dabei keine Rolle.

Die besondere Faszination des Devisenmarktes rührt aber darüber hinaus sicher von der Vielzahl an Einflussgrößen her, denen die Devisenkurse ausgesetzt sind: Zinsen, Inflationsentwicklung, politische Ereignisse, volkswirtschaftliche Wachstumsraten, geldpolitische Entscheidungen, Entwicklungen an den Aktien- und Rentenmärkten – all dies findet seinen Niederschlag in der Preisbildung auf dem Devisenmarkt.

Viele Trader interessieren sich aber für solche „fundamentalen“ Einflüsse wenig und handeln nur unter charttechnischen Gesichtspunkten – auch dies ist möglich. Für die Charttechniker sind alle Informationen, die sie brauchen, aus den Kursen selbst herauszulesen.

Letztlich erlaubt der Devisenmarkt durch seine Vielseitigkeit eine Unmenge von Handelsstrategien. Jeder Trader oder Anleger muss dabei seinen eigenen Weg finden. Dieses Buch möchte dafür das Rüstzeug geben. Im Folgenden sollen jedoch erst einmal einige grundlegende Dinge geklärt werden.

Abb. 1.1: Der Wechselkurs zwischen Euro und US–Dollar (EUR/USD) 2004

Der Wechselkurs zwischen Euro und US–Dollar wird üblicherweise in der Schreibweise EUR/USD dargestellt. Dabei wird der Preis des Euros in US–Dollar angegeben. Das heißt: Ein Euro kostete demnach Ende Dezember 2004 etwa 1,3550 US–Dollar. Im Chart ist die Kursentwicklung im Verlauf des Jahres 2004 dargestellt.

1.2 Wechselkurse, Devisen, Währungen, Sorten

Der Preis aller Güter in einer modernen Volkswirtschaft ist gegenüber der jeweiligen Währung, in Deutschland dem Euro, festgelegt. Man spricht daher von einer Geldwirtschaft. Geld besitzt dabei die Rechenfunktion, um Güterpreise vergleichbar zu machen.

Will man allerdings die Inlandswährung, also zum Beispiel den Euro, gegenüber den Währungen anderer Länder vergleichbar machen, um den Preis von ausländischen Gütern in inländischer Währung auszudrücken, dann benötigt man den Wechselkurs. Das heißt: Der Preis einer Währung in einer fremden Währung wird Wechselkurs genannt.

Ausländische Währungen bezeichnet man dabei als Devisen, weshalb der Markt, auf dem ausländische Währungen gehandelt werden, Devisenmarkt genannt wird. Der Preis auf dem Devisenmarkt ist damit der Wechselkurs. Dabei muss natürlich beachtet werden, dass es nicht nur eine Auslandswährung gibt, sich der Devisenmarkt also in viele Währungspaare unterteilt.

Mit Sorten schließlich bezeichnet man die Bestände an ausländischem Bargeld, während zu den Devisen auch Fremdwährungsguthaben sowie Geldmarktanlagen im Ausland zählen. Die Bestände an Sorten, über die ein Land verfügt, sind also ein Teil seiner Devisenbestände.

Die Art und Weise der Kursnotierung an den Devisenmärkten sorgt allerdings immer wieder für Verwirrung: So hat sich zum Beispiel für den Euro die so genannte Mengennotierung durchgesetzt, anstelle der früher zum Beispiel für die D-Mark gebräuchlichen Preisnotierung.

Bei der Mengennotierung dient die Inlandswährung (das heißt der Euro) als feste Bezugsgröße. Beim Wechselkurs Euro/US-Dollar gilt daher der Euro als so genannte „Base Currency", während der US-Dollar in diesem Fall die „Secondary Currency" ist. Die Base Currency ist es auch, die jeweils gekauft oder verkauft wird.

Im Folgenden werden übrigens die offiziellen Abkürzungen für die Währungen, die so genannten ISO-Codes, verwendet, also USD für US-Dollar, EUR für Euro usw. (siehe Anhang 10.1 „Referenzkurse im Devisenhandel").

Beispiel:

Liegt der Wechselkurs EUR/USD bei 1,3200 US-Dollar, dann heißt dies, dass man für einen Euro 1,3200 US-Dollar erhält. Steigt nun der EUR/USD-Wechselkurs von 1,3200 auf 1,3400 US-Dollar, so bedeutet dies eine Aufwertung des Euros und gleichzeitig eine Abwertung des US-Dollars, denn: Eine Aufwertung der einen Währung ist bei einem Wechselkurs immer gleichbedeutend mit einer Abwertung der anderen Währung.

Es muss allerdings gesagt werden, dass eine solche Schreibweise mathematisch nicht korrekt ist, da die Referenzgröße – hier der Euro – eigentlich im Nenner stehen müsste.

Üblich ist die Kursangabe bis auf die vierte Nachkommastelle, allerdings gibt es auch Wechselkurse wie den des Yens, der nur bis auf die zweite Nachkommastelle angegeben wird. Die letzte Dezimalstelle wird üblicherweise als „Punkt" oder „Pip" bezeichnet. Steigt der Wechselkurs des Euros zum US-Dollar zum Beispiel von 1,2000 auf 1,2050 USD, dann bedeutet dies eine Zunahme um 50 Punkte oder 50 Pips.

Darauf wird im Kapitel 6 noch genauer eingegangen.

Seit den fünfziger Jahren war es im professionellen Devisenhandel zwischen Banken üblich, die verschiedenen Lokalwährungen durch die Bezeichnung des Preises von einem US-Dollar in lokaler Währung anzugeben. Dies resultierte aus der Bedeutung des US-Dollars als internationaler Ankerwährung. Erst seit kurzem kratzt der Euro allmählich an dieser herausgehobenen Stellung des US-Dollars, ohne sie bislang aber wirklich gefährden zu können.

Man schätzt, dass 90 Prozent aller Währungen, die am Devisenmarkt gehandelt werden, gegenüber dem US-Dollar gehandelt werden. Die nächsten vier in der Rangliste sind Euro (EUR), Japanischer Yen (JPY), Britisches Pfund (GBP) und Schweizer Franken (CHF). Die Wechselkurse dieser vier Währungen gegenüber dem US-Dollar, also EUR/USD, USD/JPY, GBP/USD und USD/CHF, werden als „Major Pairings" oder einfach als „Majors" bezeichnet. Diese vier Währungspaare sind es auch, die am Devisenmarkt am meisten gehandelt werden.

Im Übrigen: Aus der historisch gewachsenen Praxis der Notierung aller Währungen gegenüber der Referenzwährung „US-Dollar" resultiert es, die Wechselkurse zwischen anderen Währungen als „Cross-Rates" zu bezeichnen. Das gilt zum Beispiel für Wechselkurse wie EUR/CHF, EUR/GBP, EUR/SEK oder GBP/JPY.

Gelegentlich wird allerdings der Begriff „Cross" auch für einen Wechselkurs zwischen zwei Währungen im Allgemeinen verwendet.

Referenzwährung US-Dollar: An 90 Prozent aller Transaktionen auf dem Devisenmarkt ist der US-Dollar beteiligt.

Währungspaar	Wechselkurs
EUR/USD	1,2750
USD/CHF	1,2020

Den Kurs (Bid) für EUR/CHF erhält man durch folgende Rechnung:
1 EUR = wie viel CHF?
1 EUR = 1,2750 USD
1 USD = 1,2020 CHF
-> 1 EUR = 1,2750 x 1,2020 = 1,5326 CHF
-> Kurs EUR/CHF = 1,5326

Tab. 1.1: Berechnung einer Cross-Rate am Beispiel des EUR/CHF-Wechselkurses

1.3 Was bewegt die Kurse?

„Der Wechselkurs spiegelt die relative wirtschaftliche Stärke zweier Währungsräume wider" – das stimmt allenfalls auf lange Sicht, kurzfristig lassen sich so keine Wechselkursbewegungen erklären. Denn: Im Prinzip gibt es nur eine Möglichkeit zur Erklärung von Devisenkursen, und das ist die des Zusammenspiels von Angebot und Nachfrage.

Diese beiden Kräfte entscheiden, in welche Richtung sich der jeweilige Devisenkurs bewegt. Wer also Devisenkurse prognostizieren will, der muss Vorhersagen über die Entwicklung von Angebot und Nachfrage nach den jeweiligen Währungen treffen. Dieser Hinweis – so selbstverständlich er auch klingen mag – ist deswegen so wichtig, weil vor allem fundamentale Analysten sich immer fragen müssen, ob der Theorie-Ansatz, den sie gerade verfolgen, wirklich das aktuelle Zusammenspiel von Angebot und Nachfrage erklärt.

Als Beispiel mag hier der Hinweis dienen, dass die jahrelangen Handelsbilanzdefizite der USA seit Mitte der neunziger Jahre von vielen Analysten als Grund dafür angeführt wurden, dass der US-Dollar abwerten müsste. Denn: Der Importüberschuss muss ja irgendwie bezahlt werden, was dazu führt, dass das Angebot von US-Dollars an den internationalen Devisenmärkten ständig steigt.

Doch der US-Dollar wertete lange Zeit nicht ab, im Gegenteil. Der Grund: Angebot und Nachfrage nach US-Dollars wurden weniger von den Handelsströmen bestimmt als vielmehr von den Kapitalströmen. Entscheidend für den Wechselkurs war daher der ständige Zustrom von Anlagegeldern aus dem Ausland in die USA. Dadurch wurden US-Dollars nachgefragt, und damit wurde das Defizit in der Handelsbilanz mehr als wettgemacht.

Erst als die Aktienmärkte in den USA in den vergangenen Jahren einbrachen und es für ausländische Anleger zunehmend unattraktiv wurde, in den USA zu investieren, sank die Nachfrage nach US-Dollars. Und erst dann spielte auch das Handelsbilanzdefizit für die Erklärung von Angebot und Nachfrage nach US-Dollars wieder eine wichtige Rolle.

Dieses Beispiel zeigt, dass es nicht genügt, eine einzelne fundamentale Erklärung für den Wechselkurs heranzuziehen; man muss immer verschiedene Ansätze im Blick haben.

Daneben ist es auch wichtig, auf die Cross-Rate-Effekte zu achten. Steigt zum Beispiel der Wechselkurs EUR/USD an, das heißt der Euro wertet gegenüber dem US-Dollar auf und der Wechselkurs USD/JPY bleibt gleichzeitig unverändert, dann steigt auch der Wechselkurs EUR/JPY an.

Das heißt: Der Euro wertet gegenüber dem Yen auf, obwohl sich im Verhältnis beider Währungen direkt nichts geändert hat. Einziger Grund für die Veränderung ist der Cross-Rate-Effekt aus der Aufwertung gegenüber dem US-Dollar.

Bei der Wechselkursprognose sollte immer auch der Cross-Rate-Effekt berücksichtigt werden.

1.4 Wer bewegt die Kurse?

Es gibt zahlreiche Akteure am Devisenmarkt. Da sind zum einen natürlich die Handelsunternehmen, die zur Abwicklung ihrer Auslandsgeschäfte Währungen konvertieren müssen. Dann gibt es Investoren, die im Ausland langfristig Geld anlegen wollen und zum Beispiel für den Kauf von Aktien ausländischer Unternehmen ebenfalls Fremdwährungen benötigen.

Eine weitere wichtige Anlegergruppe sind international anlegende Kapitalfonds. Zu diesen zählen auch die so genannten Hedge Fonds wie zum Beispiel der berühmte Quantum–Fonds von George Soros. Die Hedge Fonds besitzen große Marktmacht, da sie nicht nur über große Anlagesummen verfügen, sondern ihre Investments „hebeln" können und dadurch enorme Summen bewegen.

Das „Hebeln" von Investitionen, also die Bewegung großer Anlagesummen bei geringem Kapitaleinsatz, ist am Devisenmarkt besonders leicht, weshalb Hedge Fonds gerne auf dem Devisenmarkt aktiv sind. Allerdings sind gehebelte Investments natürlich auch mit einem hohen Risiko verbunden. Das hat sich am Fall des Hedge Fonds LTCM gezeigt, dessen Beinahe–Zusammenbruch im Jahr 1998 für Turbulenzen an den internationalen Kapitalmärkten und sogar zu einem Eingreifen der US–Notenbank führte.

Die Notenbanken der jeweiligen Staaten treten häufig als Vermittler für den Fluss von Devisen auf, agieren zum Teil aber auch selbstständig am Devisenmarkt. Zum einen verwalten die Notenbanken die Devisenreserven eines Landes, und deren Ansteigen oder Sinken beeinflusst natürlich Angebot und Nachfrage auf dem Devisenmarkt. Ein Beispiel dafür ist Russland, das Mitte 2004 ankündigte, den Anteil des Euros an seinen Devisenreserven zu erhöhen und dafür den Anteil des US–Dollars zu verringern.

Zum anderen treten die Notenbanken aber auch gelegentlich als Akteure am Devisenmarkt auf, indem sie versuchen, durch Interventionen die Wechselkurse zu beeinflussen. So haben die großen Notenbanken der Welt nach den Anschlägen des 11. September 2001 am Devisenmarkt interveniert, um allzu exzessive Wechselkursschwankungen einzudämmen. Auf die Möglichkeit von Notenbankinterventionen wird später noch eingegangen.

Die Geschäftsbanken selbst werden auch am Devisenmarkt aktiv, meistens im Auftrag von Kunden. Allerdings führen viele Geschäftsbanken auch auf eigene Rechnung Devisengeschäfte zur Erzielung von Kursgewinnen durch.

Die Privatanleger schließlich spielen an der Forex zwar eine zunehmende, aber vom Volumen her immer noch eine geringe Rolle.

UNTERNEHMEN
International tätige Unternehmen benötigen für ihre Transaktionen Devisen.

GESCHÄFTSBANKEN
Geschäftsbanken führen im Kundenauftrag oder auf eigene Rechnung Devisentransaktionen durch. Sie sind zudem in erster Linie für die „Kurspflege“, das Market Making, verantwortlich.

NOTENBANKEN
Über die Notenbanken als Verwalter der Devisenreserven eines Landes werden viele Zahlungen in fremden Währungen abgewickelt. Zudem treten die Notenbanken gelegentlich als selbstständige Akteure auf, zum Beispiel bei Devisenmarktinterventionen.

INTERNATIONAL ANLEGENDE KAPITALFONDS
Angesichts des stetig wachsenden internationalen Kapitalstroms besitzen die Kapitalfonds eine große Bedeutung am Devisenmarkt. Zu ihnen zählen auch Hedge Fonds, die durch ihre große Marktmacht manchmal den Markt bewegen können.

PRIVATANLEGER
Privatanleger werden erst seit wenigen Jahren verstärkt am Devisenmarkt aktiv. Sie benötigen aber dafür Zwischenhändler, die so genannten Devisen-Broker.

Tab. 1.2: Die Akteure am Devisenmarkt

1.5 Was ist die Forex?

Der „Ort" des Devisenhandels für professionelle Marktteilnehmer ist der so genannte Interbanken-Markt. Man spricht hier auch von der Forex (kurz: FX).

Forex ist die englische Bezeichnung für den Devisenmarkt und eine Abkürzung für den Begriff „Foreign Exchange", was nichts anderes als „Austausch von Devisen" bedeutet. Die Forex bezeichnet damit lediglich die Verbindung aller Akteure am Devisenmarkt über elektronische Handelssysteme, wobei es allerdings keinen Zwischenhändler wie den Makler an einer Aktienbörse gibt – die Marktteilnehmer handeln am Devisenmarkt direkt miteinander.

Privatanleger können in der Regel nicht direkt an der Forex handeln, sie müssen auf einen „Zwischenhändler" zurückgreifen, nämlich die auf den Handel an der Forex spezialisierten Devisen-Broker. Seit Mitte der neunziger Jahre hat deren Zahl ständig zugenommen, und inzwischen ist es für Privatanleger relativ einfach geworden, am Devisenmarkt zu spekulieren. Wie dies vor sich geht, darauf wird später noch genau eingegangen.

Die Kurse, zu denen der Privatmann über seinen Devisen-Broker an der Forex spekulieren kann, basieren auf den Kursen am erwähnten Interbanken-Markt. Maßgeblich für die Kursbildung sind dabei die 300 größten am Devisenmarkt aktiven Bankinstitute. Zu den wichtigsten Banken am Devisenmarkt zählen internationale Institute wie Barclays Bank, Citibank, JP Morgan Chase, Deutsche Bank, UBS und weitere.

Wichtig ist es an dieser Stelle, noch anzumerken, dass schätzungsweise 70 bis 90 Prozent des Devisenmarktes spekulativer Natur sind, das heißt die Akteure haben kein wirkliches Interesse an der physischen Lieferung der jeweiligen Währungen.

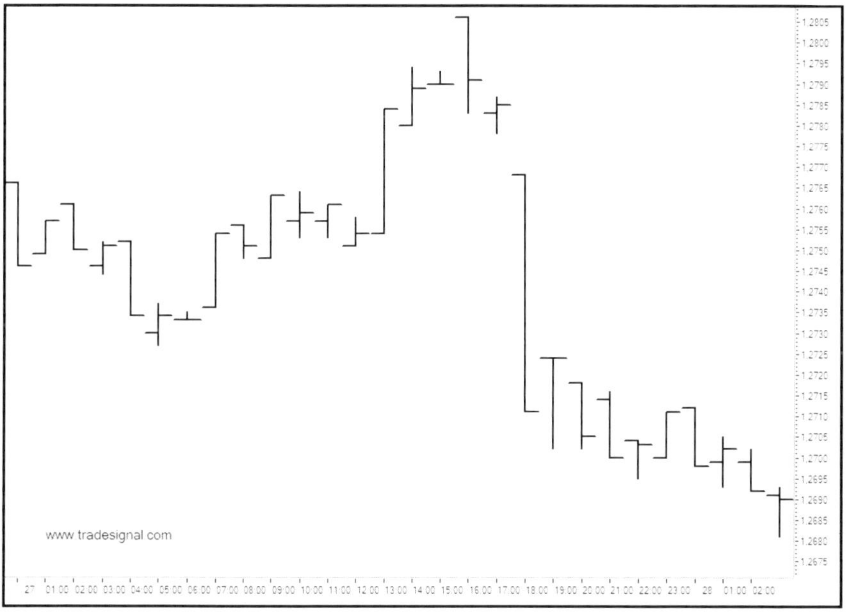

Abb. 1.2: Intraday–Chart EUR/USD vom 27.10.2004 (Stundenchart)

Beispiel für die kurzfristigen Gewinnchancen am Devisenmarkt: Infolge einer Entspannung beim Ölpreis wertete der US–Dollar am 27. Oktober 2004 kräftig auf, und EUR/USD fiel innerhalb weniger Stunden um etwa 1,1 Cent von 1,2800 auf 1,2690 USD.

Wer direkt über einen Spot–Trade short in EUR/USD investiert war, hätte innerhalb weniger Stunden bei einer gängigen Ordergröße von einem Lot (siehe Kapitel 6) 1.100 US–Dollar verdienen können. Mit einem Derivat, zum Beispiel einem Put oder einem Short–Zertifikat, wäre bei einem Hebel von 30 ein Gewinn von etwa 25 Prozent zu realisieren gewesen.

In den nächsten Kapiteln wird erläutert, wie solche Gewinnchancen in der Praxis umgesetzt werden können.

1.6 Was sind die Vorteile des Devisenmarktes?

Will man mit Trading Geld verdienen, so gibt es keinen Markt, der dafür besser geeignet ist als der Devisenmarkt. Speziell im Vergleich zum Aktienmarkt verfügt der Handel mit Währungen über viele Vorteile (siehe auch Tabelle 1.3). Dabei sticht eines besonders ins Auge: Während die Aktienmärkte zum größten Teil immer noch national organisiert und damit fragmentiert sind, ist der Devisenmarkt der einzige echte „Weltmarkt".

Aber auch in absoluten Zahlen schlägt der Devisenmarkt die weltweiten Börsen: Ungefähr 1,5 Billionen US-Dollar – das ist eine Zahl mit zwölf Nullen – werden im Schnitt täglich umgesetzt, was mehr ist als an allen Aktienmärkten zusammengenommen an einem beliebigen Tag. An Spitzentagen kann der Umsatz sogar drei Billionen US-Dollar betragen. Dabei ist im Übrigen zwar immer noch London der Hauptumschlagplatz für Devisen – sprich dort sitzen die meisten Devisenhändler –, aber im Prinzip kann jeder von jedem Ort auf der Welt aus an diesem Markt teilnehmen.

Am Devisenmarkt herrscht zudem eine hohe Volatilität, das heißt es gibt starke Kursschwankungen. Genau auf diese Kursschwankungen aber ist der Trader angewiesen, um Gewinne machen zu können – nur auf diese Weise kann er das Prinzip jedes Spekulationsgeschäfts umsetzen, nämlich „billig kaufen und teuer verkaufen".

Als weiterer Vorteil des Tradens am Devisenmarkt kommt ein technischer Aspekt hinzu: Die Möglichkeiten, die dem Privatanleger zum Umsetzen seiner Trading-Strategien zur Verfügung stehen, sind professioneller als für jeden anderen Markt. Der Grund ist der hohe Wettbewerb zwischen den Devisen-Brokern, der – wie der Markt selbst – auch über die Ländergrenzen hinweg reicht. Man kann als Privatanleger zwischen Devisen-Brokern überall auf der Welt wählen. Es muss lediglich die Seriosität des Anbieters überprüft werden.

Hohe Liquidität

Es ist kein Problem, am Devisenmarkt auch hohe Volumen umzusetzen. Speziell für die Hauptwährungen ist immer Marktinteresse vorhanden. Man kann daher nicht auf Wertpapieren sitzen bleiben.

Hohe Volatilität

Die ständigen Kursschwankungen am Devisenmarkt sorgen dafür, dass es ständig neue Trading–Gelegenheiten gibt.

Ständiger Marktzugang

Am Devisenmarkt kann rund um die Uhr und rund um die Welt gehandelt werden. Es gibt keine feste Börse, an deren Handelszeiten man gebunden ist.

Gewinnchancen in jeder Lage

Am Devisenmarkt gibt es immer Trading–Chancen. Die wirtschaftliche Lage hat keinen Einfluss auf die Möglichkeit, am Devisenmarkt Geld zu verdienen. Ob die Kurse steigen oder fallen, spielt keine Rolle; einen Bärenmarkt gibt es nicht.

Professionelle Tools auch für Privatanleger

Geringe Gebühren, geringe Spreads, sekundenschnelles Handeln und die Möglichkeit, intelligente Strategien umzusetzen, ermöglichen jedem Privatanleger ein professionelles Trading mit Risikokontrolle. Dazu kommen die hohen Hebel, die beim Traden über die Devisen–Broker erzielt werden können.

Tab. 1.3: Die Vorteile des Devisenmarktes im Überblick

1.7 Was macht das Devisen–Traden so interessant?

Es wurde schon erwähnt: Die Zahl der Devisen–Broker hat in den vergangenen Jahren deutlich zugenommen. Das liegt zum einen an den beschriebenen Vorteilen der Spekulation am Devisenmarkt gegenüber anderen Möglichkeiten der Spekulation. Zum anderen übt aber auch der „Beruf Trader“ eine große Faszination aus, weshalb die Zahl der Privatpersonen unter den Tradern immer mehr zunimmt.

Trading kann im Übrigen als Spekulieren mit System definiert werden, also die systematische Ausnutzung von Kursbewegungen zur Erzielung von Gewinnen.

Im herkömmlichen Sinn ist der Trader ein Angestellter einer Broker–Gesellschaft oder eines anderen Finanzinstituts; die Zahl der Trader, die auf eigene Rechnung arbeiten, nimmt aber immer mehr zu.

Die Vorteile des Tradings auf eigene Rechnung liegen natürlich auf der Hand: Man ist sein eigener Herr, kann über Arbeitszeiten und Arbeitseinsatz selbst bestimmen. Die eigenen Aktionen haben unmittelbaren Einfluss auf den eigenen Erfolg oder Misserfolg und damit auf das eigene Einkommen. Nicht zuletzt bietet das Trading die Möglichkeit, viel Geld in kurzer Zeit zu verdienen.

Zudem sind die technischen Voraussetzungen, um traden zu können, gering: Ein leistungsfähiger PC, die geeignete Software sowie ein Internetanschluss genügen.

Den Lebensunterhalt mit Trading zu verdienen ist aber alles andere als leicht. Viele scheitern bei diesem Versuch, denn den hohen Gewinnchancen stehen natürlich auch hohe Verlustrisiken gegenüber. Das Beste ist es daher, langsam in das Trading einzusteigen und viel Zeit zum Lernen und zum Üben einzuplanen. Genau diesem Zweck soll das vorliegende Buch dienen.

TRADEN BEDEUTET SPEKULIEREN MIT SYSTEM.

2. Fundamentale Prognose der Wechselkurse

2.1 Fundamentalismus oder Charttechnik?

Die beiden wichtigsten Ansätze zur Analyse der Devisenmärkte sind die fundamentale und die technische Analyse. Die fundamentale Analyse beruft sich auf ökonomische Theorien, um die Kräfte von Angebot und Nachfrage zu erklären.

Die technische Analyse versucht, aus der Betrachtung der Entwicklung von Kursen und Umsätzen Prognosen für die Zukunft abzuleiten. Die technische Analyse kann weiter aufgeteilt werden in die quantitative Analyse, die auf verschiedenen statistischen Verfahren beruhende Indikatoren einsetzt, und die Charttechnik, die Trendlinien, Widerstände und Unterstützungen sowie Formationen verwendet, um den weiteren Kursverlauf zu prognostizieren (siehe dazu Kapitel 8).

Die fundamentale Analyse untersucht demnach in erster Linie die Gründe für Marktbewegungen, während der technischen Analyse die fundamentalen Gründe gleichgültig sind. Sie nimmt die Marktbewegungen als gegeben hin und versucht aus ihnen Prognosen für die zukünftige Kursentwicklung abzuleiten.

2.1.1 Die Einflussgrößen der Fundamentalanalyse

Die Fundamentalanalyse zieht makroökonomische Indikatoren sowie politische Rahmenbedingungen in den verschiedenen Ländern heran, um die Entwicklung des Wechselkurses zwischen den Währungen dieser Länder zu erklären. Zu den makroökonomischen Indikatoren, die man auch als Konjunkturindikatoren bezeichnen kann, zählen zum Beispiel Wachstumsraten, Zinsen, Inflation, Arbeitsmarktdaten, Geldmengen, Devisenreserven und die Produktivität.

Unter den politischen Rahmenbedingungen sind unter anderem das Vertrauen in eine Regierung sowie die politische und wirtschaftliche Stabilität eines Landes zu verstehen. Aufgrund der Interdependenz der

Geld- und Kapitalmärkte ist es jedoch auch ratsam, die Entwicklung an den Aktien-, den Geld- und den Rentenmärkten im Auge zu behalten. Dieser Frage wird ausführlich in Kapitel 3 nachgegangen.

Abb. 2.1: Wechselkurs Euro/US-Dollar (EUR/USD) 1995–2005

Nach dem Platzen der Blase am US-Aktienmarkt rückten verstärkt die strukturellen Defizite in der US-Wirtschaft wie das Handelsbilanzdefizit und die geringe Sparquote in den Fokus der Anleger. Der US-Dollar wertete daher gegenüber dem Euro in wenigen Jahren um mehr als 50 Prozent ab (EUR/USD stieg von 0,85 auf 1,35 Euro).

2.1.2 Zeithorizont entscheidend

Nicht selten wird der für die Wechselkursprognose betrachtete Zeithorizont als entscheidend dafür angesehen, welchem Ansatz man den Vorzug geben soll. Es gibt Studien, nach denen bei langfristigen Prognosen von mehr als einem Jahr die fundamentale Analyse erfolgreicher abschneidet. Bei kurzfristig angelegten Analysen bis zu drei Monaten sei der technischen Analyse der Vorzug zu geben. Für den dazwischen liegenden Prognosehorizont von drei Monaten bis zu einem Jahr führe eine Kombination beider Ansätze zu dem besten Ergebnis.

Das würde bedeuten, dass Trader mit kurzfristigem Zeithorizont die fundamentale Analyse vernachlässigen können.

Tatsächlich ist der technischen Analyse der Vorzug zu geben, je kürzer der Zeithorizont ist, dennoch verspricht die Kombination beider Ansätze den größten Erfolg. So werden die Wechselkurse auch kurzfristig zum Beispiel von der Veröffentlichung von Konjunkturindikatoren beeinflusst, weshalb technisch orientierte Trader ebenfalls über die Bedeutung, Tendenz und mögliche Interpretationen solcher Daten informiert sein sollten. Auch die Kenntnis der Zusammenhänge von Aktienmärkten und Rentenmärkten sowie Zinsentwicklungen ist wichtig, da sich dadurch oftmals Entwicklungen an den Devisenmärkten vorhersehen lassen, bevor die technische Analyse die entsprechenden Hinweise liefert.

Umgekehrt sollten auch fundamental orientierte Akteure auf dem Devisenmarkt die technische Analyse zu Rate ziehen, und wenn es nur zur Feststellung von Einstiegs– und Ausstiegssignalen, also zum Timing von Anlageentscheidungen, ist.

Die Verwendung beider Ansätze ermöglicht in jedem Fall die Absicherung von Schlussfolgerungen: Geht zum Beispiel der Bruch eines charttechnischen Abwärtstrends eines Wechselkurses mit der Veröffentlichung positiver Konjunkturdaten des Landes mit der aufwertenden Währung einher, so reduziert sich damit das Risiko einer entsprechenden Positionierung, da verschiedene Ansätze sozusagen „Kaufsignale" geliefert haben.

Letztlich muss jeder für sich herausfinden, ob und wie er die verschiedenen Ansätze miteinander kombiniert.

2.1.3 Stimmungen und Erwartungen

Wichtig bei der Analyse ist vor allem ein systematisches Vorgehen, um nicht in Versuchung zu geraten, sich aus der Vielzahl der verfügbaren Informationen gerade die herauszusuchen, welche die Meinung unterstützen, die man sowieso schon hatte. Die Kenntnis der eigenen Psychologie und das Vermeiden entsprechender Fehler sind oftmals wichtiger für den langfristigen Handelserfolg als die richtige Interpretation von Informationen (siehe dazu Kapitel 8).

Die Psychologie spielt aber nicht nur bei den individuellen Entscheidungen eine Rolle, psychologische Phänomene können den gesamten Markt beeinflussen. So sind gerade die Devisenmärkte von Stimmungen (englisch: Sentiment) geprägt. Ist zum Beispiel die Stimmung für eine Währung bullish, dann werden sämtliche Daten positiv interpretiert oder schlechte Nachrichten werden – im Extremfall – ignoriert. Solche Stimmungen können von einer positiven Grundeinstellung gegenüber einer Wirtschaft und deren Währung oder von allgemeinem Zukunftsoptimismus getragen sein. Ein erfolgreicher Trader sollte ein Gespür für die Stimmung in einem Markt entwickeln, denn gegen solche Stimmungen zu handeln kann sehr teuer werden.

Von Stimmungen zu unterscheiden sind die Erwartungen. So müssen positive Konjunkturdaten der Währung eines Landes nicht unbedingt Auftrieb verleihen. So einfach ist die Interpretation neuer Daten leider nicht, denn wichtig ist, was die Marktteilnehmer im Vorfeld einer Veröffentlichung erwarteten.

Sind sie davon ausgegangen, dass die entsprechenden Zahlen noch besser ausfallen, dann haben sie sich schon zuvor entsprechend positioniert und bauen diese Positionen aufgrund der aus ihrer Sicht enttäuschenden Zahlen wieder ab. Man spricht daher häufig davon, dass bestimmte Entwicklungen „eingepreist" sind. Schließlich wird an den Devisenmärkten wie auch an den Aktienmärkten die Zukunft gehandelt; da kann man es sich oftmals nicht leisten, abzuwarten, bis die „harten Zahlen" tatsächlich vorliegen.

2.2 Die Zahlungsbilanz

Bei der nebenstehenden Lehrbuchdefinition der Zahlungsbilanz wird bereits ein Missverständnis deutlich, das beim Begriff „Zahlungsbilanz" aufkommen kann. Denn: Bei der Zahlungsbilanz handelt es sich nicht, wie bei Bilanzen sonst üblich, um eine Aufstellung von Aktiva und Passiva zu einem bestimmten Zeitpunkt, sondern um eine Stromrechnung. Es werden die Güter und Geldströme zwischen dem Inland und dem Ausland in einem bestimmten Zeitraum erfasst.

> „Als Zahlungsbilanz bezeichnet man die Aufzeichnung aller ökonomischen Transaktionen zwischen den Einwohnern, Regierungen und Institutionen des Inlandes und den Einwohnern, Regierungen und Institutionen des Auslandes für eine bestimmte Periode (...)." (Rose, Theorie der Aussenwirtschaft, Seite 1)

Allerdings ist der Begriff „Bilanz" nicht ganz unpassend, denn genauso wie eine Bilanz per Definition immer ausgeglichen ist, ist auch die Zahlungsbilanz eines Landes immer ausgeglichen. Das liegt daran, dass analog zu den Regeln der in einem Unternehmen üblichen doppelten Buchführung auch in der Zahlungsbilanz jede Transaktion zu zwei Buchungen führt, die sich unter dem Strich ausgleichen.

Dennoch kann es schon einmal passieren, dass von einem Zahlungsbilanzüberschuss oder –defizit gesprochen wird. Das ist dann zwar unsauber formuliert, aber dennoch nicht falsch, denn gemeint ist damit, dass eine der Teilbilanzen den entsprechenden Überschuss oder das entsprechende Defizit aufweist.

2.2.1 Wie setzt sich die Zahlungsbilanz zusammen?

Die Zahlungsbilanz gliedert sich in erster Linie in die Leistungsbilanz und in die Kapitalbilanz. Daneben existieren noch die Bilanz der Übertragungen sowie die Devisenbilanz.

In der Leistungsbilanz werden alle Transaktionen erfasst, die mit einem Güterstrom verbunden sind. In der am meisten beachteten Handelsbilanz werden die Ausfuhren und Einfuhren von Gütern gegenübergestellt. In der Dienstleistungsbilanz werden entsprechend die Ströme von Dienstleistungen verrechnet.

Der Leser wird sich sogleich fragen, welche Dienstleistungen denn eigentlich vom Inland ins Ausland und umgekehrt fließen. Tatsächlich wird hier eine Fülle von Transaktionen erfasst, bei denen man nicht weiß, wo man sie sonst einordnen sollte.

Das sind zum Beispiel die Einnahmen aus dem Touristikverkehr. Wenn ein Deutscher in den USA Urlaub macht und dort Geld ausgibt, zählt dies als Dienstleistungsimport von den USA nach Deutschland. Aber auch Zahlungen wie die Einnahmen aus Patenten und Lizenzen und – sehr wichtig – Zinsen, Gewinne und Dividenden aus Kapitalanlagen im Ausland werden in der Dienstleistungsbilanz verbucht.

In der weniger bedeutenden Bilanz der Übertragungen werden unentgeltliche Leistungen verbucht; wichtige Posten in dieser Bilanz sind in Deutschland Leistungen an das Ausland aus Wiedergutmachungsabkommen, Beiträge für internationale Organisationen sowie die Überweisungen ausländischer Arbeitnehmer in ihre Heimatländer.

In der Kapitalbilanz wird die Übertragung aller Arten von Forderungen und Verbindlichkeiten zwischen dem Ausland und dem Inland erfasst. Zu den Kapitalexporten zählen beispielsweise der Kauf von Unternehmen, Grundstücken, Anleihen und Aktien durch Inländer im Ausland, zu den Kapitalimporten zählt entsprechend der Kauf von Vermögenstiteln durch Ausländer im Inland.

	Dienstleistungsbilanz: Defizit		
Handelsbilanz: Überschuss	Übertragungsbilanz: Defizit		
	Saldo der Leistungsbilanz (Außenbeitrag): Überschuss	Zunahme der Netto–Auslandsposition	Zunahme der Auslandsforderungen (netto)
		Zunahme der Auslandsverbindlichkeiten (netto)	Nettoauslandsposition der Zentralbank (Devisenbilanz)

Abb. 2.2: Beispiel: Die Teilbilanzen der Zahlungsbilanz im Falle eines Leistungsbilanzüberschusses

2.2.2 Zahlungsbilanz und Wechselkurse

Was bedeutet dies alles für den Devisenhandel? Nun, die genannten Transaktionen, also der in der Leistungsbilanz erfasste Export und Import von Gütern und die in der Kapitalbilanz erfassten Kapitalströme führen zu Veränderungen von Nachfrage und Angebot auf dem Devisenmarkt.

Jedes Unternehmen, das zum Beispiel Güter aus den USA importieren will, benötigt Dollars, die es auf dem Devisenmarkt nachfragt. Jeder US-Investor, der deutsche Aktien kaufen möchte, benötigt dafür Euros, die er sich ebenfalls auf dem Devisenmarkt beschaffen muss. Kenntnisse über die Entwicklung von Zahlungsbilanzgrößen sind also wichtig, um Veränderungen von Angebot und Nachfrage auf dem Devisenmarkt ermitteln zu können.

Der Saldo der Leistungsbilanz entspricht dem in der Ökonomie gebräuchlichen Begriff des „Außenbeitrags", also des Saldos der Exporte und Importe von Waren und Dienstleistungen. Ein positiver Außenbeitrag bedeutet, dass sich das Einkommen und das Vermögen einer Volkswirtschaft durch den Außenhandel erhöhen. Die Volkswirtschaft produziert mehr, als sie selbst verbraucht, und exportiert den Überschuss.

Gleichzeitig führt dies zu einem Zufluss von Kapital, da die Ausländer die Exporte ja bezahlen müssen. Da das zugeflossene Kapital nicht für den Kauf ausländischer Güter, also für Importe, verwendet wird, erhöht sich das Vermögen der Volkswirtschaft.

In Abbildung 2.2 entspricht dies der Zunahme der Netto-Auslandsposition in der Kapitalbilanz. Ein Leistungsbilanzüberschuss geht also einher mit einem Nettoimport von Kapital. Dieser Nettoimport von Kapital kann sich zum Beispiel in einer Erhöhung der Devisenreserven ausdrücken. So konnte die „Exportnation" Deutschland in den vergangenen Jahrzehnten ihre Bestände an ausländischen Devisen immer weiter erhöhen, was letztlich einer Steigerung des volkswirtschaftlichen Vermögens gleichkommt.

Als „Aussenbeitrag" wird der Saldo der Exporte und Importe von Waren und Dienstleistungen eines Landes bezeichnet.

Obwohl die Zahlungsbilanz wie gesagt immer im Gleichgewicht ist, muss das nicht unbedingt bedeuten, dass in der betrachteten Periode auch die Menge an Devisen, die ins Inland hineinfließen, mit der Menge an Devisen übereinstimmt, die hinausfließen. Dies ist allenfalls zufällig der Fall.

Als Ausgleich dient die Devisenbilanz, die Bilanz der internationalen Währungsreserven der jeweiligen Zentralbank, die normalerweise als Teil der Kapitalbilanz angesehen wird. In Abbildung 2.2 wird die Devisenbilanz auch als „Netto–Auslandsposition der Bundesbank“ bezeichnet.

Beispiel:

Übersteigt die Summe an Devisen, die in einer Periode für Güter importe und Kapitalexporte benötigt werden, die Summe an Devisen, die durch Güterexporte und Kapitalimporte ins Inland fließen, dann besitzt die Devisenbilanz einen negativen Saldo, und die Devisenreserven eines Landes verringern sich.

In dieser Situation übersteigt also die Nachfrage nach Devisen deren Angebot, was tendenziell zu einem höheren Preis der Devisen und damit zu einer Abwertung der heimischen Währung führt. Eine Abwertung der heimischen Währung wiederum bedeutet, dass die Preise der exportierten Güter fallen und die der Importe steigen, was tendenziell zu höheren Exporten und niedrigeren Importen führt. Eine Abwertung führt also bei normaler Reaktion der Leistungsbilanz zu einem Abbau des Defizits beziehungsweise zu einem höheren Überschuss.

Gleichzeitig sinkt durch die Abwertung auch die Attraktivität von Geldanlagen im Ausland, denn auch die ausländischen Vermögenswerte werden in Inlandswährung gerechnet teurer. Eine Abwertung trägt also in unserem Beispiel dazu bei, dass die Ungleichgewichte in der Leistungsbilanz und in der Kapitalbilanz abgebaut werden.

Wechselkursänderungen dienen also zur Beseitigung von Zahlungsbilanzungleichgewichten. Allerdings darf man dabei nicht das gesamte System aus den Augen verlieren.

So kann beispielsweise ein Land auch langfristig mit einem Leistungsbilanzdefizit leben. Voraussetzung: Es kommt zu Kapitalimporten. Wie bereits erwähnt, wurden zum Beispiel jahrelang die Leistungsbilanzdefizite der USA immer wieder als Grund für eine Abwertung des US–Dollars genannt (siehe Abb. 2.3). Doch was geschah? Der Dollar wertete sogar noch auf. Der Grund dafür war, dass durch die gleichzeitige hohe Attraktivität der USA für Kapitalanlagen die Kapitalimporte stets die Kapitalexporte übertrafen und auf diese Weise die Leistungsbilanzdefizite „bezahlt" werden konnten. Dies hat sich seit dem Jahr 2000 durch den Zusammenbruch der Aktienmärkte und auch durch zunehmende Zweifel an der Wachstumsstärke der US–Wirtschaft geändert. Die Folge ist die massive Abwertung des US–Dollars seit Anfang 2002 (siehe Abb. 2.1).

Die Lehre, die man daraus ziehen kann, ist folgende: Länger anhaltende Leistungsbilanzdefizite können nur existieren, solange sich Inländer im Ausland verschulden wollen oder solange Ausländer bereit sind, im Inland zu investieren.

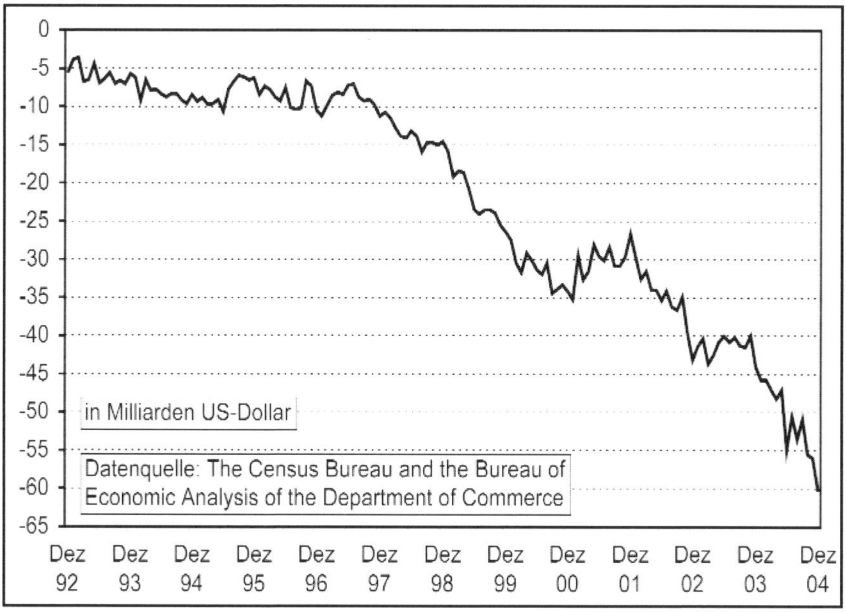

Abb. 2.3: Der Handelsbilanzsaldo in den USA seit 1992

Im Chart zeigt sich deutlich die rasante Zunahme des Handelsbilanzdefizits in den USA seit Anfang der neunziger Jahre. Der negative Saldo der Handelsbilanz ist maßgeblich verantwortlich für das Defizit in der gesamten Leistungsbilanz. Nach einem kurzfristigen Rückgang in den Jahren 2001 und 2002 nahmen die Defizite zuletzt wieder zu.

2.2.3 Wie reagiert die Leistungsbilanz auf eine Abwertung?

Ganz so einfach sind die Zusammenhänge zwischen der Leistungsbilanz und der Abwertung oder Aufwertung einer Währung aber leider nicht. Nicht immer kommt es zum Beispiel bei einer Abwertung zu einer normalen Reaktion der Leistungsbilanz, also einer Verbesserung, es kann auch zu einer Verschlechterung kommen.

Der Grund: Preise reagieren in einer Volkswirtschaft schneller auf Veränderungen als Mengen. Ändern sich die Export- und Importmengen nicht, so verringert eine Abwertung zuerst einmal den Exportwert und erhöht den Importwert, was das Leistungsbilanzdefizit verstärkt. Erst in einer zweiten Phase passen Exporteure und Importeure ihre Nachfrage den neuen Preisen an, das heißt: Aufgrund des Preisvorteils inländischer Güter gegenüber ausländischen Gütern steigen die Exporte mengenmäßig, und die Importe fallen mengenmäßig. Erst durch diese Mengenanpassung verbessert sich dann die Leistungsbilanz.

Übrigens: Da sich beim Einzeichnen dieses Effekts in ein Diagramm ein „J" ergibt, spricht man hier auch vom „J-Kurven-Effekt".

Gleichgültig jedoch, wie der Effekt auf die Leistungsbilanz ist: Abwertungen haben durch den Anstieg der Preise für importierte Güter noch weitere – negative – Wirkungen wie eine Verschlechterung der Kaufkraft im Inland und eine Zunahme der Inflation, die die Abwertung als Instrument einer glaubwürdigen Wirtschaftspolitik diskreditiert.

Festzuhalten bleibt, dass ein Leistungsbilanzdefizit nicht unbedingt zur Abwertung der Währung des jeweiligen Landes führt. Entscheidend sind die gesamten Zahlungsströme mit dem Ausland, vor allem die Kapitalbewegungen.

Umgekehrt muss eine Abwertung nicht unbedingt die Verbesserung der Leistungsbilanz bewirken. Insbesondere kurzfristig kann es eine Verschlechterung geben. Das Gleiche gilt natürlich umgekehrt im Falle einer Aufwertung. Dieser Verzögerungseffekt konnte in den Jahren 2003 und 2004 auch in Deutschland beobachtet werden, da sich die Aufwertung des Euros gegenüber dem US-Dollar erst langsam negativ auf die Leistungsbilanz in Deutschland auswirkt.

2.3 Die Kaufkraftparitäten–Theorie

Bislang haben wir uns eher damit beschäftigt, welche Auswirkungen Wechselkursänderungen auf die Zahlungsbilanz haben, um die entsprechenden Zusammenhänge zu verdeutlichen. Interessanter für denjenigen, der mit Devisen handelt oder spekuliert, ist jedoch die Frage, wodurch sich Änderungen des Wechselkurses und damit auch Änderungen in der Zahlungsbilanz ergeben. Ein wichtiger Ansatz ist dabei die Kaufkraftparitäten–Theorie (KKP; englisch: Purchasing Power Parity Theory), die Wechselkursveränderungen mit der Entwicklung des Preisniveaus in den beiden betrachteten Ländern erklärt.

Der Hintergrund ist einfach: Bei einem vollkommenen Markt müsste die Kaufkraft einer Währung im Inland genauso hoch sein wie im Ausland. Um es anders auszudrücken: Ein Big Mac in den USA muss demnach in Euro gerechnet genauso viel kosten wie in Euroland.

Wäre dies nicht so, dann würde sich der grenzüberschreitende Güterhandel zu Arbitrage–Zwecken lohnen. Arbitrage bedeutet die Ausnutzung von Preisunterschieden, was letztlich zur Beseitigung dieser Unterschiede führt. Kostet zum Beispiel der gleiche Pkw in Großbritannien in Euro gerechnet weniger als in Euroland, dann würde es sich lohnen, diesen Pkw in Großbritannien zu kaufen und in Euroland zu verkaufen. Kommt es dadurch zu Massenimporten von England nach Euroland, dann würde sich in Euroland ein Leistungsbilanzdefizit ergeben, das schließlich zu einer Abwertung des Euros und damit zu einem Ausgleich der Preisunterschiede in Großbritannien und Deutschland – in Euro gerechnet – führt.

Gemäß der Kaufkraftparitäten–Theorie ist also das Preisniveau im Ausland nach der Umrechnung mit dem Wechselkurs genauso hoch wie im Inland. Steigt daher das Preisniveau im Inland stärker als im Ausland, dann führt dies zu einer Abwertung der Inlandswährung. Die KKP–Theorie erklärt demnach Wechselkursveränderungen durch die Veränderungen der Preisniveaus im Inland und im Ausland.

Dabei gilt folgende einfache Formel:

$$w = Pi / Pa$$

(w: Wechselkurs; Pi: Preisniveau im Inland; Pa: Preisniveau im Ausland).

In Tabelle 2.1 wird dies in einem Beispiel erläutert.

> Preis eines Pkw in Großbritannien: 10.000 Pfund.
> Preis des gleichen Pkw in Deutschland: 15.000 Euro.
>
> Gemäß der Kaufkraftparitäten–Theorie ergäbe sich daraus folgender Wechselkurs von Euro zu Pfund:
> Pi/Pa = 15.000/10.000 = 1,5. Ein Pfund wäre demnach 1,5 Euro wert.
>
> Nach der üblichen Schreibweise ergäbe sich für den Wechselkurs EUR/GBP der Wert 1/1,5 = 0,67 GBP.
>
> 0,67 GBP wäre demnach der aus den unterschiedlichen Preisniveaus resultierende gleichgewichtige Wechselkurs zwischen Euro und Pfund.
>
> Sollte der aktuelle Wechselkurs von diesem Wert abweichen, dann würde er sich nach der KKP langfristig zu diesem Wert hin bewegen.

Tab. 2.1: Die Kaufkraftparitäten–Theorie – ein Beispiel

So weit die Theorie. Langfristig ist die Plausibilität der KKP–Theorie nicht von der Hand zu weisen, kurzfristige Bewegungen am Devisenmarkt lassen sich mit ihr jedoch nachgewiesenermaßen nicht erklären. Aber wer an den Devisenmärkten denkt schon langfristig, wo es doch häufig um Wochen, Tage oder nur Stunden geht? Tatsächlich widerspricht es auch der eigenen Beobachtung, dass das Preisniveau im Ausland in der eigenen Währung gerechnet genauso hoch ist wie im Inland. Der Big Mac in den USA kostet in Euro gerechnet eben nicht das Gleiche wie in Euroland.

Neben dem Einwand, dass die KKP–Theorie nur langfristig Gültigkeit besitzt, muss es daher auch noch andere grundsätzliche Einwände geben: So darf für einen entsprechenden Vergleich nicht das Preisniveau aller Güter herangezogen werden, sondern nur das der handelbaren Güter.

Bei Gütern, die nicht gehandelt werden können wie zum Beispiel den meisten Arten von Dienstleistungen, ist eben keine Arbitrage möglich.

Und natürlich gibt es unter anderem Transportkosten und Handelshemmnisse wie Zölle, die eine vollkommene Angleichung der Preisniveaus durch Arbitrage verhindern. Wer durch Euroland reist, wird feststellen, dass es nicht einmal im gleichen Währungsraum zu einer vollkommenen Angleichung der Güterpreise kommt.

Während die KKP–Theorie also in ihrer absoluten Form wenig zur Erklärung von Wechselkursveränderungen beiträgt, zeigen empirische Untersuchungen, dass sich ein Zusammenhang zwischen den relativen Preisveränderungsraten in zwei Ländern und dem Wechselkurs der jeweiligen Währungen feststellen lässt. Dabei sollte für entsprechende Untersuchungen allerdings nicht der Konsumentenpreisindex herangezogen werden, in den die Preise vieler nicht–handelbarer Güter eingehen, sondern der die Gesamtheit der handelbaren Güter besser erfassende Produzentenpreisindex (siehe Abbildung 2.4).

Tatsächlich ist es so, dass es auch andere, vor allem kurz– und mittelfristige Einflussgrößen auf den Wechselkurs gibt, welche die aus der KKP–Theorie abgeleiteten Effekte überlagern. Denn: Die Güterpreise ändern sich nur langsam, reagieren also mit Verzögerung auf neue Entwicklungen. Schneller reagieren die Zinssätze in den jeweiligen Ländern auf Veränderungen, weshalb auch die auf Anlageentscheidungen beruhenden Kapitalströme besser die kurzfristigen Wechselkursentwicklungen erklären. Für langfristige Prognosen ist die KKP–Theorie in ihrer relativen Form, in der Wechselkursentwicklung durch die Veränderungsraten der Preisniveaus erklärt werden, aber durchaus aussagekräftig.

Für langfristige Wechselkursprognosen ist die Kaufkraftparitäten–Theorie in ihrer relativen Form durchaus aussagekräftig.

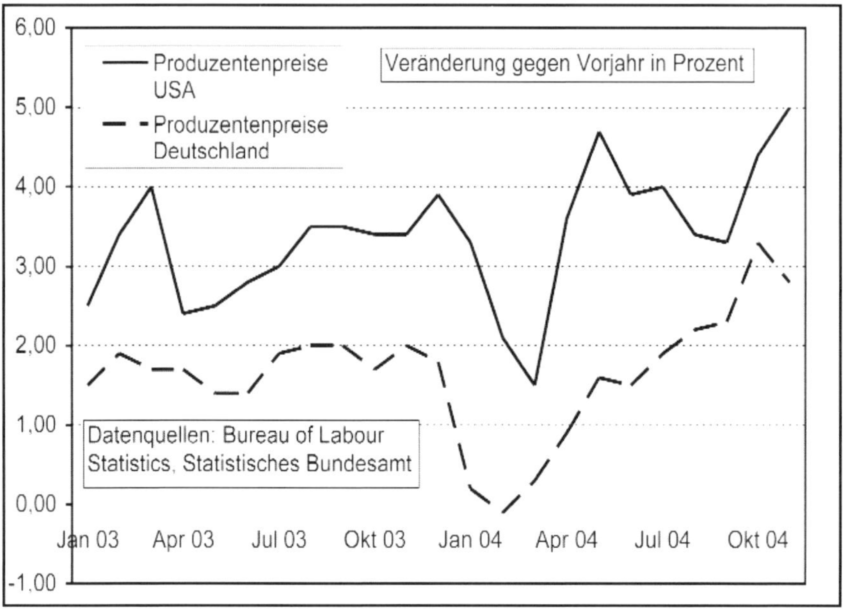

Abb. 2.4: Entwicklung der Produzentenpreise in den USA und in Deutschland im Vergleich

Seit Anfang 2003 steigen die Produzentenpreise in den USA deutlich stärker als in Deutschland beziehungsweise Euroland. Gemäß der Kaufkraftparitäten–Theorie müsste dies langfristig zu einer Abwertung des US–Dollars gegenüber dem Euro führen.

2.4 Die Zinsparitäten–Theorie

Angesichts der Tatsache, dass nur ein kleiner Teil der Transaktionen am Devisenmarkt auf den Güterhandel zurückgeht, der weitaus größte Teil aber auf Kapitalbewegungen beruht, liegt es nahe, Wechselkursveränderungen finanzmarkttheoretisch zu begründen. Man spricht hier auch vom portfoliotheoretischen Ansatz oder vom Asset–Market–Approach. Wechselkursveränderungen werden hier durch Zinsveränderungen erklärt.

Der Grund für die zunehmende Bedeutung der aus Investitions– und Anlageentscheidungen resultierenden Transaktionen rührt von der steigenden Mobilität des Kapitals her. Anlageentscheidungen orientieren sich aber an den Renditeerwartungen und damit an den Zinsen.

Sind inländische und ausländische Vermögenstitel Substitute, das heißt, besteht zwischen ihnen als Anlageform kein Unterschied, dann gilt das Zinsparitäten–Theorem. Das bedeutet: Die realen Ertragsraten von inländischen und ausländischen Vermögenstiteln müssen sich entsprechen. Ansonsten würden die Kapitalströme in die Anlagemöglichkeiten mit der höchsten Renditeerwartung fließen und dadurch für eine Angleichung der Zinsen sorgen.

Gibt es Abweichungen zwischen den realen Zinssätzen, dann muss deren Ursache bei den Erwartungen über eine Änderung des Wechselkurses zu suchen sein. Wird zum Beispiel eine Abwertung der inländischen Währung erwartet, dann liegt der Zinssatz im Inland über dem im Ausland. Denn wer sein Geld im Ausland, das heißt in der Fremdwährung anlegt, bekommt zu einem späteren Zeitpunkt durch die erwartete Abwertung ja mehr an inländischer Währung zurück.

Beispiel:

Es wird innerhalb des kommenden Jahres eine Abwertung der inländischen Währung um zwei Prozent erwartet. Falls der Zinssatz für die Anlagedauer von einem Jahr im Inland fünf Prozent beträgt, muss der Zinssatz im Ausland gemäß dem Zinsparitäten–Theorem drei Prozent betragen. In diesem Fall bringt eine Geldanlage im Inland in inländischer Währung gerechnet die gleiche Rendite wie eine Geldanlage im Ausland. Der inländische Zinssatz entspricht folglich dem ausländischen Zinssatz plus der erwarteten Veränderung des Wechselkurses.

So führt eine expansive Geldpolitik, wie sie zum Beispiel in den USA von Ende 2001 bis Mitte 2004 betrieben wurde, zu einem Sinken des Zinssatzes im Inland, in diesem Fall also in den USA. Dadurch nimmt die Zinsdifferenz zwischen Ausland und Inland zu, und die relative Attraktivität von Geldanlagen im Ausland steigt. Die Kapitalexporte nehmen daher zu, und die einheimische Währung wird abgewertet, um das Gleichgewicht auf dem Devisenmarkt wieder herzustellen. Das ist der kurzfristige Effekt einer expansiven Geldpolitik, wie er auch in den zurückliegenden Monaten bei der Dollar–Abwertung seit Anfang 2002 zu beobachten war.

Mit einer gewissen zeitlichen Verzögerung steigen aufgrund der expansiven Geldpolitik dann aber auch die Preise im Inland, zum einen, da die Zinssenkung – wie gewünscht – zu einer Erhöhung der Gesamtnachfrage führt, und zum anderen, da durch die Abwertung die Nachfrage des Auslands nach Exportgütern steigt.

Die höhere Güternachfrage führt dann zu einer steigenden Geldnachfrage, was wiederum zu einem Anstieg des Zinssatzes führt, wodurch der erste Effekt der Erhöhung der Geldmenge zumindest teilweise und langfristig sogar vollständig wieder ausgeglichen wird (siehe Abb. 2.5).

Der erneute Anstieg des Zinsniveaus im Inland würde jedoch zudem wieder eine Umkehrung der Kapitalströme und eine Aufwertung der Inlandswährung, im Beispiel also des US–Dollars, bewirken. Dabei wird die durch die Portfoliobewegungen ausgelöste Abwertung wieder teilweise rückgängig gemacht.

Zwischenzeitlich kommt es bei solchen Anpassungsvorgängen daher zu einem „Überschießen“ der Wechselkurse. Das langfristige Gleichgewicht ergibt sich also nach einer Ausweitung der Geldmenge beim gleichen Zinssatz wie zuvor, allerdings bei einem höheren Wechselkurs, das heißt die Inlandswährung hat abgewertet. Langfristig gilt folglich wieder das KKP–Theorem, denn die Inlandswährung hat durch die Ausweitung der Geldmenge an Kaufkraft verloren, weshalb sie abgewertet werden musste.

Da diese Anpassungsprozesse lange dauern, erklärt dies auch, weshalb Wechselkurse mitunter über einen längeren Zeitraum von ihrem gemäß der KKP–Theorie gerechtfertigten Niveau abweichen können.

Im Übrigen: Wer sich darüber wundert, dass Geldpolitik langfristig keine Auswirkung auf das Zinsniveau hat, wo doch die Geldpolitik in unserer Zeit als Allheilmittel gegen Wachstumsschwäche gehandelt wird, dem sei Folgendes gesagt: Geldpolitik hat die Aufgabe, die Wirtschaft gemäß ihrem Potenzialwachstum mit Geld zu versorgen. Könnte man mit einer expansiven Geldpolitik einfach die Wirtschaft dauerhaft stimulieren, dann fiele das unter die Rubrik „Wirtschaftspolitik leicht gemacht“.

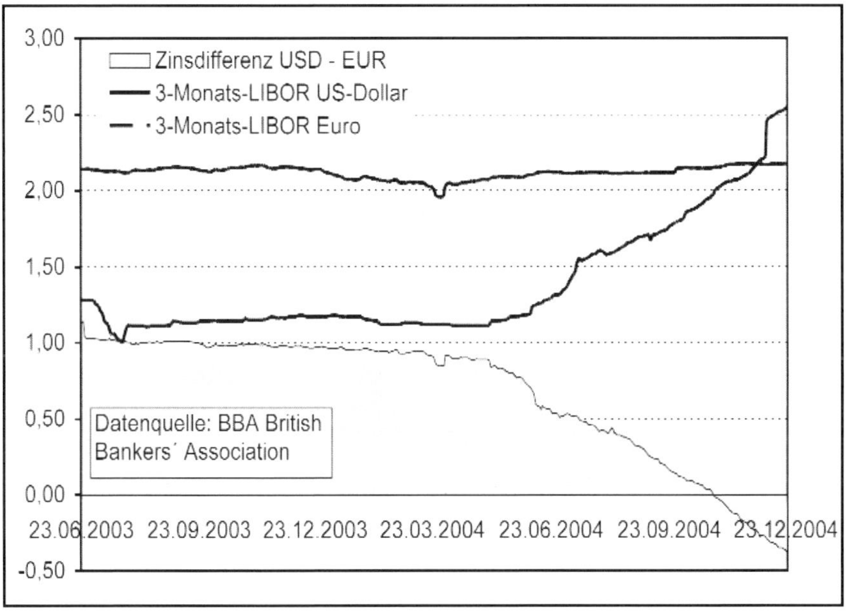

Abb. 2.5: ***Drei–Monats–LIBOR Euro und Drei–Monats–LIBOR US–Dollar im Vergleich***

Durch die Zinserhöhungen der US–Notenbank ab Mitte 2004 haben sich die Drei–Monats–Zinssätze für Euro und für US–Dollar wieder angenähert. Ende 2004 stieg der kurzfristige Zinssatz für Dollar–Geldanlagen sogar wieder über den für Euro–Geldanlagen (zum Thema „LIBOR" siehe die Kapitel 3 und 9). Geldanlagen in US–Dollar gewinnen dadurch im Vergleich zu Geldanlagen in Euro wieder an Attraktivität.

2.5 Wie beeinflussen die Fundamentaldaten die Wechselkurse?

Devisenmärkte sind sehr effizient. Das heißt, die verfügbaren Informationen und Erwartungen über Entwicklungen in der Zahlungsbilanz oder andere wechselkursrelevante Daten sind nahezu sofort in den Kursen enthalten. Man spricht davon, dass der Devisenmarkt ein „schneller Markt" ist.

Gehen die Marktteilnehmer daher zum Beispiel davon aus, dass sich die Leistungsbilanz eines Landes verschlechtern wird und dies in Zukunft zu einer Abwertung der Währung führt, dann werden sie bereits heute diese Währung verkaufen, um den negativen Folgen der Abwertung zu entgehen oder sogar davon zu profitieren. Werden dann die tatsächlichen Zahlen aus der Leistungsbilanz veröffentlicht und bestätigen sie die Erwartungen, dann reagiert der Wechselkurs nicht mehr, da diese Entwicklung bereits in den Kursen enthalten (eingepreist oder eskomptiert) ist.

Daher haben lediglich Überraschungen, also Daten, die nicht den Erwartungen entsprachen, Auswirkungen auf den Wechselkurs, was die mitunter erratischen Kursbewegungen am Devisenmarkt erklärt. Das beantwortet auch die Frage, warum eine Währung nach der Bekanntgabe eines Leistungsbilanzdefizits oder nach einer Senkung des Leitzinses durch die Notenbank nicht immer mit einer Abwertung reagiert: Wurden diese Daten oder diese Maßnahme erwartet, dann hat sich der Wechselkurs bereits im Vorfeld entsprechend angepasst.

Was bestimmt also die Entwicklung der Wechselkurse? In erster Linie sind es die Kapitalströme zwischen den Volkswirtschaften – und die hängen ab von der Entwicklung der Preisniveaus und der Zinsniveaus in den betroffenen Ländern. Preisniveau und Zinsen wiederum hängen ab vom Wirtschaftswachstum, von der Wirtschaftspolitik und von der Geldpolitik.

Da aber an den Devisenmärkten – wie an jedem Kapitalmarkt – die Zukunft gehandelt wird, interessiert weniger die aktuelle Situation als vielmehr die Frage: Wie entwickelt sich die Konjunktur in der Zukunft? Welche wirtschaftspolitischen und geldpolitischen Maßnahmen sind zu erwarten? Damit beschäftigt sich der folgende Abschnitt.

In erster Linie bestimmen die Kapitalströme zwischen den Volkswirtschaften die Entwicklung der Wechselkurse.

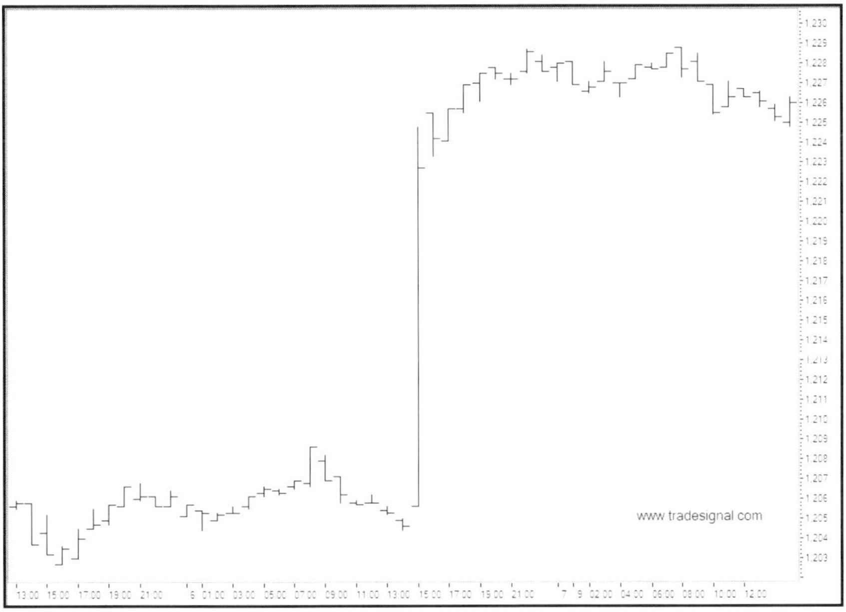

Abb. 2.6: Wechselkursreaktion auf Konjunkturdaten am Beispiel Euro/US–Dollar (Stundenchart)

Für einen regelrechten Schock sorgten am 5. August 2004 die neuesten US–Arbeitsmarktdaten. Während die Analysten im Durchschnitt eine Zunahme der Beschäftigung um 240.000 Personen erwartet hatten, gab es nur einen Anstieg um 32.000 Personen. Das schürte Befürchtungen über einen Einbruch der Konjunktur in den USA. Entsprechend heftig war die Reaktion am Devisenmarkt: EUR/USD stieg innerhalb weniger Stunden nach Bekanntgabe der Daten um etwa 2,5 Cent nach oben. Wer auf eine negative Überraschung spekuliert hatte, konnte dicke Gewinne einstreichen.

2.6 Die Konjunkturindikatoren

Es ist schon schwer genug, die Wirtschaftstätigkeit im Rückblick statistisch zu erfassen. Dabei taucht eine Vielzahl von Problemen bei der Datenerhebung auf, die schon so manchen Statistiker schier in den Wahnsinn getrieben haben. Grundsätzliche methodische Fragen, zum Beispiel wie Schwarzarbeit erfasst werden kann, wie Hausarbeit oder die landwirtschaftliche Produktion für den Eigenbedarf gemessen werden können, stehen da noch auf einem ganz anderen Blatt.

Doch diese Probleme sind nichts gegen die Schwierigkeiten, ein treffendes Bild von der aktuellen wirtschaftlichen Lage zu zeichnen oder gar einen Ausblick auf die künftige Entwicklung zu geben. Hier kommen die Konjunkturindikatoren ins Spiel, die ein wenig Licht in dieses statistische Dunkel bringen sollen. Doch das gelingt nicht immer; oftmals trägt die Vielzahl der veröffentlichten Indikatoren eher zur Verwirrung bei oder vergrößert diese sogar noch. Doch bevor darauf näher eingegangen wird, muss noch eine andere Frage geklärt werden:

2.6.1 Was ist Konjunktur?

Der Begriff Konjunktur wird oft synonym mit Wachstum oder einfach nur Wirtschaft verwendet. Doch tatsächlich bezeichnet Konjunktur die regelmäßigen Schwankungen der Wirtschaftstätigkeit um einen langfristigen Wachstumstrend. Die tatsächlichen, gemessenen Wachstumsraten liegen also über oder unter der Wachstumsrate des Produktionspotenzials. Das so genannte Potenzialwachstum weist im Gegensatz zu den tatsächlich gemessenen Wachstumsraten des Bruttoauslandsprodukts (BIP) eine hohe Konstanz auf; es hängt allein von den in einer Volkswirtschaft verfügbaren Produktionsfaktoren ab.

Eine Möglichkeit zur Messung von Konjunkturschwankungen ist folglich der Auslastungsgrad der Produktionskapazitäten. Um im Nebel der statistischen Daten tatsächlich zu den Konjunkturschwankungen vorzustoßen, müssen aber außer dem Potenzialwachstum auch die Saisonschwankungen sowie irreguläre Komponenten herausgerechnet werden.

Das Phänomen Konjunktur ist allerdings auch theoretisch schwer zu greifen, weshalb es viele verschiedene Erklärungsansätze und Theorien gibt, auf die an dieser Stelle nicht im Einzelnen eingegangen werden kann. Allen gemeinsam ist, dass das langfristige Gleichgewicht von Angebot und Nachfrage aus irgendeinem Grund gestört ist und es zu permanenten wellenförmigen Annäherungsversuchen an dieses Gleichgewicht kommt.

Mit Hilfe ökonometrischer Modelle, die auf den verschiedenen Konjunkturtheorien basieren, versuchen die Ökonomen das Phänomen Konjunktur quantitativ zu erfassen und Prognosen zu erstellen. Die ökonometrischen Modelle finden seit Jahrzehnten Anwendung und unterliegen einem ständigen Verbesserungsprozess. In Deutschland geben die privaten Wirtschaftsforschungsinstitute in ihren Frühjahrs– und Herbstgutachten und auch der Sachverständigenrat zur Beurteilung der gesamtwirtschaftlichen Entwicklung solche quantitativen Prognosen ab; und natürlich verwenden auch die volkswirtschaftlichen Abteilungen der Banken ökonometrische Modelle zur Prognose.

Doch die ökonometrischen Modelle haben den Nachteil, dass sie eher zur mittel– oder langfristigen Prognose geeignet sind; der Markt lechzt jedoch nach Informationen über die Entwicklung in kurzer Frist. Parallel zu den von den Theoretikern entwickelten Modellen der Ökonometrie haben daher andere Ökonomen aus der empirischen Beobachtung Ansätze entwickelt, die gelegentlich als „theorielos" gegeißelt werden, nämlich die Ableitung von Prognosen aus so genannten Konjunkturindikatoren.

Konjunktur bezeichnet die regelmässigen Schwankungen der Wirtschaftstätigkeit um einen langfristigen Wachstumstrend.

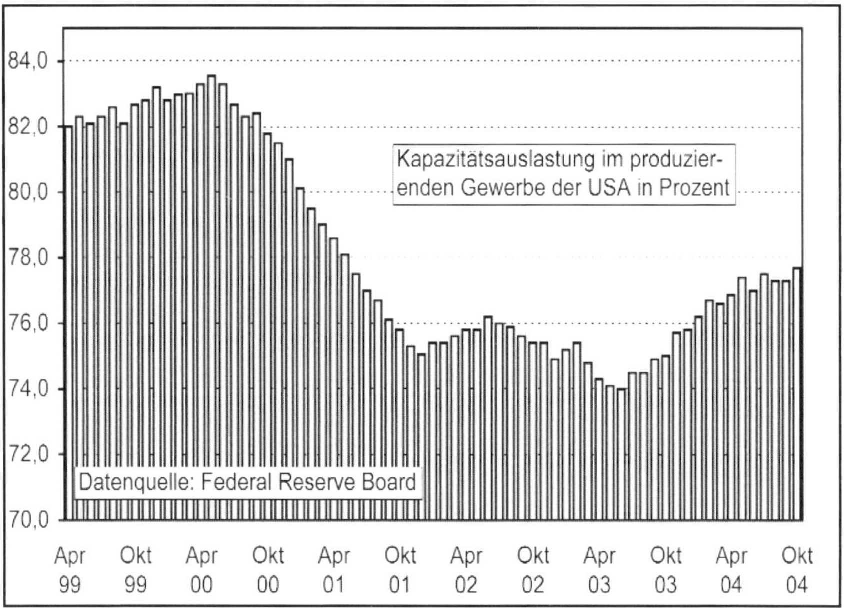

Abb. 2.7: Der Auslastungsgrad der Produktionskapazitäten in der US–Industrie

Von April 1992 bis Januar 2001 lag die Kapazitätsauslastung im Produzierenden Gewerbe in den USA stets über 80 Prozent. Dies unterstreicht die beispiellose Expansionsphase der US–Wirtschaft in diesem Zeitraum. Der Konjunkturabschwung im Jahr 2000 spiegelt sich im Rückgang der Kapazitätsauslastung bis auf etwa 75 Prozent wider. Nach einer kurzen Erholungsphase kam es dann Anfang 2003 zu einem erneuten Abschwung. Seitdem ist der Trend der Kapazitätsauslastung wieder aufwärts gerichtet.

2.6.2 Die Vielfalt der Konjunkturindikatoren

Verschiedene statistisch verfügbare Zeitreihen wurden demnach daraufhin untersucht, inwieweit sie sich zur Konjunkturprognose eignen. Dabei gingen die Praktiker der Konjunkturprognose nicht zuerst von bekannten ökonomischen Zusammenhängen aus und versuchten dann ein Modell aufzustellen, sondern sie waren bestrebt, Zusammenhänge zu entdecken und anschließend Indikatoren zu entwickeln.

Gerade in den vergangenen Jahren hat die Indikatorenforschung immer größere Anerkennung erlangt, und ihre Ergebnisse haben auch öffentliche Beachtung gefunden.

Es existiert jedoch eine Vielzahl von Indikatoren, mit deren Hilfe man empirisch dem Phänomen Konjunktur näher kommen will. Einen einzelnen, allein gültigen Konjunkturindikator gibt es nicht – den kann es auch nicht geben, dafür ist die Wirtschaft zu komplex.

Im Übrigen gleicht kein Konjunkturzyklus völlig dem anderen. Dafür sorgt allein schon der Strukturwandel in der Wirtschaft. Die siebziger Jahre waren zum Beispiel geprägt von hoher Inflation und geringem Wachstum. Die neunziger Jahre dagegen – zumal in den USA – zeichneten sich durch hohes Wachstum bei sehr geringer Inflation aus. Es ist klar, dass in beiden Perioden auch die Konjunkturzyklen anderen Gesetzen folgten. Dementsprechend benötigten die professionellen Glaskugel-Schauer auch andere Indikatoren für ihre Vorhersagen.

Im Folgenden wird versucht, ein wenig Ordnung in die Vielfalt der Konjunkturindikatoren zu bringen (siehe auch Tabelle 2.1).

Es gibt quantitative und qualitative Indikatoren. Quantitative Indikatoren sind zum Beispiel Zeitreihen zur Industrieproduktion oder zu den Auftragseingängen. Sie haben den Vorteil der statistischen Messgenauigkeit. Der Nachteil liegt in der praktischen Erhebung.

Die statistischen Ämter brauchen geraume Zeit, um diese Daten zu ermitteln, und es kommt nicht selten vor, dass als „vorläufig" veröffentlichte Zahlen – zum Beispiel zur Industrieproduktion – in späteren Veröffentlichungen erheblich korrigiert werden müssen. Die als „vorläufige" Zahlen veröffentlichten Daten basieren nämlich zum großen Teil auf Schätzungen; erst bei den endgültigen Zahlen wurde die gesamte Datenbasis statistisch ausgewertet.

Es ist vor allem diese zeitliche Verzögerung, die in den vergangenen Jahren zum verstärkten Einsatz qualitativer Indikatoren in der Konjunkturprognose geführt hat. Die entsprechenden Daten können rasch erhoben und ausgewertet werden. Qualitative Indikatoren sind zum Beispiel der Geschäftsklimaindex des deutschen ifo-Instituts, der Konjunkturindikator des Zentrums für europäische Wirtschaftsforschung (ZEW), Umfragen zum Konsumentenvertrauen, der Tankan-Bericht der Bank of Japan oder auch die viel beachteten Umfragen unter den Einkaufsmanagern (in den USA: ISM-Index).

Der Nachteil dieser Indikatoren ist, dass sie kein quantitatives Bild der Konjunktur ermöglichen, sondern nur Aussagen über die zu erwartende Richtung der Wirtschaft und damit Prognosen über Trendwenden erlauben (Verbesserung – Verschlechterung). Darüber hinaus zeichnen sie ein subjektives Stimmungsbild – und die Stimmung ist bekanntlich häufig schlechter oder besser als die Lage.

Oftmals wird einzelnen Indikatoren aber erst in Kombination mit anderen Zeitreihen eine Aussagekraft für die Konjunkturentwicklung zugesprochen. Neben den Einzelindikatoren existieren daher zahlreiche Gesamtindikatoren. Der bekannteste dürfte der Index of Leading Indicators in den USA sein. Aber auch die OECD und andere Institutionen veröffentlichen solche kombinierten Indikatoren. Zusammensetzung und Gewichtung werden bei diesen Gesamtindikatoren ständig in statistischen Backtests überprüft und angepasst.

EINEN EINZELNEN, ALLEIN GÜLTIGEN KONJUNKTURINDIKATOR GIBT ES NICHT.

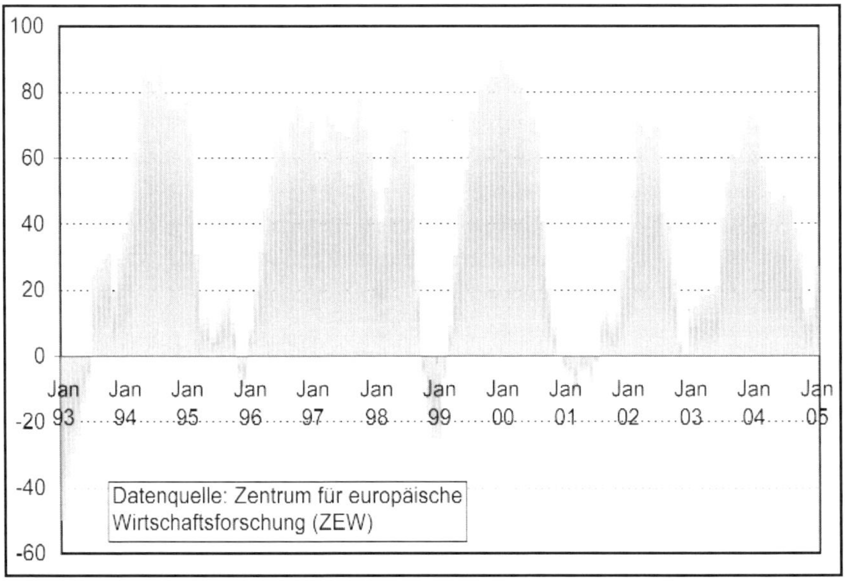

Abb. 2.8: Der ZEW–Indikator für die deutsche Konjunktur

Seit Jahresbeginn 2004 ging der ZEW–Konjunkturindikator in den Sinkflug über. Mit dem Fall auf +13,9 Punkte im November 2004 ist eine Konjunkturabkühlung sehr wahrscheinlich geworden, zumal der ZEW–Konjunkturindikator damit inzwischen deutlich unter seinem historischen Mittelwert von +34,6 Punkten liegt. Das ZEW kommentiert übrigens selbst wie folgt: „Wir gehen von einer Wachstumsverlangsamung bis Mai nächsten Jahres aus."

Realwirtschaftliche Indikatoren	
BIP (GDP)	Vierteljährliche Zahlen zum Bruttoinlandsprodukt; Zeitreihe mit großer Verzögerung.
Produktivität (Productivity)	Vierteljährlich erhobene Statistik über die Entwicklung von Produktivität und Lohnstückkosten. Gibt Auskunft über die Effizienz der Wirtschaft und möglichen Lohndruck; wird daher von den Geldpolitikern stark beachtet.
Industrieproduktion (Industrial Production)	Monatliche Zahlen zur Produktion im Produzierenden Gewerbe; gilt als vorauslaufender Indikator für das BIP.
Auftragseingänge Industrie (Factory Orders)	Auftragseingänge im Produzierenden Gewerbe; werden in den meisten Ländern erhoben und besitzen gute Vorlaufeigenschaften.
Verkäufe neuer / bestehender Häuser (Existing– / New Home Sales)	In den USA finden diese Zeitreihen Beachtung als Indikatoren für den Immobilienmarkt sowie für den Konsum im Allgemeinen.
Arbeitsmarktdaten (Employment Situation)	Am meisten Beachtung findet in Deutschland die Arbeitslosenquote. In den USA steht die Veränderung bei den Beschäftigtenzahlen im Vordergrund.
Initial Jobless Claims	In den USA erhobene wöchentliche Statistik über die Erstanträge auf Arbeitslosenunterstützung. Kurzfrist–Indikator für den Arbeitsmarkt.
Einzelhandelsumsätze (Retail Sales)	Indikator für das Konsumverhalten. In den USA finden auch die weniger volatilen Einzelhandelsdaten ohne die Umsätze des Kfz–Gewerbes (ex Autos) große Beachtung. Revisionsanfällige Zeitreihe.
Handelsbilanzsaldo (Trade Balance)	Differenz zwischen den Exporten und Importen von Waren. Wird in der Regel vierteljährlich erhoben und geht in die Berechnung des BIP ein.
Netto–Kapitalimporte (Net Long–Term Flows)	Wird vor allem in den USA stark beachtet, da der Saldo der Kapitalbilanz einen Gegenpol zum Handelsbilanzdefizit darstellt.
Preisindikatoren und Geldpolitik	
Konsumentenpreisindex (Consumer Price Index – CPI)	Der am stärksten beachtete Preisindex, da er eine wichtige Grundlage der Zinsentscheidungen der Notenbanken darstellt. Die Geldpolitiker beachten dabei vor allem die Kernraten (Core Rates), bei denen die volatilen Preise für Energie und Nahrungsmittel herausgerechnet werden. In der EU wird der Harmonisierte Verbraucherpreisindex (HVPI) verwendet.

Produzentenpreisindex (Producer Price Index – PPI)	Misst die Preisentwicklung auf den Vorstufen der Produktion. Besitzt in der Anzeige von Preistendenzen einen Vorlauf gegenüber dem CPI.
Notenbanken–Treffen („Meeting“)	Die geldpolitischen Entscheidungsgremien der Notenbanken treffen sich in regelmäßigem Turnus, um über die Höhe der Leitzinsen zu entscheiden.
Notenbanken-Sitzungsprotokolle („Minutes“)	Die meisten Notenbanken veröffentlichen die Protokolle der Sitzungen der geldpolitischen Entscheidungsgremien mit einer zeitlichen Verzögerung.
Beige Book	Zusammengefasster Konjunkturbericht der zwölf regionalen Notenbanken der USA. Erscheint jeweils zwei Wochen vor der nächsten Sitzung des geldpolitischen Entscheidungsgremiums FOMC (Federal Open Market Committee).
Stimmungsindikatoren	
ZEW–Konjunkturindikator	Umfrage des Mannheimer Instituts unter Analysten und Fondsmanagern zu deren Einschätzung der aktuellen Konjunkturlage und der Konjunkturaussichten. Erhoben werden Daten für Deutschland, die Euro–Zone und weitere Industrieländer. Der Indikator besitzt einen Vorlauf von etwa sechs Monaten.
ifo–Geschäftsklima	Monatliche Umfrage des Münchener ifo–Instituts unter den deutschen Unternehmen über deren Einschätzung ihrer Geschäftslage und ihrer Geschäftserwartungen. Wichtigster deutscher Klimaindikator mit einem Vorlauf von etwa vier Monaten.
Konsumentenvertrauen (Consumer Confidence /Sentiment)	In den meisten Ländern gibt es Umfragen; in den USA durch das Conference Board (Consumer Confidence) und die University of Michigan (Consumer Sentiment). In Europa werden entsprechende Daten von der EU und in Deutschland von der GfK erhoben; beide Zeitreihen finden aber nur geringe Beachtung.
Einkaufsmanagerindex (ISM Index)	Umfrage unter den Einkaufsmanagern in der Industrie und im Dienstleistungssektor; in den USA vom ISM (Institute for Supply Management) erhoben. Ein Stand über 50 Punkten ist ein Zeichen für Expansion. Aufgrund seiner guten Vorlaufeigenschaften ein viel beachteter Indikator.
ISM Chicago	In der Regel einen Werktag vor dem nationalen ISM–Index veröffentlichte Umfrage unter den Einkaufsmanagern im Großraum Chicago (siehe Einkaufsmanagerindex).

Philadelphia Fed Survey (kurz: Philly Fed Index)	Umfrage der Notenbank des Distrikts Philadelphia unter den Industriebetrieben in ihrem Distrikt zu deren Einschätzung der wirtschaftlichen Aktivität.
Empire State Manufacturing Survey (kurz: Empire State Index)	Umfrage der Notenbank des Distrikts New York unter den verarbeitenden Unternehmen in ihrem Distrikt zu deren Einschätzung der wirtschaftlichen Aktivität. (Daneben gibt es noch weitere, allerdings national weniger beachtete Konjunkturumfragen der regionalen Notenbanken.)
Tankan (wörtlich: „kurzfristige Umfrage“)	Vierteljährliche Umfrage der Bank of Japan unter Japans Unternehmen. Sehr umfassend, sowohl was die Teilnehmer als auch was die Fragestellungen betrifft.
Sammelindikatoren	
Frühindikatoren (Index of Leading Indicators)	Bezeichnung für Gesamtindikatoren, bei denen aus mehreren Einzelindikatoren ein Index erstellt wird. Die geringere Schwankungsbreite im Vergleich zu Einzelindikatoren geht allerdings auf Kosten der Vorlaufeigenschaften. Beispiele: Index of Leading Indicators des US–Handelsministeriums; Frühindikator der OECD; Frühindikator der EU.

Tab. 2.1: Ausgewählte Konjunkturindikatoren (englische Bezeichnungen in Klammern)

2.6.3 Welche Konjunkturindikatoren sollte man einsetzen?

Die wichtigste Unterteilung der Indikatoren betrifft ihre Vorlaufeigenschaften bezüglich der Konjunktur. Es gibt vorlaufende, gleichlaufende und nachlaufende Indikatoren; dazu kommen noch die Spannungsindikatoren. Diese Unterscheidung liegt darin begründet, dass unterschiedliche Variablen in einer Wirtschaft unterschiedlich schnell auf Veränderungen reagieren.

Vorlaufende Indikatoren sind zum Beispiel Umfragen zu den Geschäftserwartungen oder auch Zahlen über die Entwicklung der Auftragseingänge. Auch die Aktienindizes geben die Markteinschätzung über die Gewinnentwicklung der Unternehmen wieder und eignen sich als vorlaufender Indikator, obwohl die Börsianer natürlich selbst ständig auf der Suche nach mehr Klarheit über die Zukunft sind.

Zu den gleichlaufenden Indikatoren zählen die Produktionsindizes, der Einzelhandelsumsatz und die Veränderung der Kapazitätsauslastung. Die Kapazitätsauslastung wird allerdings in den meisten Ländern nicht wie in den USA monatlich erhoben, sondern nur vierteljährlich. Durch den Verzögerungseffekt bei der Veröffentlichung zeichnen die gleichlaufenden Indikatoren aber kein Bild der aktuellen Lage, sondern der Situation vor zwei bis drei Monaten.

Typische nachlaufende Indikatoren sind die Arbeitsmarktdaten wie Beschäftigtenzahl und Arbeitslosenquote, da wirtschaftliche Veränderungen erst mit einer zeitlichen Verzögerung zu Einstellungen oder Entlassungen führen.

Die Spannungsindikatoren schließlich zeigen Überhitzungserscheinungen an den Märkten an. Dazu zählen die Preisindizes, der Auftragsbestand und die Veränderung der Fertigwarenlager.

In Tabelle 2.1 sind einige der wichtigsten Indikatoren zusammengefasst, die in Abhängigkeit von den jeweiligen Marktbedingungen allesamt für Kursbewegungen am Devisenmarkt sorgen können.

Angesichts der Vielzahl der verfügbaren Konjunkturindikatoren wird recht schnell deutlich, worin ihre wahre Bedeutung liegt: Es ist nicht so sehr die Möglichkeit, aus ihnen quantitative Prognosen zum Beispiel über das BIP-Wachstum abzuleiten, sondern vielmehr sich ein möglichst umfassendes – qualitatives – Bild vom Zustand der Wirtschaft und der künftigen Entwicklung zu machen.

Je nach Wirtschaftslage sind dabei verschiedene Indikatoren besonders relevant. Steht die Konjunktur vor einem Wendepunkt, dann finden die Stimmungsindikatoren besondere Beachtung. Geht es darum, wie stark der Aufschwung oder der Abschwung ausfällt, wird man eher die Auftragseingänge und die Produktionszahlen unter die Lupe nehmen. Stehen möglicherweise Änderungen der Geldpolitik bevor, sollte man den Spannungsindikatoren wie den Preisindizes besondere Aufmerksamkeit zukommen lassen.

Aber auch die nationalen Besonderheiten sind wichtig. So sind die USA eine stark am Binnenmarkt orientierte Wirtschaft. Besonders die Verbraucher sorgen in den USA für die konjunkturelle Dynamik; dementsprechend blickt man gespannt auf das Konsumentenvertrauen und den Einzelhandelsumsatz. Deutschland wiederum besitzt eine exportorientierte Wirtschaft, weshalb den Veränderungen in der Weltkonjunktur für die Entwicklung der deutschen Wirtschaft eine große Bedeutung zukommt.

Indikatoren können nur in einem gesamtwirtschaftlichen Kontext sinnvoll interpretiert werden.

2.6.4 Die Konjunkturindikatoren und der Devisenmarkt

Wie der Devisenmarkt allerdings dann im konkreten Fall auf neue Daten reagiert, ist dennoch nicht vorauszusagen. Good News sind nicht immer Good News, und Bad News sind nicht immer Bad News. Ob eine Währung im Anschluss an die Veröffentlichung von Konjunkturzahlen aufwertet oder abwertet, hängt zum einen von den Erwartungen ab, die sich im Vorfeld gebildet haben, zum anderen aber auch von der Stimmung am Devisenmarkt.

Oftmals dienen irgendwelche neue Zahlen eher als Vorwand denn als echter Grund, um zu verkaufen oder zu kaufen, da sie nur herangezogen werden, um eine bestehende Einschätzung zu bestärken.

Es ist offensichtlich: In den USA werden sehr viel mehr Zeitreihen veröffentlicht, die als Konjunkturindikatoren dienen können, als in anderen Volkswirtschaften. Das ist vermutlich der sprichwörtlichen Statistik–Gläubigkeit der Amerikaner zu verdanken.

Einerseits ermöglicht die größere Menge an verfügbaren Indikatoren natürlich ein umfassenderes und genaueres Bild der Konjunktur, zumal wenn die Zahlen schneller als in Europa oder in Japan üblich veröffentlicht werden. Andererseits kann aber die Gefahr bestehen, durch die Fixierung auf Kurzfrist–Indikatoren, wie zum Beispiel die Zahl der wöchentlich neu als arbeitssuchend gemeldeten Personen, den Blick auf das Große und Ganze zu verlieren. Konjunkturzyklen und gesamtwirtschaftliche Tendenzen ändern sich nicht über Nacht. Einzelne Indikatoren dürfen daher nicht überinterpretiert werden, zumal durch statistische Ungenauigkeiten und stimmungsmäßige Übertreibungen erhebliche Verzerrungen bei einzelnen Daten entstehen können.

Die dennoch häufig vorkommende Überinterpretation einzelner Konjunkturdaten ist letztendlich ein Zeichen für die Kurzatmigkeit an den Kapitalmärkten, die in den letzten Jahren stark zugenommen hat. Dies zeigt sich zum Beispiel auch in der Tendenz, den Berichten der Unternehmen über einzelne Quartale zu große Bedeutung beizumessen.

Fazit: Das konjunkturelle Gesamtbild ist wichtiger als die kurzfristigen Schwankungen einzelner Indikatoren.

2.7 Exkurs: Die Auswirkungen fixer Wechselkurse am Beispiel des Argentinischen Pesos

Um die Zusammenhänge zwischen den Wechselkursen und den Güter- und Kapitalströmen nochmals zu verdeutlichen, ist es sinnvoll, einmal ein System mit festen Wechselkursen genauer unter die Lupe zu nehmen.

Wie bereits erläutert, übernehmen die Wechselkurse in flexiblen Systemen die Funktion von Stabilisatoren. Betreibt ein Land zum

Beispiel eine expansive Geldpolitik, dann führt dies kurzfristig zwar zu sinkenden Zinsen und einem Wachstumsimpuls, langfristig sind die Folgen jedoch ein Anstieg der Inflation und eine Abwertung der Währung. Durch die Abwertung bleibt die Leistungsbilanz im Gleichgewicht beziehungsweise das Gleichgewicht wird mehr oder weniger schnell wieder erreicht.

Bei fixen Wechselkursen ist dies anders: Durch die Erhöhung der Geldmenge sinken die realen Zinsen. Das führt dazu, dass Kapital ins Ausland strömt, da Geldanlagen dort eine höhere Rendite versprechen. Langfristig führt die Erhöhung der Geldmenge zudem zu einem Anstieg des Preisniveaus, was gemäß der Kaufkraftparitäten–Theorie ebenfalls für Abwertungsdruck auf die inländische Währung sorgt.

Die Wirtschaftspolitik hat in diesem Fall nur zwei Möglichkeiten zu reagieren: Zum einen muss sie ausländische Devisen auf den Markt werfen, um die Abwertung zu verhindern und den fixen Wechselkurs aufrechtzuerhalten. Das kann aber nur für eine gewisse Zeit durchgehalten werden, nämlich bis die Devisenreserven erschöpft sind und das Ausland nicht mehr bereit ist, mit neuen Krediten für den notwendigen Kapitalimport zu sorgen.

Häufig ist daher der zweite Schritt zur Verhinderung einer Abwertung das Erlassen oder Verschärfen von Kapitalverkehrsbeschränkungen, um den Abfluss von Devisen ins Ausland zu verhindern. Allein diese Möglichkeit wird aber bereits im Vorfeld solcher Maßnahmen die Kapitalflucht beschleunigen und das ganze System erschüttern.

Ähnliches ist im Jahr 2001 in Argentinien geschehen, das seine Währung an den US–Dollar gebunden hatte. Die Stärke des US–Dollars zu Ende der neunziger Jahre und zu Anfang dieses Jahrhunderts, die wie bereits erläutert auf die hohen Kapitalimporte in die USA zurückzuführen war, führte aufgrund der Wechselkursbindung an den US–Dollar auch zu einer realen Aufwertung der argentinischen Währung. Argentinische Produkte wurden im Ausland immer teurer, und die argentinischen Exporteure büßten ihre Wettbewerbsfähigkeit ein, was zu einem stetig wachsenden Leistungsbilanzdefizit führte. Gleichzeitig blieben aber die Kapitalimporte zur Finanzierung dieses Defizits aus, da die argentinische Wirtschaftspolitik nicht dazu geeignet war, ausländische Investitionen anzulocken. Im Gegenteil: Die Kapitalexporte stiegen sogar an, da viele

Inländer aufgrund der schwachen Wirtschaftslage in Argentinien im Ausland attraktivere Anlagemöglichkeiten sahen.

Leistungsbilanzdefizit und Netto-Kapitalexport führten zu einem Devisenabfluss, der bei flexiblen Wechselkursen eine Abwertung zur Folge gehabt hätte. Die argentinische Regierung zögerte diese – auch in einem System fixer Wechselkurse natürlich mögliche – Abwertung jedoch immer weiter hinaus, da eine Abwertung immer ein schlechtes Bild auf die Wirtschaftspolitik der Regierung wirft. Die Folge: Die argentinische Notenbank musste zur Stützung des Wechselkurses die gesamten Devisenreserven aufbrauchen, und die Defizite in Leistungs- und Kapitalbilanz mussten durch die Aufnahme neuer Schulden finanziert werden.

Angesichts sich immer weiter verringernder Devisenreserven und angesichts einer steigenden Verschuldung nahm die Erwartung einer Abwertung jedoch immer weiter zu. Dadurch potenzierte sich der Kapitalexport zu einer regelrechten Kapitalflucht, was letztlich zum Zusammenbruch des gesamten Systems führte. Letztlich blieb nichts anderes übrig, als die Wechselkursbindung aufzuheben, was zu einer drastischen Abwertung des Argentinischen Pesos innerhalb kurzer Zeit um mehr als 70 Prozent in der Spitze führte. Massenarbeitslosigkeit und Verarmung der Bevölkerung sind die verheerenden Folgen in Argentinien.

Ein weiteres Beispiel für eine feste Wechselkursanbindung ist die des Chinesischen Yuans an den US-Dollar. Auf diesen Fall wird in Kapitel 4.8 noch ausführlich eingegangen.

Feste Wechselkurse sind nur dann sinnvoll, wenn die Unterschiede zwischen den beteiligten Ländern nicht zu groß sind.

Abb. 2.9: Der Wechselkurs des Argentinischen Pesos gegenüber dem US–Dollar

Nachdem die argentinische Regierung Ende 2001 die Wechselkursbindung des Argentinischen Pesos gegenüber dem US–Dollar aufgeben musste, kam es zu einer dramatischen Abwertung der Währung des südamerikanischen Landes. Seit Mitte 2002 konnte sich der Peso dann wieder etwas erholen. Allerdings ist anzumerken, dass durch die Kapitalverkehrskontrollen in Argentinien der Wechselkurs Angebot und Nachfrage auf dem Devisenmarkt nur eingeschränkt widerspiegelt.

3. Einflüsse auf die Wechselkurse in der Praxis

Gemäß der volkswirtschaftlichen Theorie beeinflusst die Entwicklung der Preisniveaus in zwei Ländern den Wechselkurs zwischen diesen beiden Ländern ebenso wie die Entwicklung der Zinsen. Beide Größen – Preisniveau und Zinsen – werden aber durch die Geldpolitik des jeweiligen Landes maßgeblich bestimmt. Das kann auch nicht weiter verwundern, ist doch der Wechselkurs nichts anderes als der Preis einer Währung. Es lohnt sich daher, einmal einen genaueren Blick auf die Geldpolitik in den großen Währungsblöcken sowie auf die Art und Weise der Messung von Preisniveau und Zinsen zu werfen.

Allerdings hängt es immer von der aktuellen Situation ab, welche Größen gerade den dominierenden Einfluss auf einen Wechselkurs ausüben (siehe Tab. 3.1).

EUR/USD	▲	Steigende Defizite in der Handelsbilanz und im Staatshaushalt in den USA, geopolitische Unsicherheiten
	▼	Stärke der US-Konjunktur, steigende Zinsen für Geldanlagen in US-Dollar
USD/JPY	▲	Interventionen der Bank of Japan, um eine Yen-Aufwertung zu verhindern, Verschärfung der Bankenkrise in Japan
	▼	Wirtschaftserholung in Japan und steigende Nachfrage nach japanischen Aktien und Staatsanleihen
EUR/GBP	▲	Konjunktur in Großbritannien hat Zenit überschritten; Spekulationen über einen Beitritt Großbritanniens zur Euro-Zone
	▼	Hohe Zinsen in Großbritannien, Stärke der britischen Konjunktur
EUR/CHF	▲	Stabilität der Weltkonjunktur lässt Nachfrage nach Franken sinken
	▼	Geopolitische Unsicherheiten, Zweifel an der weltwirtschaftlichen Erholung; Zinserhöhung in der Schweiz

USD/CAD	▲	Die USA wachsen stärker als Kanada, Zinsdifferenz zwischen Kanada– und US–Dollar verringert sich
	▼	Zinserhöhungen der Bank of Canada, steigende Rohstoffpreise stärken den Kanada–Dollar
AUD/USD	▲	Steigende Rohstoffpreise stärken den Austral–Dollar; robuste Nachfrage nach Rohstoffen aus Asien, vor allem aus China
	▼	Konjunktur hat Zenit erreicht, keine Zinserhöhungen mehr zu erwarten; Nachfrage aus China könnte sinken

Tab. 3.1: Beispiele für Einflüsse auf die Wechselkurse in der Praxis im Jahr 2004

3.1 Die Preisentwicklung

In allen Ländern wird durch die statistischen Ämter die Entwicklung der Preisniveaus für verschiedene Warenkörbe gemessen. Die größte Beachtung finden die Konsumentenpreise und die Produzentenpreise, wobei der Index der Produzentenpreise – wiewohl in der Öffentlichkeit weniger beachtet – für die Kaufkraftparitäten–Theorie die größere Rolle spielt. Denn: Während im Index der Konsumentenpreise auch viele Güter erfasst werden, die nicht handelbar sind, setzt sich der Index der Produzentenpreise überwiegend aus den Preisen handelbarer Güter zusammen. Neben diesen beiden Preisindizes sind auch die Indizes für die Export– und Importpreise wichtige Größen, die den Wechselkurs beeinflussen können, denn sie geben die preisliche internationale Wettbewerbsfähigkeit der Güter des jeweiligen Landes wieder.

Anzumerken bleibt noch, dass die Produzentenpreise in der Regel höheren Schwankungen unterliegen als die Konsumentenpreise. Bei den Konsumentenpreisen wird zudem häufig der so genannten „Kernrate" eine größere Beachtung geschenkt als dem eigentlichen Index. Bei der Kernrate wird die Entwicklung der Energiepreise und der Nahrungsmittelpreise herausgerechnet, da die Preisentwicklung bei diesen beiden Gütergruppen besonderen Schwankungen unterliegt und die Kernrate daher einen besseren Eindruck von der Tendenz der Preisentwicklung wiedergibt.

In den vergangenen Jahren wurde jedoch weniger über das Problem der Inflation gesprochen als über das einer Deflation. Doch was ist eigentlich Deflation? Der Begriff „Deflation" ist zweideutig. Als Gegenstück zur Inflation ist sie ein anhaltender Rückgang des Preisniveaus. Oftmals wird Deflation jedoch mit einem starken Nachfrageausfall gleichgesetzt. Eine solche „deflatorische Lücke" und ihr Auswachsen zur Depression ist eine große Gefahr. Wann führen aber sinkende Preise zu sinkender Nachfrage, Produktion und Beschäftigung?

Schrumpfen bei Preisrückgängen die Gewinne, gehen manche Unternehmen in Konkurs, andere investieren weniger. Wenn auch die Löhne sinken, dann bleiben zwar Arbeitsplätze erhalten, Einkommen und Konsum können aber zurückgehen. Schließlich schieben die Konsumenten in Erwartung sinkender Preise manche Käufe auf die lange Bank. Schrumpfen zudem Immobilienpreise und Aktienkurse, dann können die Schulden die Vermögenswerte übersteigen, und die Gefahr von Kreditausfällen und Bankenkrisen wächst.

Obwohl in den USA und auch in Deutschland in den Jahren 2002 und 2003 deflationäre Gefahren bestanden, waren beide Länder von dem beschriebenen Szenario weit entfernt. Tatsächlich ist es vor allem der zunehmende internationale Wettbewerb, der es den Unternehmen erschwert, Preiserhöhungen durchzusetzen – und das ganz besonders in Zeiten schwacher Nachfrage.

Dazu kommt: Aufgrund des internationalen Standortwettbewerbs geht auch von den Löhnen und von den staatlichen Abgaben und Steuern kaum Preisdruck aus. Beide Faktoren, Löhne und Steuern, waren aber in der Vergangenheit wichtige Preistreiber. Es erscheint daher angemessener, angesichts rückläufiger Inflationsraten oder eines sogar sinkenden Preisniveaus wie in den Jahren 2002 und 2003 von „Disinflation" statt von Deflation zu sprechen. Immerhin bestehen aber deflationäre Gefahren, denn ein sinkendes Preisniveau ist für die Entwicklung einer Volkswirtschaft genauso schlecht wie steigende Preise.

Ein sinkendes Preisniveau ist für die Entwicklung einer Volkswirtschaft genauso schlecht wie ein steigendes Preisniveau.

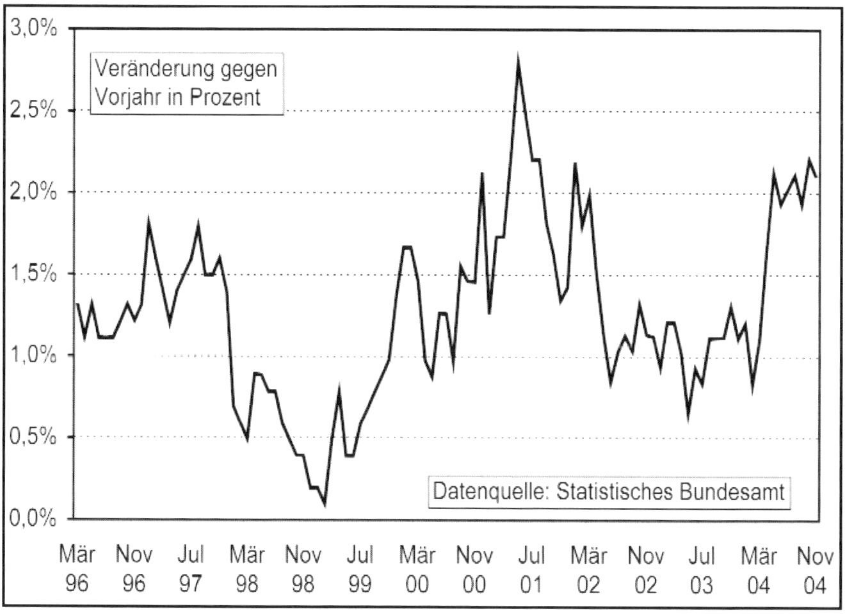

Abb. 3.1: Die Konsumentenpreise in Deutschland

Nicht zuletzt der Anstieg der Energiepreise, aber auch die konjunkturelle Erholung hat im Jahr 2004 zu einem Anstieg der Inflationsrate auf 2,0 Prozent geführt. Das entspricht in etwa dem Inflationsziel der Europäischen Zentralbank.

3.2 Die Zinsentwicklung

Die Zinssätze in einer Volkswirtschaft entscheiden maßgeblich über die Höhe der Investitionen. Je niedriger die Zinsen sind, die durch Geldanlage am Kapitalmarkt erzielt werden können, umso attraktiver werden andere Möglichkeiten der Geldanlage, wie zum Beispiel Investitionen in Unternehmen. Darüber hinaus wird für private Haushalte das Sparen unattraktiver, je niedriger die Zinsen sind. Niedrige Zinsen sorgen daher auch für einen Anstieg des Konsums. Besonders augenfällig ist dieser Zusammenhang bei Entscheidungen über den Kauf langlebiger und teurer Konsumgüter, die eine Verschuldung erfordern, wie zum Beispiel der Kauf von Pkws oder der Bau und Kauf von Häusern.

Zur Messung der Zinsniveaus werden in allen Ländern verschiedene „Zinsbarometer" ermittelt, die für unterschiedliche Laufzeiten beispielhaft die Zinsentwicklung wiedergeben. Bei den kurzfristigen Zinssätzen sind die Zinsen maßgeblich, zu denen sich die Geschäftsbanken bei der Notenbank Geld leihen können. An diesen „Leitzinsen" orientieren sich alle anderen kurzfristigen Zinssätze in der Wirtschaft. Bei den langfristigen Zinssätzen werden als „Zinsbarometer" die Zinsen für Staatsanleihen herangezogen. Da bei diesen Anleihen die höchste Liquidität herrscht, werden sie als so genannte Benchmark, also als Richtgröße für die Anleihen aller anderen Emittenten, verwendet.

Aus den Zinssätzen für die unterschiedlichen Laufzeiten lässt sich für eine bestimmte Währung eine so genannte Zinskurse ermitteln (siehe Abb. 3.2).

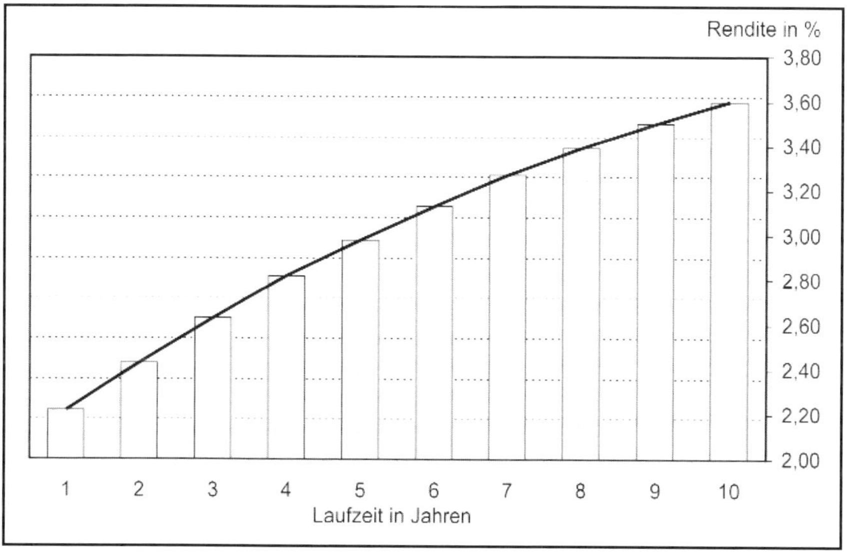

Abb. 3.2: Die Zinskurve in Deutschland

Die kurzfristigen Zinsen sind in Deutschland derzeit deutlich niedriger als die langfristigen Zinsen. Man spricht in diesem Fall von einer steilen Zinskurve. Eine steile Zinskurve ist in der Regel ein Zeichen für einen Konjunkturaufschwung.

3.2.1 Der Euromarkt

Gemäß der Zinsparitäten–Theorie werden die Wechselkurse durch die Differenzen in den Zinsen, die für Anlagen in den Währungen der beiden betrachteten Länder gezahlt werden, bestimmt. Doch welche Zinsen soll man für diesen Vergleich heranziehen? Die von den Notenbanken festgelegten Leitzinsen geben zwar einen Hinweis auf die unterschiedlichen Zinsniveaus in zwei Ländern, werden aber nur hin und wieder durch die Notenbanken angepasst und geben kurzfristige Zinsänderungen daher nicht wieder.

Seit einigen Jahrzehnten hat sich jedoch ein sehr liquider Markt für Geldanlagen außerhalb der Heimatländer der jeweiligen Währungen herausgebildet. Die Zinsen, die auf diesem so genannten Euromarkt (auch Eurodollar–Markt genannt) für Guthaben gezahlt werden, sind frei von staatlicher Einflussnahme und spiegeln die monetären und wirtschaftlichen Bedingungen eines Landes am besten wider.

Die Eurozinssätze eignen sich daher sehr gut für Vergleiche und für die Feststellung von Zinsdifferenzen. Die entsprechenden Guthaben werden mit dem Zusatz „Euro“ bezeichnet, was nichts mit der europäischen Einheitswährung zu tun hat. Eurodollar-Guthaben sind demnach Dollar-Guthaben, die außerhalb der USA bestehen.

Als Referenzzinssätze für den Euromarkt gelten die so genannten London Interbank Offered Rates (LIBOR). Das sind die Zinssätze, zu denen sich die in London ansässigen Geschäftsbanken gegenseitig Geld in den verschiedenen Währungen leihen (siehe auch Kapitel 9). Der Referenzzinssatz für Euro-Guthaben wird im Übrigen häufig auch als „Euribor“ bezeichnet.

Beispiel: Die Differenzen der Zinssätze für Drei-Monats-Geldanlagen in Eurodollar (Drei-Monats-LIBOR US-Dollar) und für Drei-Monats-Geldanlagen in Britischen Pfund (Drei-Monats-LIBOR Pfund) geben eine gute Indikation für die künftige Entwicklung des Wechselkurses zwischen Pfund und US-Dollar. Insbesondere Veränderungen in der Zinsdifferenz sollten dabei beachtet werden (siehe Abb. 3.3 und 3.4).

Sehr interessant sind auch die Futures-Märkte für Drei-Monats-Geldanlagen am Euromarkt. Der Drei-Monats-Eurodollar-Futures-Kontrakt gibt dabei die Markterwartungen für die Entwicklung der kurzfristigen Zinsen für die Laufzeit des jeweiligen Futures wieder. Der Vergleich der Futures für Eurodollar und Europfund zeigt demnach zum Beispiel die Markterwartungen für die Entwicklung der Differenz zwischen den Zinssätzen für Geldanlagen in US-Dollar und in Pfund.

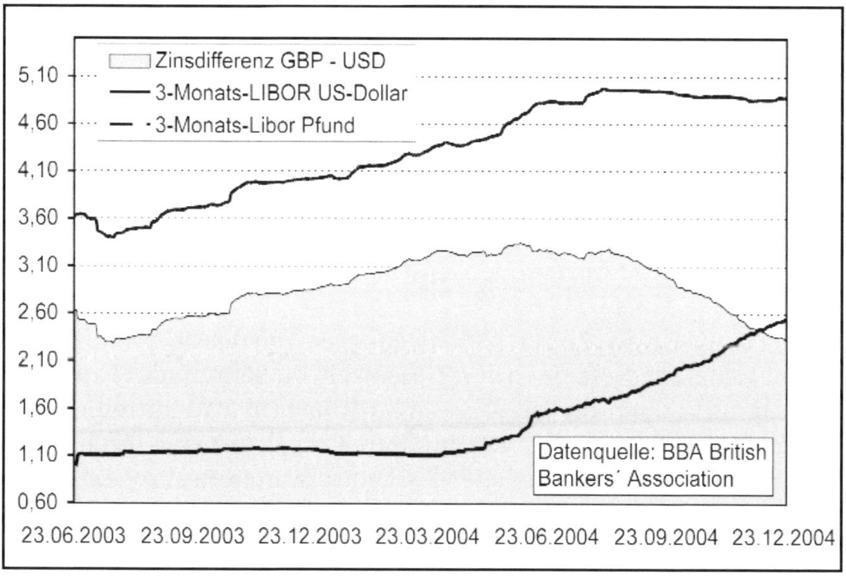

Abb. 3.3: Drei–Monats–LIBOR Pfund und Drei–Monats–LIBOR US–Dollar im Vergleich

Abb. 3.4: Wechselkurs GBP/USD

Die Zinsdifferenz zwischen Geldanlagen in Britischen Pfund und in US–Dollar in den letzten beiden Jahren ist mit verantwortlich für den Anstieg des GBP/USD–Wechselkurses in diesem Zeitraum. Allerdings hat sich die Zinsdifferenz zum Ende des Jahres 2004 hin wieder verringert.

3.2.2 Zins- und Inflationserwartungen

Die Höhe der Zinssätze für Drei-Monats-Geld wird maßgeblich durch die Markterwartungen über die zukünftige Entwicklung der Leitzinsen bestimmt. Rechnen die Marktteilnehmer zum Beispiel mit einer Erhöhung der Leitzinsen, dann spiegelt sich das in einem Anstieg der Zinssätze für Drei-Monats-Geld wider. Das ist insoweit auch erwünscht, da die Notenbanken mit ihren geldpolitischen Maßnahmen ja gerade auf eine Änderung der kurzfristigen Zinsen abzielen.

Die langfristigen Zinsen können dagegen von der Geldpolitik nicht direkt gesteuert werden. In den Zinssätzen am Rentenmarkt spiegeln sich nämlich auch die Inflationserwartungen der Marktteilnehmer wider. Das heißt: In einem bestimmten Zinssatz für eine zehnjährige Anleihe ist nicht nur der für diesen Zeitraum erwartete Realzins enthalten, sondern auch die Inflationserwartungen über diese Periode. Je höher die Inflation, umso höher muss die Nominalverzinsung sein, denn schließlich „frisst" die Inflation einen Teil der Zinserträge wieder auf.

Veränderungen der langfristigen Zinsen am Rentenmarkt sind in erster Linie durch Änderungen bei den Inflationserwartungen bedingt, denn: Der Realzins ist weit weniger volatil als die Inflationserwartungen. Deswegen kommt es zum Beispiel im Vorfeld eines Konjunkturaufschwungs häufig zu einer steilen Zinskurve (die Zinskurve repräsentiert die Zinssätze über verschiedene Laufzeiten). Mit anderen Worten: Die Differenz zwischen den kurzfristigen und den langfristigen Zinssätzen ist besonders groß.

Das kommt so: Die Notenbanken senken im Konjunkturabschwung und in der Rezession die Zinsen, da in dieser Phase die Inflation niedrig ist und natürlich die Investitionsbedingungen verbessert werden sollen. Dadurch sinken die kurzfristigen Zinsen am Geldmarkt. Gleichzeitig steigen aber die langfristigen Zinsen am Rentenmarkt, da für die Zukunft eine höhere Inflation erwartet wird – schließlich wird die Erhöhung der Geldmenge durch die Senkung der Leitzinsen langfristig zu einem Anstieg des Preisniveaus führen.

Im Gegensatz dazu hat man es in einer Boom-Phase der Wirtschaft häufig mit einer flachen Zinskurve zu tun: Die Notenbank erhöht die Zinsen, um die in einer Boom-Phase auftretende Inflation zu bekämpfen und eine Überhitzung der Wirtschaft zu vermeiden. Dadurch steigen die kurzfristigen Zinsen am Geldmarkt. Die langfristigen Zinsen am Rentenmarkt dagegen fallen, da die Marktteilnehmer bereits voraussehen, dass die Konjunktur sich wieder abschwächen wird und die Zinserhöhungen durch die Notenbank zu einer geringeren Inflation in der Zukunft führen.

Noch ein Wort zum Rentenmarkt: Es darf nicht vergessen werden, dass sich bei den festverzinslichen Wertpapieren die Zinssätze immer invers zu den Kursen verhalten. Bei den Rentenpapieren selbst werden meistens die Zinssätze beziehungsweise die Renditen zum Beispiel für zehnjährige Bunds (deutsche Bundesanleihen) oder zehnjährige T–Bonds (US–Staatsanleihen) herangezogen. Bei den Futures am Rentenmarkt dagegen, dem Bund–Future oder dem T–Bond–Future, werden in der Regel die Kurse beobachtet. Steigende Kurse bedeuten in diesem Fall sinkende Zinsen und deuten auf geringere Inflationserwartungen und damit auf eine erwartete schwache Konjunkturentwicklung in der Zukunft hin und vice versa.

In den Zinssätzen am Rentenmarkt spiegeln sich auch die Inflationserwartungen der Marktteilnehmer wider.

3.3 Rentenmarkt und Wechselkurse

Natürlich ist aber am Rentenmarkt nicht alles so einfach, wie bisher dargestellt: Auch an den Rentenmärkten bestimmen Angebot und Nachfrage die Preise. Gelingt es zum Beispiel einem Land, seine Neuverschuldung abzubauen, dann sinkt auch das Angebot von Staatsanleihen. Verändert sich die Nachfrage nicht, dann führt diese Angebotsverknappung tendenziell zu steigenden Kursen und sinkenden Zinsen – ohne dass sich an den Inflationserwartungen etwas geändert hat.

Darüber hinaus kann es zum Beispiel zu steigenden Kursen am Rentenmarkt kommen, obwohl die Notenbanken die Zinsen gesenkt haben und die Inflationserwartungen für die Zukunft gestiegen sind. Der Grund: Die Risikobereitschaft der Anleger ist aus irgendwelchen Gründen gesunken, weshalb sie die Geldanlage in den sicheren Rentenpapieren suchen. Man spricht hier davon, dass die Rentenpapiere der Schuldner mit höchster Bonität, also die Staatspapiere der Industrieländer, als „sicherer Hafen" für die Geldanlage dienen. Dies war zum Beispiel im Vorfeld des Irak-Krieges zu beobachten. Doch sind solche Entwicklungen gewöhnlich nicht von langer Dauer. Langfristig gilt der beschriebene Zusammenhang zwischen Konjunkturerwartungen, Inflationserwartungen und langfristigen Zinsen.

Leider ist der Zusammenhang zwischen der Kursentwicklung am Rentenmarkt und der Entwicklung der Wechselkurse ebenfalls nicht immer eindeutig. Zum einen ist gemäß der Zinsparitäten-Theorie kurz- und mittelfristig zuerst einmal die Zinsdifferenz entscheidend. Daher ist es sinnvoll, die Rentenmarkt-Zinssätze verschiedener Länder zu vergleichen. In der Regel werden dafür die zehnjährigen Renditen, zum Beispiel für Bunds und T-Bonds, herangezogen.

Steigen zum Beispiel in den USA und in Euroland die langfristigen Zinsen, wobei sich aber die Zinsdifferenz zugunsten des US-Rentenmarkts entwickelt, dann macht das Geldanlagen am US-Rentenmarkt attraktiver. Es entsteht Aufwertungsdruck auf den US-Dollar gegenüber dem Euro. Hinter den steigenden Zinsen verbergen sich jedoch auch zunehmende Inflationserwartungen, und die steigen in den USA in diesem Fall offensichtlich ebenfalls schneller als in Euroland. Langfristig wird dies gemäß der Kaufkraftparitäten-Theorie schließlich wieder zu einer Abwertung des US-Dollars führen.

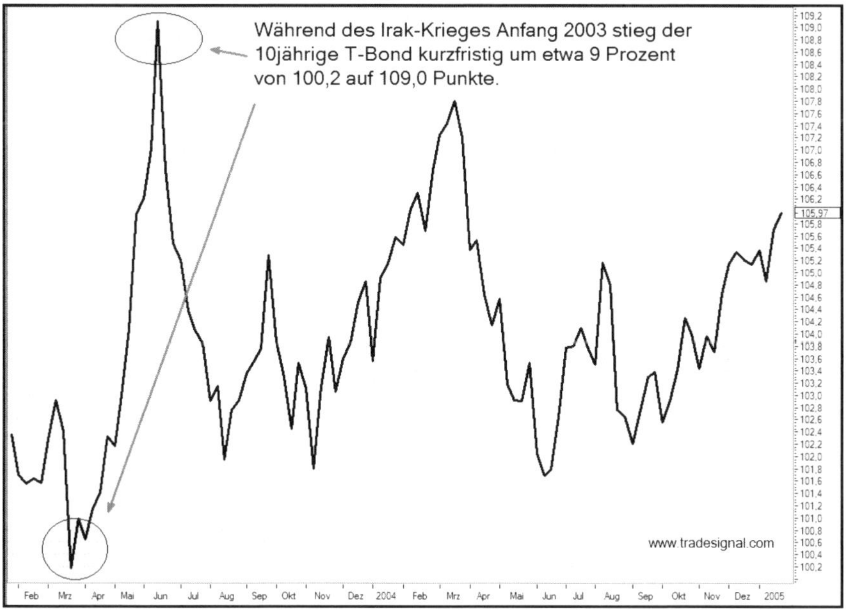

Abb. 3.5: Die Kursentwicklung des zehnjährigen T–Bonds

Während des Irak–Kriegs stiegen die US–Staatsanleihen kräftig. (Im Chart am Beispiel des zehnjährigen T–Bonds dargestellt.) Die Anleger suchten den „sicheren Hafen" von Staatsanleihen der Industrieländer. Nach dem Ende des Krieges fielen jedoch die Kurse am Rentenmarkt wieder.

3.4 Die Geldpolitik

Träger der Geldpolitik ist die Notenbank (auch: Zentralbank) des jeweiligen Währungsraums. Ziel der Geldpolitik ist die Preisstabilität. Wie jedoch diese Preisstabilität definiert wird, ist von Notenbank zu Notenbank verschieden. Die meisten Zentralbanken setzen Inflationsziele fest (in der Regel rund zwei Prozent).

Null Prozent Inflation ist nicht wünschenswert, da die Gefahr negativer Auswirkungen auf die Konjunktur besteht, wenn der Wirtschaft nicht ausreichend Liquidität zur Verfügung gestellt wird. Es wird daher eine geringe Inflation in Kauf genommen.

Natürlich können die Notenbanken das Preisniveau nicht direkt beeinflussen, sie können lediglich die Geldmenge steuern. Das geschieht auch – aber nicht nur – über Veränderungen bei den Zinsätzen, zu denen sich die Geschäftsbanken bei der Notenbank Geld beschaffen können. Als eine der wenigen Notenbanken gesteht die Europäische Zentralbank (EZB) der Beobachtung der Geldmengenentwicklung eine große Bedeutung für ihre geldpolitischen Entscheidungen zu. Damit steht sie in der Tradition der Deutschen Bundesbank. Immer mehr findet aber auch die EZB zu einer indirekten Steuerung über die Festlegung eines Inflationsziels.

Die großen Notenbanken der Welt greifen inzwischen alle auf ähnliche Instrumente zurück. So sind die wichtigsten Instrumente der US–Notenbank (Federal Reserve, kurz: Fed) der Zinssatz für Tagesgeld (Fed Funds Rate) und die Offenmarktgeschäfte (Open Market Operations). Auch die Bank of Japan (BoJ), die EZB, die Bank of England (BoE) und die Schweizer Nationalbank (SNB) steuern die Geldmenge in erster Linie mit Hilfe dieser beiden Instrumente. Der Diskontsatz (Discount Rate) liegt normalerweise unter dem Zinssatz für Tagesgeld, besitzt aber dort, wo er überhaupt noch Anwendung findet, nur eine untergeordnete Bedeutung. Das Gleiche gilt für die Steuerung der Geldmenge über die so genannte Mindestreserve, welche die Geschäftsbanken bei ihrer jeweiligen Zentralbank halten müssen.

Der Zinssatz für Tagesgeld ist der Zins, zu dem sich Geschäftsbanken über Nacht von der Zentralbank Geld leihen können. Veränderungen in diesem wichtigen Zinssatz dienen neben ihren tatsächlichen geldpolitischen Wirkungen dazu, dem Markt klare Signale über den weiteren geldpolitischen Kurs zu geben. Mindestens ebenso wichtig für die Steuerung der Geldmenge – aber weniger spektakulär – sind die Offenmarktgeschäfte.

Mit Offenmarktgeschäften werden Aktionen einer Notenbank am Geldmarkt bezeichnet, durch die sie die Liquiditätsversorgung und die kurzfristigen Zinsen steuern kann – zum Geldmarkt zählen dabei üblicherweise Finanzmarkttitel mit einer Laufzeit bis zu einem Jahr. Während Veränderungen der Leitzinsen eher der groben Steuerung dienen, sind die Offenmarktgeschäfte das Feinmechanikerwerkzeug des Geldpolitikers. Mit ihnen nimmt die Notenbank in ihrer Funktion als alleiniger Anbieter der monetären Basis das Feintuning der Liquiditätsversorgung vor.

Immer mehr praktiziert auch die EZB eine indirekte Steuerung der Geldmenge über die Festlegung eines Inflationsziels.

3.5 Direkte Devisenmarktinterventionen

Devisenkurse werden aber nicht nur durch die geldpolitischen Maßnahmen, sondern gelegentlich auch durch direkte Devisenmarktinterventionen durch die Notenbanken beeinflusst. Solche Interventionen hatten in der Vergangenheit gelegentlich kurzfristig starke Auswirkungen auf die Wechselkurse. Sie waren aber meistens nicht in der Lage, eine Trendwende an den Devisenmärkten herbeizuführen – das aber ist normalerweise das Ziel solcher Interventionen.

Geschickt eingesetzt, können sie aber eine Trendwende beschleunigen oder zu einem Stimmungsumschwung an den Devisenmärkten führen. Nicht selten ist daher die bloße Drohung mit Interventionen wirksamer als der tatsächliche Eingriff in den Markt. In der Europäischen Währungsunion ist die Europäische Zentralbank (EZB) zu solchen Interventionen befugt. Die EZB ist aber nur der inländischen Preisstabilität verpflichtet, Wechselkurspolitik zählt daher nicht zu ihren eigentlichen Aufgaben.

In den USA und Japan haben die Regierungen stärkeren Einfluss auf die Möglichkeit solcher Eingriffe, wobei jedoch Japan im Gegensatz zu den USA häufiger davon Gebrauch macht. Das liegt auch an der wirtschaftspolitischen Tradition in Japan, in der direkte staatliche Eingriffe in die Wirtschaft ihren festen Platz haben.

Angesichts der Zunahme der weltweiten Kapitalströme in den letzten Jahrzehnten ist jedoch eine einzelne Zentralbank allein kaum in der Lage, einen Wechselkurs in ihrem Sinne zu beeinflussen. Wirklich wirkungsvoll sind daher nur konzertierte, das heißt abgestimmte Interventionen der großen Notenbanken in den USA, Japan und Euroland. Doch zu solchen konzertierten Interventionen kommt es in der Regel nur in Zeiten globaler wirtschaftlicher Krisen, wie zum Beispiel während der Asien-Krise 1998.

Allerdings darf die psychologische Wirkung von Interventionen, beziehungsweise der Drohung mit Interventionen nicht unterschätzt werden. Immerhin hält dies spekulative Investoren von einer allzu aggressiven Positionierung ab, denn es drohen im Falle von Interventionen Verluste. Dennoch sind die Wirkungen von Interventionen eher kurzfristiger Natur.

Devisenmarktinterventionen haben einen Einfluss auf die inländische Geldmenge. Möchte eine Notenbank zum Beispiel die Aufwertung ihrer Währung verhindern, so muss sie auf dem Markt als Käufer ausländischer Devisen auftreten und dafür inländische Währung auf den Markt bringen. Dadurch steigt jedoch die inländische Geldmenge. Ist diese Wirkung unerwünscht und wird später von der Notenbank wieder neutralisiert – durch die erneute Verknappung der Liquidität–, so spricht man von sterilisierten Interventionen. Die Erfolgsaussichten von Interventionen sind höher, wenn sie nicht sterilisiert werden, da in unserem Beispiel die erneute Verknappung der Geldmenge tendenziell wieder eine – unerwünschte – Aufwertung zur Folge hätte.

Die Bank of Japan hat zum Beispiel um die Jahreswende 2003/2004 umfangreich am Devisenmarkt interveniert, um eine weitere Aufwertung des Yens zu verhindern. Dass dadurch auch die inländische Geldmenge angestiegen ist, wurde nicht nur billigend in Kauf genommen, sondern war angesichts der von der Bank of Japan verfolgten ultra-lockeren Geldpolitik (Zinssatz: null Prozent) zur Ankurbelung der Konjunktur sogar erwünscht.

Angesichts der Zunahme der weltweiten Kapitalströme in den letzten Jahrzehnten ist eine einzelne Zentralbank allein kaum in der Lage, einen Wechselkurs in ihrem Sinne zu beeinflussen.

3.6 Exkurs: Yen–Interventionen in den Jahren 2003/2004 als Beispiel

Ab der zweiten Jahreshälfte 2003 wurde der Yen zu einer sehr gefragten Währung. Der Grund: Nach jahrelanger wirtschaftlicher Stagnation sah es so aus, als könnte es zu einem dauerhaften Konjunkturaufschwung kommen. Der japanischen Regierung war die aus der hohen Yen–Nachfrage resultierende Aufwertung der japanischen Währung jedoch ein Dorn im Auge, geriet dadurch doch der exportgetriebene Aufschwung selbst in Gefahr. Erschwerend kam hinzu, dass auch Japan die Konkurrenz durch China immer stärker zu spüren bekam. Die chinesische Währung, der Yuan, ist jedoch fest an den US–Dollar gebunden. Eine anhaltende Aufwertung des Yens gegenüber dem US–Dollar hätte daher die Wettbewerbsfähigkeit der japanischen Exporteure gegenüber ihren Konkurrenten in China immer weiter verringert.

Die Bank of Japan wurde daher mit dem Kauf von US–Dollar gegen Yen beauftragt. 2003 wurden für entsprechende Devisenmarktinterventionen 20 Billionen Yen eingesetzt – für 2004 genehmigte die Regierung sogar den doppelten Betrag für Stützungskäufe.

Die Bank of Japan häufte allerdings durch die Interventionen immer mehr US–Dollars als Devisenreserven an, die sie irgendwie wieder investieren musste. Dies geschah in erster Linie durch Käufe von US–Staatsanleihen. In gleicher Weise verhielt sich im Übrigen China, das ebenfalls seine steigenden US–Dollar–Reserven in US–Staatsanleihen anlegte.

Die Zentralbanken Japans und Chinas waren damit im hohen Maße für die immensen Kapitalzuflüsse in die USA verantwortlich, welche die US–Wirtschaft benötigt, um ihr Handelsbilanzdefizit zu finanzieren. Japan und China geben durch ihre Dollar–Käufe der US–Wirtschaft quasi den Kredit zur Finanzierung ihres Importüberschusses. Die nackten Zahlen belegen dies: Ende 2004 befanden sich etwa 39 Prozent der

US-Staatsanleihen, die im ausländischen Besitz sind, in japanischer Hand. Immerhin 9,4 Prozent hielt China.

Würden Japan und vor allem China, wie von amerikanischen Offiziellen oftmals gefordert, eine stärkere Wechselkursflexibilisierung zulassen, dann würde die Nachfrage nach US-Staatsanleihen sinken. Das hätte nicht nur sinkende Kapitalimporte in die USA zur Folge, sondern auch steigende langfristige Zinsen. Steigende Zinsen wären aber schlecht für die Konjunktur und auch für den US-Staatshaushalt als Netto-Schuldner. Eine weitere Konsequenz wäre eine starke Dollar-Abwertung, denn nur auf diese Weise ließe sich dann angesichts nicht mehr ausreichender Kapitalimporte das US-Handelsbilanzdefizit verringern.

Dies ist ein gutes Beispiel für die Vernetzung der Weltwirtschaft und dafür, welche globalen Folgen die Wirtschaftspolitik einzelner Länder hat. In diesem Fall ist es die Wechselkurspolitik Japans und Chinas.

Abb. 3.6: Der USD/JPY-Wechselkurs (07/03 – 05/04)

Nachdem der Wechselkurs USD/JPY Mitte 2003 innerhalb weniger Wochen von über 120 Yen bis auf 109 Yen gefallen war, intervenierte die Bank of Japan in großem Umfang, um eine weitere rasche Aufwertung des Yens zu verhindern.

Im USD/JPY-Chart spiegelt sich dies in einer Verlangsamung der Abwärtsbewegung bei USD/JPY wider (markierte Zone).

4. Die wichtigsten Währungen

4.1 Währungsgeschichte

Im folgenden Kapitel werden die wichtigsten Währungen der Welt kurz vorgestellt. Der Fokus liegt dabei natürlich auf den Währungen, die frei handelbar sind und damit auch uneingeschränkt für Investitionen und Spekulationen zur Verfügung stehen.

Das gilt nicht für alle Währungen, denn viele Länder fixieren entweder den Wechselkurs ihrer Währung zu einer Leitwährung, meistens dem US-Dollar oder dem Euro, oder sie erlassen Kapitalverkehrsbeschränkungen. Die wichtigsten Beispiele dafür sind der Chinesische Yuan und der Russische Rubel. Langfristig streben aber beide Länder die volle Konvertierbarkeit und damit freie Wechselkurse für ihre Währungen an. Der Fachmann spricht in diesem Fall von „Free Floating".

Dass es nicht selbstverständlich ist, die Wechselkurse über das freie Spiel der Marktkräfte bestimmen zu lassen, zeigt ein Blick in die Währungsgeschichte, die allerdings im Folgenden nur kurz umrissen werden soll. Für eine ausführliche Darstellung sei auf die einschlägigen Lehrbücher verwiesen.

Von etwa 1870 bis zum Ersten Weltkrieg dominierte das System des Goldstandards, bei dem die umlaufende Geldmenge in einem bestimmten Prozentsatz durch Gold gedeckt sein musste. Entsprechend orientierten sich die Wechselkurse letztlich an den Goldvermögen der jeweiligen Länder.

Nach dem Zweiten Weltkrieg trat schließlich das System von Bretton Woods in Kraft – benannt nach dem Ort seiner Verabschiedung in den USA. Im Bretton-Woods-System mussten die einzelnen Länder ihre Wechselkurse an den US-Dollar binden. Der US-Dollar war damit endgültig als Weltleitwährung etabliert. Zur Überwachung dieses Systems wurde der Internationale Währungsfonds gegründet, der aus diesem Grund ebenso wie die Weltbank auch als „Bretton-Woods-Organisation" bezeichnet wird.

Beide Systeme, sowohl der Goldstandard als auch Bretton Woods, konnten zwar eine hohe Wechselkursstabilität garantieren, hatten aber ihre Schwächen in der mangelnden Flexibilität.

Die fixen Wechselkurse wichen immer stärker von den realen wirtschaftlichen Gegebenheiten ab. Der Anpassungsdruck wurde dadurch immer größer, bis schließlich Anfang der siebziger Jahre das System von Bretton Woods beendet wurde und es ab 1973 zu einem System freier Wechselkurse kam. Danach fand der Markt zu realistischeren Wechselkursen, und zum Beispiel die D-Mark wurde in der Folge massiv aufgewertet.

Der Devisenmarkt entwickelte sich in der Folgezeit vor allem vor dem Hintergrund stetig anschwellender internationaler Kapitalströme rasch. Meilensteine waren dabei der technologische Fortschritt durch die Computerisierung des Handels und die Entwicklung des Eurodollarmarktes, auf den schon im vorherigen Kapitel eingegangen wurde.

Während in den achtziger Jahren noch etwa 70 Milliarden US-Dollar pro Tag am Devisenmarkt umgesetzt wurden, sind es inzwischen etwa 1,5 Billionen US-Dollar – mehr als das 20fache.

Auf dem Eurodollarmarkt wurden und werden Währungen exterritorial („offshore“) ohne den Zugriff nationaler Regulierungsbehörden gehandelt. Zu Anfang waren dies vor allem US-Dollars – daher auch der Name.

London wurde zum wichtigsten Offshore-Markt und hat bis heute seine dominierende Stellung als „Devisenhandelsplatz Nummer 1“ behauptet.

Der Grund dafür ist aber nicht nur ein historischer, sondern auch ein geografischer: Quasi in der Mitte zwischen Asien und Amerika überschneiden sich die Handelszeiten in Europa, sodass die Händler in London morgens mit Asien kommunizieren können und abends bei der Eröffnung des Handels in den USA dabei sind.

Neben der zunehmenden Bedeutung des freien Devisenhandels gibt es allerdings auch die Tendenz zur Schaffung einheitlicher Währungsräume. Das scheint zwar auf den ersten Blick widersprüchlich, ist es aber nicht. Das wichtigste Beispiel hierfür ist natürlich die Europäische Währungsunion (EWU).

Feste Wechselkurse oder gar eine Währungsunion haben den großen Vorteil von Planungssicherheit für die Wirtschaftssubjekte. Sie machen allerdings ökonomisch nur Sinn, wenn die wirtschaftlichen Bedingungen in den beteiligten Ländern nicht allzu stark voneinander abweichen. In der EWU soll dies zum Beispiel durch die so genannten Konvergenzkriterien sichergestellt werden. Die wichtigsten Eckdaten zur Geschichte der EWU sind in Tabelle 4.1 enthalten.

Zu welchen Verwerfungen die Fixierung der Wechselkurse zweier wirtschaftlich sehr unterschiedlicher Länder führen kann, zeigen allerdings die Beispiel der Bindung des Argentinischen Peso an den US–Dollar (siehe Kapitel drei) und die des Chinesischen Yuan an den US–Dollar. Auf Letztere wird im Folgenden noch ausführlich eingegangen.

1870 bis zum Ersten Weltkrieg
Die Wechselkurse sind gemäß dem Goldstandard festgelegt.

1944
In Bretton Woods in den USA wird das internationale Währungssystem etabliert mit dem Dollar als „Ankerwährung" und festen Wechselkursen.
Der Internationale Währungsfonds und die Weltbank werden gegründet.

1948
Währungsreform: Die seit 1924 in Deutschland geltende Reichsmark wird durch die D–Mark ersetzt.

1957
Die Deutsche Bundesbank als Noten– und Zentralbank der Bundesrepublik Deutschland wird gegründet. Das Bundesbankgesetz sichert die Unabhängigkeit der Bundesbank und verpflichtet sie allein zur Sicherung der Geldwertstabilität.

1958
Die D–Mark wird frei tauschbar (konvertibel) gegen andere Währungen.Dadurch wird die D–Mark auch im Ausland zum Symbol der Stärke der deutschen Wirtschaft.

1961
Die D–Mark muss erstmals gegenüber dem US–Dollar aufgewertet werden. Das heißt: Die festen Wechselkurse werden neu festgelegt. Weitere Aufwertungen folgen.

1973
Das System von Bretton Woods kann angesichts der Schwäche des Dollars, die unter anderem eine Folge des Vietnam–Kriegs ist, nicht aufrechterhalten werden. Die Wechselkurse werden freigegeben. Die Aufwertung der D–Mark gegenüber dem Dollar beschleunigt sich.

1979
Gründung des Europäischen Wechselkurssystems (EWS). Das EWS verpflichtet die europäischen Staaten, ihre Wechselkurse in bestimmten Bandbreiten stabil zu halten. Der ECU (European Currency Unit) als europäische Rechenwährung wird eingeführt.

1989
Nach dem Fall der Berliner Mauer kommt es zur deutschen Währungsunion. Die D–Mark wird in der DDR eingeführt. Durch den Wirtschafts-Boom nach der deutschen Einheit kommt es zu einer Überhitzung der Konjunktur und zu Inflation.

1992
Der Maastricht–Vertrag wird unterzeichnet. Er regelt die Ausgestaltung der Europäischen Währungsunion (EWU) und gibt den Weg zur Einführung der gemeinsamen europäischen Währung vor. Gemäß dem Maastricht–Vertrag entspricht das Statut der Europäischen Zentralbank in den wesentlichen Teilen dem alten Bundesbankgesetz.

1999
Die EWU startet mit der Einführung des Euros als Buchgeld. An den Finanzmärkten, in den Unternehmen und in den Verwaltungen wird in Euro gerechnet.

2002
Der Euro wird als Bargeld in zwölf Staaten der Europäischen Union (EU) eingeführt.

Tab. 4.1: Wichtige Stationen der Währungsgeschichte aus deutscher Sicht

4.2 Der US-Dollar

4.2.1 Die Leitwährung der Welt

In den USA ist das Schatzamt, das so genannte US-Treasury, nicht nur für den Staatshaushalt, sondern auch für die Emission von Staatsanleihen zuständig. Die entsprechenden Anleihen werden daher Treasury-Bonds oder kurz T-Bonds genannt.

Während in Deutschland und Europa bei den langfristigen Staatsanleihen die zehnjährigen Laufzeiten dominieren, genießen in den USA auch die 30-jährigen Laufzeiten eine größere, allerdings abnehmende Bedeutung. Marktbarometer („Bellwether Treasury") für den Rentenmarkt sind daher die Futures auf die auch als „Long Bonds" bezeichneten 30-jährigen T-Bonds sowie auf die zehnjährigen T-Bonds.

Da 30-jährige Anleihen in anderen Ländern, wie zum Beispiel Deutschland, eine geringere Bedeutung besitzen, müssen für Zinsvergleiche in der Regel die zehnjährigen Laufzeiten herangezogen werden.

Das Schatzamt hat kein Mitbestimmungsrecht in der Geldpolitik, dennoch haben Statements zum US-Dollar von Offiziellen dieses Amtes nicht selten Einfluss auf die Wechselkurse.

Die Entwicklung an den Aktienmärkten hat einen starken Einfluss auf die Devisenmärkte. Denn: Zum einen ist die Entwicklung der Aktienkurse als vorauslaufender Konjunkturindikator ein wichtiges Indiz für die konjunkturelle Verfassung einer Wirtschaft, zum anderen beeinflusst die Entwicklung der Aktienkurse auch die weltweiten Kapitalströme. Da die Umsätze an den amerikanischen Aktienmärkten alle anderen Börsen weltweit deutlich in den Schatten stellen, geben die US-Börsen in der Regel den Takt für alle anderen Börsen vor.

Die wichtigsten Aktienindizes in den USA sind der Dow Jones Industrials Index, kurz Dow Jones, der S&P 500 sowie der NASDAQ 100. Während im Dow Jones die Aktien der 30 größten börsennotierten Unternehmen in den USA erfasst werden, gibt der S&P 500 mit den 500 in ihm enthaltenen Aktien ein breiteres Bild vom Markt wieder. An der NASDAQ werden in erster Linie Technologiewerte gehandelt, was dem NASDAQ 100 natürlich eine besondere Stellung unter den Aktienindizes gibt. Statt dem NASDAQ 100 wird allerdings auch häufig der NASDAQ Composite verwendet, in den alle an der NASDAQ notierten Aktien eingehen.

Die amerikanische Notenbank, das Federal Reserve Board, auch kurz und knackig „Fed“ genannt, ist bei ihrer Aufgabe der Sicherung der Geldwertstabilität unabhängig von Weisungen der Regierung. Diese Unabhängigkeit wird unter anderem gewährleistet durch die Länge der Amtszeiten der von der US-Regierung ernannten Mitglieder im Board of Governors von 14 Jahren und – noch wichtiger – durch die Tradition dieser Institution, die einen Korpsgeist schafft. Dieser Korpsgeist bewirkt eine Stimmung der Unabhängigkeit, die eine direkte Einflussnahme der Regierung auf die Geldpolitik praktisch so gut wie ausschließt.

Es sind aber nicht nur die geldpolitischen Entscheidungen selbst, welche die Märkte bewegen, vielmehr wird gerade im Vorfeld anstehender geldpolitischer Entscheidungen auf die Äußerungen einzelner Mitglieder des geldpolitischen Entscheidungsgremiums, des Federal Open Market Committees (FOMC) geachtet (siehe auch den Exkurs „Mythos Greenspan“).

Weitere Bezeichnungen:	Greenback
Die Notenbank:	Federal Reserve Board (kurz: Fed)
Das geldpolitische Gremium:	Federal Open Market Committee (FOMC)
Der Leitzins:	Fed Funds Rate
Geldpolitisches Ziel:	mehrere Indikatoren werden beachtet
Wichtige Zinssätze:	zehnjähriger und 30-jähriger Treasury-Bonds Zins (T-Bonds); Drei-Monats-Eurodollar-Zins
Wichtige Zins-Futures:	zehnjähriger und 30-jähriger T-Bond-Future; Drei-Monats-Eurodollar-Future
Wichtige Behörden:	US-Treasury (Schatzamt)
Wichtige Funktionen:	Fed-Vorsitzender (Board of Governors, Chairman); Chef des Schatzamtes (Treasury Secretary); Leiter des Sekretariats für internationale Angelegenheiten (Undersecretary of International Affairs)
Wichtige Aktienindizes:	Dow Jones 30, S&P 500; NASDAQ 100
Anmerkungen:	Der US-Dollar ist die wichtigste Währung der Welt. Wechselkurse, die nicht in Relation zum US-Dollar stehen, werden „Cross-Rates“ genannt.

Tab. 4.2: Steckbrief US-Dollar (USD)

4.2.2 Das Federal Reserve System

Das Rückgrat des amerikanischen Zentralbanksystems (Federal Reserve System) bilden die zwölf regionalen Notenbanken von New York, Dallas, Philadelphia, Minneapolis, Richmond, Chicago, Atlanta, San Francisco, Cleveland, Kansas City, Boston und St. Louis. Ihre Aufgabe ist es, die Geldpolitik in die Praxis umzusetzen.

Im so genannten „Beige Book" berichten die regionalen Zentralbanken zudem jeweils 14 Tage vor der nächsten Sitzung des Offenmarktausschusses (FOMC) über die Wirtschaftsaktivitäten in ihrer Region und liefern damit häufig schon einen Hinweis auf die Richtung der nächsten geldpolitischen Entscheidungen. Diese werden allerdings im FOMC, das den entscheidenden Zinssatz für Tagesgeld (Fed Funds Rate) festlegt, sowie im Board of Governors, das über den etwas weniger wichtigen Diskontsatz und die Mindestreservehaltung befindet, getroffen.

Beide Gremien sind miteinander verwoben. Die Mitglieder des Board of Governors werden für eine einmalige Amtszeit von 14 Jahren von der Regierung ernannt. Es ist allerdings möglich, dass ein neues Mitglied in die Amtszeit seines Vorgängers eintritt. So geschehen bei Alan Greenspan, der 1987 Volcker ersetzte. Seine eigene Amtszeit begann erst 1992 und endet folglich 2006.

Die Mitglieder des Board of Governors gehören auch dem FOMC an, ergänzt durch fünf Präsidenten der zwölf regionalen Zentralbanken. Das FOMC trifft sich offiziell acht Mal im Jahr, kann aber auch zu außerordentlichen Sitzungen zusammengerufen werden. Der Vorsitzende (Chairman) des Boards wird von der Regierung für vier Jahre ernannt und ist traditionell auch der Vorsitzende des FOMC, derzeit also Alan Greenspan. Wiederwahl ist möglich.

In den Gremien gilt „One Man, One Vote", sodass der Vorsitzende lediglich durch seine Autorität dominieren kann. In der Praxis wird jedoch keine Entscheidung gegen den Vorsitzenden getroffen. Eine amerikanische Besonderheit ist die starke Einbindung der Fed in die übrige Wirtschaftspolitik.

So zählt die Förderung des Wirtschaftswachstum nicht nur explizit zu den Zielen der Fed, ihr Vorsitzender muss auch zweimal im Jahr in der so genannten Humphrey Hawkins Testimony vor dem Kongress Rechenschaft über die allgemeine Wirtschaftslage ablegen.

Exkurs: Mythos Greenspan

Alan Greenspan ist eine lebende Legende. Kaum ein anderer Notenbanker erwarb sich solch einen hervorragenden Ruf in der Finanzwelt. Die Gründe dafür sind vielschichtig. Sie liegen natürlich in seiner erfolgreichen Politik, zum Teil aber auch in glücklichen äußeren Umständen und nicht zuletzt in seiner Person selbst.

Der Herr der Zinsen

Greenspan steht seit 1987 an der Spitze der US-Zentralbank (Fed) und ist damit der dienstälteste – und mit 78 Jahren auch einer der ältesten – Notenbankchef der Welt. In seine Amtszeit fiel der längste Wirtschaftsaufschwung der amerikanischen Nachkriegsgeschichte – und glaubt man seinen Fans, dann ist das kein Zufall.

Ermöglicht wurde dieser Erfolg, der zu einem nahezu unerschütterlichen Vertrauen der Finanzmärkte in seine Politik führte, aber auch durch besondere Umstände. Seine Arbeit wurde ihm unter anderem erleichtert durch den Wechsel von Defiziten zu Überschüssen im Staatshaushalt der USA – eine Politik, die erst unter Präsident Bush radikal umgekehrt wurde.

Daneben sorgten vor allem auch die technische Revolution durch die Informationstechnologie und der zunehmende internationale Wettbewerb gleichzeitig für eine steigende Produktivität sowie eine bis dahin kaum gekannte Preisstabilität. Die Geldpolitik musste daher trotz hoher Wachstumsraten die Zinsen nicht anheben.

Die bis in die neunziger Jahre geltende Lehrbuchmeinung, dass weniger als sechs Prozent Arbeitslosigkeit Vollbeschäftigung bedeuten und damit zu Inflation führen, musste korrigiert werden. Greenspans Verdienst dabei war es, nicht an alten Dogmen festzuhalten und trotz einer Arbeitslosenquote von fünf Prozent oder weniger eben nicht an der Zinsschraube zu drehen. Zu einer solchen Flexibilität gehört auch Mut. Der ist keineswegs selbstverständlich und wird auch in Wissenschaftskreisen gelobt, so zum Beispiel vom bekannten Ökonomen und Nobelpreisträger Robert M. Solow.

Geldpolitik als Chefsache

Aber ist es überhaupt gerechtfertigt, die amerikanische Geldpolitik wirklich nur an einem Mann festzumachen? Ist der Vorsitzende des Board of Governors nicht nur derjenige, der die Beschlüsse an die Öffentlichkeit bringt, ein besserer Grüß–August also?

Sicher, Greenspan ist nur der Vorsitzende des Board of Governors, und die Fed verfügt zudem über ein Team von 200 Wirtschaftsforschern, welche die Entscheidungen vorbereiten und Greenspan zu allem anderen als einem Einzelkämpfer werden lassen. Dennoch ermöglichen das amerikanische Notenbanksystem und seine Traditionen dem Vorsitzenden eine Machtfülle, von der zum Beispiel der Chef der Europäischen Zentralbank wohl nur träumen kann. Sie macht den Fed–Vorsitzenden zur mächtigsten, nicht–demokratisch gewählten Person in den USA.

Im Board wird praktisch keine Entscheidung gegen den Vorsitzenden getroffen, obwohl dies eigentlich möglich wäre. Als dies einmal unter seinem Vorgänger Volcker passierte, und zwar auf Einflussnahme der Regierung auf einzelne Board–Mitglieder hin, drohte dieser mit Rücktritt. Was das an den Finanzmärkten ausgelöst hätte, kann sich jeder vorstellen. Das Board scharte sich flugs wieder reumütig hinter seinem Vorsitzenden. Auf eine weitere Amtszeit verzichtete Volcker allerdings.

„Guru" Greenspan

Gut, Greenspan hatte die Möglichkeiten und die Gelegenheit und sicher auch die Fähigkeiten, eine erfolgreiche Politik umzusetzen. Zu seinem Mythos gehört aber noch etwas anderes: Im Gegensatz zu seinen Vorgängern und auch zu den Notenbankern der EZB bezieht er in seine Entscheidungen explizit die Entwicklung an den Aktienmärkten mit ein.

So kritisierte er bereits in seiner ersten Sitzung als Fed–Chef, dass keines der Mitglieder in der schon mehrere Stunden dauernden Diskussion den Aktienmarkt erwähnt habe. Der war seiner Meinung nach nämlich überbewertet und barg das nicht geringe Risiko eines Crashs in sich, was sich im Oktober 1987 dann auch mit einem Rekord–Tagesverlust des Dow Jones von mehr als 22 Prozent schmerzlich bewahrheitete.

Greenspan ließ in der Folge die – eigentlich notwendige – Inflationsbekämpfung in den Hintergrund treten und pumpte Geld in die Märkte. Der erneute Übergang zu einer restriktiveren Geldpolitik folgte dann sechs Monate später, nachdem sich die Märkte wieder beruhigt hatten.

Broker und Analysten erkannten schnell, dass da ein Fed-Chef war, der den Kapitalmärkten große Bedeutung zumaß, und dankten es ihm damit, dass sie in den folgenden Jahren bei jedem seiner öffentlichen Auftritte an seinen Lippen hingen wie Hare-Krishna-Schüler an denen ihres Gurus.

Daneben ist es aber vor allem auch seine Persönlichkeit, die zu seiner Faszination beiträgt. Alle Entscheidungen und Erkenntnisse werden mit dem zerknautschten Gesicht einer Bulldogge, der man gerade den Kauknochen entwendet hat, präsentiert. Die Mimik – sofern vorhanden – suggeriert Gelassenheit und Understatement. Dazu kommen ein unscheinbares Äußeres sowie eine leise Sprache. Greenspan treibt die Kunst des Pokerface auf die Spitze. Selbst seine jetzige Frau sagt, dass sie nicht in der Lage sei, vorherzusagen, was er zu tun gedenkt.

Kein Erfolg ohne Kritiker

Natürlich gibt es auch Kritik an Greenspan: So wirft man ihm vor, mit seinen (etwas zu späten) Zinserhöhungen Ende der achtziger Jahre die Rezession 1990/91 mit ausgelöst zu haben. Das kostete letztlich Bush Senior die Wiederwahl. Auch seine Zinserhöhungen 1999 und 2000 hätten die amerikanische Wirtschaft erst so richtig in die Krise manövriert.

Diese Vorwürfe sind wohl überzogen, denn die Anzeichen einer konjunkturellen Überhitzung waren ebenso offensichtlich wie die Blase an den Aktienmärkten. Im Übrigen wäre es fatal, wenn die Märkte zu dem Schluss kämen, die Fed nähme es nicht ernst mit der Inflationsbekämpfung. Vertrauen ist in der Geldpolitik alles.

In der Tat ist es wohl auch der schnellen Reaktion der Geldpolitik im Jahr 2001 zuzusprechen, dass die amerikanische Wirtschaft im Anschluss an das Platzen der Internetblase und die Anschläge des 11. September nur eine vergleichsweise milde Rezession erlebte – insbesondere wenn man die Länge des vorangegangenen Wirtschaftsaufschwungs bedenkt.

Auch Greenspan kann irren

Auffällig sind jedoch die Schnelle und Stärke der Zinssenkungen oder -erhöhungen in der Amtszeit Greenspans. Das hat auch im Board immer wieder für kontroverse Diskussionen gesorgt. Von der EZB und auch früher von der Deutschen Bundesbank kennt man das so nicht. Hierzulande sieht man die Geldpolitik theoretischer: Sie setzt die Rahmenbedingungen und soll bei niedriger Inflation ein möglichst gleichmäßiges Wachstum ermöglichen.

Die Fed unter Greenspan interpretiert die Geldpolitik pragmatischer und damit stärker als Instrument zur Steuerung der Gesamtwirtschaft. Das bringt natürlich auch das Risiko mit sich, eventuell vorhandene realwirtschaftliche Schwankungen noch zu verstärken. Schließlich wirken geldpolitische Maßnahmen nicht sofort und können daher bei sich ändernden Rahmenbedingungen durchaus auch unerwünschte Folgen haben.

Insgesamt haben aber die Politik Greenspans und sein Mythos dazu geführt, dass die Möglichkeiten der Geldpolitik zur Steuerung der Gesamtwirtschaft überschätzt werden. Das birgt die Gefahr in sich, dass die Möglichkeiten anderer Felder der Wirtschaftspolitik vernachlässigt werden.

Und im Übrigen kann selbst Greenspan irren. So ist sein Kommentar zur Einführung der europäischen Gemeinschaftswährung legendär: Der Euro werde so weich, dass man ihn bald Lira nennen könne. Dieses Privileg kann inzwischen vielmehr der US–Dollar für sich in Anspruch nehmen.

Man sieht es ihm zwar nicht an, aber Greenspan hat durchaus Sinn für Humor. So antwortete er einmal auf die Frage „How are you?“ seines Golfkumpels Levitt: „I'm not allowed to say.“

4.3 Der Euro

4.3.1 Die Einheitswährung

Der Euro besitzt eine wichtige Besonderheit gegenüber den anderen hier genannten Währungen: Er ist die Währung einer Gruppe ansonsten unabhängiger Staaten, die lediglich die Kompetenz über ihre Geldpolitik an eine supranationale Notenbank, die Europäische Zentralbank (EZB), abgegeben haben. Das bringt einiges an Schwierigkeiten mit sich, denn die einzelnen Mitgliedsstaaten sind wirtschaftlich zum Teil sehr verschieden.

Die Geldpolitik kann aber nur sehr eingeschränkt auf diese Unterschiede, wie zum Beispiel unterschiedliche Wachstumsraten und unterschiedliche Inflationsraten, reagieren. So gab es in den Jahren 2003 und 2004 viele Stimmen, die aufgrund der Wachstumsschwäche der deutschen Wirtschaft eine Lockerung der Geldpolitik für sinnvoll hielten. Andere Länder in der Währungsunion besitzen allerdings durchaus höhere Wachstums- und Inflationsraten, sodass die EZB hier in einem Dilemma steckt.

Doch auch die USA sind ein Land voller wirtschaftlicher Gegensätze, und auch dort muss die Fed eine Geldpolitik betreiben, die für New York oder Texas genauso richtig ist wie für Kalifornien und Mississippi. Vor allem ein Punkt erleichtert jedoch der Fed im Vergleich zur EZB ihre Arbeit: Die Produktionsfaktoren – sowohl Kapital als auch Arbeit – sind in den USA viel mobiler als in Euroland. Durch diese Mobilität werden wirtschaftliche Unterschiede zwischen den Bundesstaaten besser ausgeglichen, als dies in Europa der Fall ist. Boomt eine Region, dann wandern Kapital und Arbeit eben dorthin.

In Euroland gibt es eine vergleichbare Mobilität (noch) nicht. Daher muss die Wirtschaftspolitik dafür sorgen, dass die wirtschaftlichen Unterschiede zwischen den Staaten sich verringern oder zumindest nicht zunehmen.

Die so genannten Maastricht-Kriterien aus dem Stabilitäts- und Wachstumspakt, deren Erfüllung als Eintrittskarte in die Währungsunion gilt, sollen dafür sorgen, dass zumindest die Fiskalpolitik der Geldpolitik nicht allzu sehr ins Handwerk pfuschen kann. Entscheidend ist insbesondere das Kriterium, dass die jährliche Neuverschuldung des

Staates in Relation zum BIP die Drei–Prozent–Marke nicht überschreiten darf. Verletzungen dieser Regel, wie sie zum Beispiel von Deutschland begangen wurden, ziehen allerdings keine automatischen Sanktionen nach sich, sondern werden von Fall zu Fall vom europäischen Ministerrat (ECOFIN–Rat) beurteilt.

Würde man der Fiskalpolitik keine Fesseln anlegen, dann wäre es für die einzelnen Länder attraktiv, sich stärker zu verschulden. Normalerweise würde eine höhere Staatsverschuldung langfristig zu einer Abwertung der Währung führen. Dieser Anpassungsmechanismus ist jedoch durch die Währungsunion außer Kraft gesetzt, sodass eine exzessive Schuldenpolitik eines Landes letztlich auf Kosten der solide wirtschaftenden Länder ginge.

Verletzungen der Maastricht–Kriterien, zu denen es zuletzt aufgrund der schwachen Konjunktur in Europa häufiger kam, setzen tendenziell den Euro unter Druck. Denn: Die Glaubwürdigkeit der Währungsunion sinkt dadurch insgesamt. Insbesondere werden Länder, die erfolgreich ihren Staatshaushalt saniert haben, eine geringere Motivation haben, in ihren volkswirtschaftlich schmerzhaften Bemühungen fortzufahren.

Weitere Bezeichnungen:	Einheitswährung
Die Notenbank:	Europäische Zentralbank (EZB, englisch: European Central Bank – ECB)
Das geldpolitische Gremium:	EZB–Rat (Zentralbankrat, Governing Council)
Der Leitzins:	Refinanzierungssatz (Refinancing Rate)
Geldpolitisches Ziel:	Inflationsrate von zwei Prozent gemessen am Harmonisierten Index für Konsumentenpreise (HICP); Wachstum der Geldmenge M3 von 4,5 Prozent
Wichtige Zinssätze:	zehnjähriger Bundesanleihen Zinssatz (Bunds oder Euro–Bunds); Drei–Monats–Euribor–Zins
Wichtige Zinsfutures:	zehnjähriger Bund–Future (auch: Euro–Bund–Future); Drei–Monats–Euribor–Future
Wichtige Behörden:	Finanzministerien der zwölf Mitglieder: Deutschland, Frankreich, Italien, Spanien, Niederlande, Belgien, Österreich, Finnland, Portugal, Irland, Luxemburg, Griechenland
Wichtige Funktionen:	Chef der EZB (ECB President); Chef–Ökonom der EZB – auch Mitglied des EZB–Rats (Chief Economist); Chefs der nationalen Notenbanken; Finanzminister der Mitgliedsstaaten
Wichtige Aktienindizes:	Deutschland: DAX 30, TecDAX; Frankreich: CAC 40; Italien: MIB 30
Anmerkungen:	Die Mitgliedsländer der Europäischen Währungsunion (EWU) sind zur Einhaltung der so genannten Maastricht–Kriterien verpflichtet. Das Wichtigste dieser Kriterien ist, dass die staatliche Neuverschuldung drei Prozent des Bruttoinlandsprodukts nicht überschreiten darf.

Tab. 4.3: Steckbrief Euro (EUR)

4.3.2 Die Europäische Zentralbank

Die Europäische Zentralbank legt die Geldpolitik in der Euro-Zone fest. Das geldpolitische Entscheidungsgremium ist der Zentralbankrat (Governing Council), der sich aus den Mitgliedern des Exekutiv–Rats (Executive Board) und den Gouverneuren der Zentralbanken der einzelnen Mitgliedsländer zusammensetzt.

Die Europäische Zentralbank, die in weiten Teilen den Traditionen der Deutschen Bundesbank folgt, ist ausschließlich dem Ziel der Preisstabilität verpflichtet. Preisstabilität wird dabei definiert als ein Anstieg der Inflationsrate von höchstens zwei Prozent.

Als eine der wenigen Notenbanken weltweit verwendet die EZB bei der Festlegung ihrer Geldpolitik auch eine Zielgröße für die Entwicklung der Geldmenge. Derzeit wird ein Anstieg von 4,5 Prozent pro Jahr für die Geldmenge nach dem Konzept M3 als Zielgröße verwendet. In der Zielgröße für das Geldmengenwachstum müssen das Wirtschaftswachstum und die akzeptable Inflationsrate berücksichtigt werden. Die Orientierung der Geldpolitik am Geldmengenwachstum ist theoretisch korrekt, da die Zentralbank ja schließlich nicht die Preisentwicklung direkt steuern kann, wie es ein Inflationsziel eigentlich suggeriert.

Allerdings ist ein solches Geldmengenkonzept mit einigen praktischen Schwierigkeiten verbunden, weshalb sich die meisten Notenbanken weltweit eher praxisorientiert an der Inflationsrate orientieren. Auch in der EZB scheinen die Befürworter der Orientierung am Geldmengenziel weniger zu werden.

4.3.3 Die Euro–Kandidaten

Die erfolgreiche Einführung des Euro-Bargeldes Anfang 2002 hat in Großbritannien, Schweden und Dänemark wieder mehr Aufmerksamkeit auf die Frage eines EWU–Beitritts gelenkt. In allen drei Ländern haben die Regierungen zugesagt, die Übernahme des Euros von einer Zustimmung des Volkes in einem Referendum abhängig zu machen. Die aktuellen Regierungen befürworten jeweils im Prinzip eine EWU–Mitgliedschaft, können sich aber der Zustimmung der Bevölkerung nicht sicher sein.

In Dänemark wurde der Beitritt in einer Abstimmung im Jahr 2000 abgelehnt. Seitdem wechseln laut Umfragen die Mehrheiten für und gegen den Euro. In Schweden scheiterte im Jahr 2003 ein Referendum zur Einführung des Euros. Auch in Großbritannien wird eine EWU-Teilnahme weiterhin von mehr als 60 Prozent der Bevölkerung abgelehnt. Um das eventuell zu ändern, müsste Premierminister Blair, der als Befürworter eines Beitritts gilt, die Mitgliedschaft in der EWU offensiver vertreten. Ob er sich dies angesichts der bevorstehenden Unterhauswahlen leisten kann, ist eher fraglich.

Die drei Länder müssen dieselben Konvergenzkriterien erfüllen wie die zwölf EWU-Mitgliedstaaten, was allerdings keine großen Schwierigkeiten bereiten dürfte. Das Problem Großbritanniens und Schwedens ist jedoch das Wechselkurskriterium, das eine mindestens zweijährige störungsfreie Teilnahme am Wechselkursmechanismus II (WKM II) voraussetzt (siehe Tab. 4.4).

Am 1. Mai 2004 traten die acht mittel- und osteuropäischen Länder Polen, Tschechien, Ungarn, Slowakei, Slowenien, Estland, Litauen und Lettland sowie Malta und Zypern der Europäischen Union bei. Die EU-Mitgliedschaft bedeutet jedoch keine automatische Teilnahme an der EWU. Allerdings haben die künftigen EU-Mitgliedsländer den „acquis communautaire" akzeptiert und sich damit verpflichtet, EWU-Mitglied zu werden, sobald sie die Konvergenzkriterien erfüllen. Eine Sonderregelung wie für Großbritannien und Dänemark wurde nicht angestrebt und nicht vereinbart.

Einen offiziellen Zeitplan zum Euro gibt es für die neuen EU-Länder nicht, wohl aber Anhaltspunkte. Nach dem EU-Beitritt ist eine mindestens zweijährige Teilnahme am WKM II (siehe Tab. 4.4) erforderlich, um das Wechselkurskriterium zu erfüllen. Danach würden der Konvergenztest und schließlich die Aufnahme in die EWU erfolgen. Frühester Zeitpunkt wäre daher Anfang 2007. Erste Kandidaten für eine Aufnahme in die Währungsunion wären Estland, Litauen und Slowenien, da diese Länder bereits im Juni 2004 dem WKM II beigetreten sind.

Aber auch die meisten der übrigen Länder streben eine möglichst frühe EWU-Teilnahme an, um von den Vorteilen des Euros zu profitieren, insbesondere vom Wegfall der Währungsrisiken bei Handel und

Investitionen und dem direkten Zugang zu einem großen Finanzmarkt mit niedrigen Zinsen für Schuldner.

Wann es tatsächlich zu einem Beitritt kommen kann, ist allerdings noch offen. Denn: Ein verfrühter EWU-Beitritt birgt für die Beitrittskandidaten sicherlich Risiken. Sorgen jedoch, dass die EU-Erweiterung die Stabilität im Euro-Raum gefährden könnte, sind übertrieben. Die Beitrittskandidaten vereinigen eine Wirtschaftskraft auf sich, die nur etwa sechs Prozent des BIP des heutigen Euroraumes entspricht. Daher wird ihre Bedeutung für die Geldpolitik eher gering sein.

- Der WKM II ist seit 1999 Nachfolger des Europäischen Währungssystems (EWS). Ziel ist es, die Stabilitätspolitik derjenigen EU-Länder, die noch nicht EWU-Mitglied sind, durch ein System fester, aber noch anpassbarer Wechselkurse zu stärken und sie an die EWU heranzuführen. Eine zweijährige spannungsfreie Teilnahme am WKM II ist Voraussetzung für einen EWU-Beitritt.
- Im WKM II ist der Euro die Ankerwährung. Die Standardbandbreite für die Wechselkurse der Partnerländer beträgt ± 15 Prozent um den Leitkurs. Dänemark nahm lange Zeit als einziges Land am WKM II teil (mit einer Bandbreite für die Krone von ± 2,25 Prozent) (siehe Abb. 4.1).
- Die Leitkurse und Bandbreiten werden einvernehmlich durch die betreffenden Finanzminister und Notenbanken festgelegt,auf der EU-Seite also vom ECOFIN-Rat und der EZB.
- Erreichen die Wechselkurse den oberen oder unteren Interventionspunkt, wird grundsätzlich automatisch und in unbegrenzter Höhe interveniert. Bei wirtschaftlichen Ungleichgewichten soll der Leitkurs zügig geändert werden, wobei die EZB ein Initiativrecht hat.
- Die Teilnahme am WKM II ist freiwillig. Allerdings wird von den zehn neuen EU-Mitgliedsländern erwartet, dass sie schon bald nach ihrem EU-Beitritt am 1. Mai 2004 ihre Währung in den WKM II integrieren. Estland, Litauen und Slowenien sind bereits dem WKM II beigetreten; die übrigen Beitrittsländer haben eine derartige Absicht signalisiert.

Tab. 4.4: Wechselkursmechanismus II (WKM II): die Voraussetzung für den Beitritt zur Währungsunion

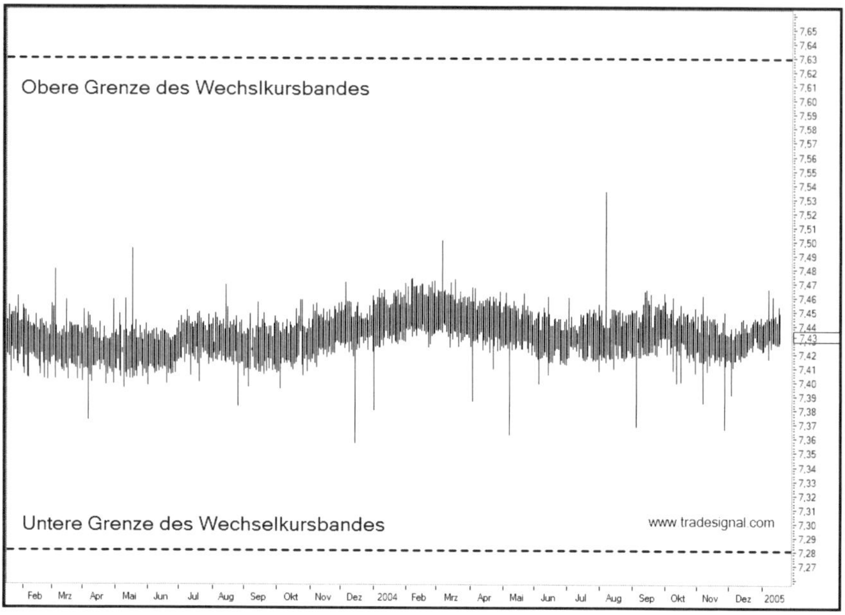

Abb. 4.1: Der Wechselkurs des Euros zur Dänischen Krone

Die Dänische Krone ist seit dem 1. Januar 1999 im WKM II mit einem Kurs von 7,46038 DKK an den Euro gebunden. Die maximale Bandbreite für Schwankungen des Wechselkurses EUR/DKK betragen +/–2,25 Prozent.

Im Chart ist zu sehen, dass die tatsächlichen Wechselkursschwankungen seit Anfang 2003 deutlich geringer waren als die eigentlich erlaubte Bandbreite.

4.4 Der Japanische Yen

Der Markt für Staatsanleihen, die so genannten Japanese Government Bonds (JGBs), hat in Japan eine große Bedeutung. Kein Wunder, hat das Land doch einen für ein Industrieland rekordverdächtigen Schuldenstand von mehr als 140 Prozent in Relation zum BIP.

Aber es ist nicht nur der schiere Umfang, der den Markt für Staatsanleihen so bedeutend macht: Früher waren die Geschäftsbanken quasi dazu verpflichtet, Neuemissionen von JGBs aufzukaufen, sodass der Absatz immer gesichert war. Dies hat sich zwar geändert, aber noch immer machen JGBs einen großen Posten in den Bilanzen der Banken aus. Auch die Bank of Japan bestreitet ihre Geldpolitik in großem Umfang durch den Kauf von JGBs. Auf diese Weise wird Liquidität in die Märkte gepumpt, ohne dass der Zinssatz für Tagesgeld gesenkt werden muss. Die Folge: Die Zinssätze für Rentenpapiere werden quasi „künstlich" niedrig gehalten.

In Japan ist von den großen drei Wirtschaftsnationen der Einfluss der Regierung auf die Geldpolitik am größten. Offizielle aus dem Ministry of Finance (MoF) geben nicht selten Statements über den „politisch gewünschten" Wechselkurs des US-Dollars zum Yen ab.

Da die Bank of Japan diesem politischen Einfluss nicht selten erliegt und den entsprechenden Äußerungen auch Interventionen am Devisenmarkt folgen lässt, wird den Statements der Politiker an den Devisenmärkten auch Beachtung geschenkt.

Legendär ist hier Eisuke Sakakibara, der frühere Vize-Minister im Außenministerium, der mit seinen Äußerungen zum Wechselkurs häufig die Kurse am Devisenmarkt beeinflusste und daher „Mr. Yen" genannt wurde. 1998 wurde durch eine Gesetzesänderung der Bank of Japan zwar eine größere Unabhängigkeit eingeräumt, aber nach wie vor kann das MoF bei der Wechselkurspolitik mitreden.

Regierungspolitiker in den USA und in Europa äußern sich zwar ebenfalls gelegentlich darüber, ob sie den aktuellen Wechselkurs als angemessen empfinden oder ob sie einen anderen Wechselkurs für besser halten, aber weder die amerikanische Fed noch die EZB lassen sich dank ihrer Unabhängigkeit davon nennenswert beeinflussen; zumal beide Notenbanken traditionell an der Wirksamkeit direkter Devisenmarktinterventionen zweifeln.

Zu den wichtigsten Ministerien und Ämtern zählen auch die Economic and Fiscal Policy Agency, seit Januar 2001 offizielle Nachfolgeorganisation der früher außerordentlich mächtigen Economic Planning Agency (EPA). Die Regierungsorganisation EPA war verantwortlich für die Aufstellung von Wirtschaftsplänen – eine einmalige Organisation unter den marktwirtschaftlich ausgerichteten Industrieländern.

Genau in dieser direkten Einflussnahme der Regierung und der Bürokratie auf die Wirtschaft ist auch ein wichtiger Grund für die langjährige Stagnation in Japan zu finden. Die in früheren Zeiten so wirkungsvolle Entwicklungsplanung und aktive Wirtschaftssteuerung erwies sich in den vergangenen Jahren als Hemmschuh für Wachstum und Entwicklung. Aus diesem Grund hat genauso wie das EPA auch das Ministry of International Trade and Industry (MITI) viel von seiner früheren Bedeutung verloren.

Auslöser der mehr als ein Jahrzehnt dauernden Struktur- und Wachstumskrise war das Platzen der Preisblase am Immobilien- und Aktienmarkt Anfang der neunziger Jahre. Das zog eine Krise des Kreditsektors nach sich, die zu einigen Bankenpleiten führte und immer noch nicht ganz überwunden ist. Ein Blick auf den Langfristchart des japanischen Aktienindex Nikkei 225 verdeutlicht das Ausmaß der Krise (siehe Abb. 4.2).

Eine weitere Besonderheit in Japan ist im Übrigen das am 31. März endende Fiskaljahr. Da die Behörden zu diesem Zeitpunkt die Bilanzen der Unternehmen prüfen, führt dies nicht selten im Vorfeld zu heftigen Bewegungen an den Kapitalmärkten. Insbesondere ist in der Regel ein Rückfluss von Anlagegeldern aus dem Ausland nach Japan zu beobachten („Repatriierung"). Dies wirkt sich natürlich auch auf den Wechselkurs des Yens aus.

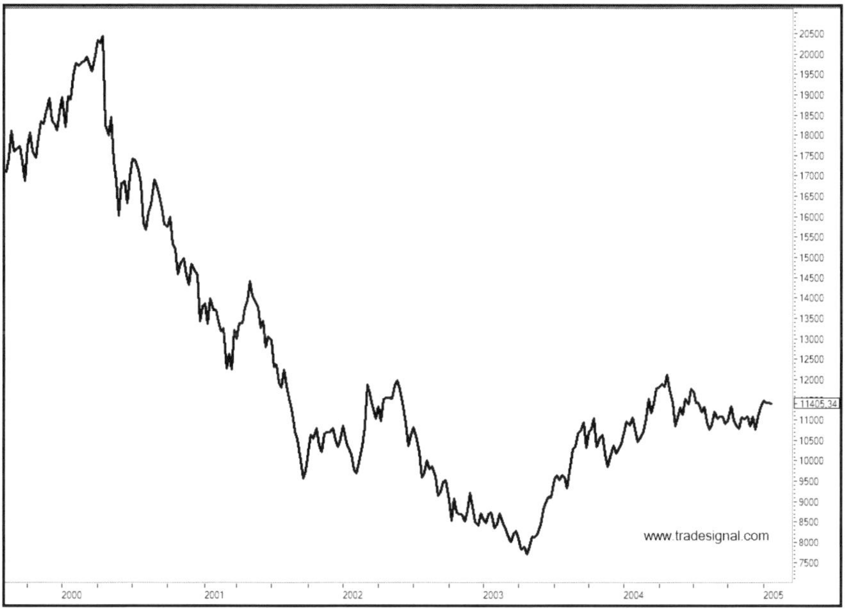

Abb. 4.2: Der Nikkei 225 von 2000 bis 2004

Von seinem Hoch bei 38.000 Punkten im Jahr 1990 ist der japanische Leitindex Nikkei 225 bis auf 8.000 Punkte im Jahr 2003 gefallen. Das bedeutet einen Kursverlust von knapp 79 Prozent! Dabei war der Kursrückgang in den Jahren 1990 und 1991 sowie 2000 und 2001 (im Chart dargestellt) besonders drastisch.

Weitere Bezeichnungen:	–
Die Notenbank:	Bank of Japan (BoJ)
Das geldpolitische Gremium:	Monetary Policy Council (MPC)
Der Leitzins:	Overnight Call Rate
Geldpolitisches Ziel:	–
Wichtige Zinssätze:	zehnjähriger und 20–jähriger Japanese-Gouvernement–Bonds–Zinssatz (JGBs); Drei–Monats–Euroyen–Zinssatz
Wichtige Zinsfutures:	zehnjähriger und 30–jähriger JGB–Future; Drei–Monats–Euroyen–Future
Wichtige Behörden:	Ministry of Finance (MoF), Economic and Fiscal Policy Agency (EFPA), Ministry of Trade and Industry (MITI)
Wichtige Personen:	Vorsitzender der Bank of Japan (BoJ, Governor); Finanzminister (MoF); Vize–Minister für internationale Angelegenheiten im MoF; Chef der EFPA; Minister für Handel und Industrie (MITI)
Wichtige Aktienindizes:	Nikkei 225, Topix
Anmerkungen:	Unter den großen Währungen ist der Wechselkurs des Yens am stärksten einer direkten politischen Einflussnahme ausgesetzt.

Tab. 4.5: Steckbrief Japanischer Yen (JPY)

4.5 Das Britische Pfund

Ein wichtiger Einflussfaktor auf den Wechselkurs des Pfund Sterling ist wie auch bei der Schwedischen oder der Dänischen Krone die Frage, ob und, wenn ja, wann diese Staaten der Europäischen Währungsunion beitreten. Das Hin und Her in dieser Frage – mal haben die Gegner eines Beitritts die Nase vorn, mal die Befürworter – beeinflusst immer wieder den Wechselkurs des Britischen Pfunds, insbesondere zum Euro.

Entsprechend verfehlen zum Beispiel Äußerungen des britischen Premierministers Tony Blair zu dieser Frage ihre Wirkung auf den Kurs des Britischen Pfunds nicht. Besonders wichtig dabei: Will sich Großbritannien der EWU anschließen, dann müssen sich die Zinsen auf der Insel dem niedrigeren Niveau in der EWU annähern. Da die Mehrzahl der Analysten davon ausgeht, dass eine Währungsunion zu einem schwächeren Kurs des Pfunds stattfinden würde, sorgen entsprechende Pro-EWU-Äußerungen für Abwertungsdruck auf das Pfund. Das letzte Wort haben jedoch die Wähler, die über einen Beitritt direkt abstimmen können.

Der wichtigste Aktienindex auf der Insel ist der FTSE 100, der so genannte „Footsie". Der FTSE 100 besitzt eine hohe Korrelation mit dem Dow Jones. Sein Einfluss auf den Kurs des Pfunds ist anders als in den USA oder in Japan recht gering.

Der Spitzname „Cable" für das Pfund kommt übrigens aus früheren Zeiten, als Devisen noch über Telex, also über „Kabel", gehandelt wurde. Da das Pfund in dieser Zeit die Weltleitwährung war, bekam es den Spitznamen „Cable".

Seit 1997 ist auch die Bank of England operativ unabhängig bei der Festlegung der Geldpolitik – nebenbei bemerkt eine wichtige Voraussetzung für einen Beitritt zur EWU. Dennoch ist dies eine Unabhängigkeit mit Einschränkungen, denn die Zielgröße für die Inflation wird durch die Regierung, genauer durch das Schatzamt (Treasury), festgelegt. Bis November 2003 orientierte sich die BoE an der jährlichen Zunahme des Index der Einzelhandelspreise ohne Hypothekenzinsen (Mortgages), dem RPI-X. Seitdem wird das Inflationsziel von zwei Prozent ebenfalls am europaweit harmonisierten Index der Verbraucherpreise (HICP) gemessen. In der ersten Woche jeden Monats entscheidet das Monetary Policy Committee (MPC) über den Leitzins, die „Base Rate".

Weitere Bezeichnungen:	Pfund Sterling; „Cable"
Die Notenbank:	Bank of England (BoE)
Das geldpolitische Gremium:	Monetary Policy Council (MPC)
Der Leitzins:	Base Rate
Geldpolitisches Ziel:	Inflationsrate von zwei Prozent, gemessen am Harmonisierten Index für Konsumentenpreise (HICP)
Wichtige Zinssätze:	zehnjähriger Gilt–Edged–Securities–Zinssatz (GILTS); Drei–Monats–Eurosterling–Zinssatz
Wichtige Zinsfutures:	zehnjähriger GILTS–Future; Drei–Monats–Eurosterling–Future
Wichtige Behörden:	Treasury (Schatzamt)
Wichtige Personen:	Vorsitzender der BoE (Central Bank Governor); Chef des Schatzamtes – Treasury (Chancellor of the Exchequer)
Wichtige Aktienindizes:	FTSE 100 („Footsie")
Anmerkungen:	Das Pfund besitzt eine hohe Korrelation mit dem US–Dollar, hat sich aber in den letzten Jahren mehr und mehr von dieser Korrelation gelöst.

Tab. 4.6: Steckbrief Britisches Pfund (GBP)

4.6 Der Schweizer Franken

Die Schweizer Nationalbank (SNB) ist bei ihren Entscheidungen über die Geld- und Wechselkurspolitik vollkommen unabhängig. Seit Ende 1999 verwendet auch die SNB ein Inflationsziel für ihre Geldpolitik. Oftmals setzt die SNB Devisenmarktoperationen ein, um dem Markt Liquidität zuzuführen oder zu entziehen.

Wechselkurspolitik besitzt in der Schweiz eine große Bedeutung, da der Schweizer Franken durch die enormen Kapitalzuflüsse in die Schweiz oftmals unter Aufwertungsdruck steht. Das verteuert die Ausfuhren, schadet der Schweizer Exportwirtschaft und bremst dadurch die Konjunktur. Daher haben die Äußerungen von SNB-Offiziellen zum Wechselkurs eine größere Bedeutung, als dies zum Beispiel bei der EZB der Fall wäre, die offiziell keine Wechselkurspolitik betreibt.

Obwohl der Diskontsatz faktisch für die Steuerung der Geldmenge eine untergeordnete Rolle spielt, nützt die SNB Änderungen dieses Zinssatzes, um der Öffentlichkeit ihren geldpolitischen Kurs zu demonstrieren.

Eine Besonderheit beim Schweizer Franken ist seine Rolle als „Sicherer Hafen" („Safe Haven") für das international mobile Kapital. Die Gründe sind politische Stabilität, „Diskretion" des Schweizer Bankwesens, die Neutralität der Schweiz und natürlich die wirtschaftliche Stabilität, die nicht zuletzt auf den im Vergleich zur Wirtschaftskraft des Landes enormen Goldreserven beruht.

Weitere Bezeichnungen:	–
Die Notenbank:	Schweizer Nationalbank (SNB)
Das geldpolitische Gremium:	Governing Board
Der Leitzins:	Diskontsatz (Discount Rate)
Geldpolitisches Ziel:	Inflationsrate von zwei Prozent
Wichtige Zinssätze:	Drei–Monats–Euroswissfranc–Zinssatz
Wichtige Zinsfutures:	Drei–Monats–Euroswissfranc–Future
Wichtige Behörden:	–
Wichtige Personen:	Vorsitzender der SNB (SNB, Chairman); Vize–Vorsitzender der SNB (Vice–Chairman)
wichtige Aktienindizes:	SMI
Anmerkungen:	Der Schweizer Franken dient traditionell als „Sicherer Hafen". Internationale Anleger verstärken insbesondere in unsicheren Zeiten ihre Anlagen in Schweizer Franken. Bemerkenswert ist die starke konjunkturelle Abhängigkeit von Euroland.

Tab. 4.7: Steckbrief Schweizer Franken (CHF)

4.7 Weitere Währungen

Bei den bislang vorgestellten Währungen handelt es sich um die liquidesten Devisen. Auf sie entfällt der Hauptteil der Handelsströme am Devisenmarkt. Entsprechend sind sie auch die erste Wahl, wenn es um Devisen-Trades geht.

Daneben gibt es noch zahlreiche weitere frei handelbare Devisen, die allerdings über eine geringere Liquidität verfügen und bei denen auch der Handel mit höheren Transaktionskosten verbunden ist. Dazu zählen zum Beispiel der Austral-Dollar (siehe Tab. 4.8) und der Kanada-Dollar (siehe Tab. 4.9) sowie die Währungen der EU-Mitgliedsländer, die nicht der Währungsunion angehören, wie zum Beispiel Schweden und Dänemark. Von Interesse sind daneben jedoch insbesondere die Währungen der so genannten Emerging Markets.

Als Emerging Markets werden Volkswirtschaften bezeichnet, die sich in einem Aufholprozess gegenüber den Industrieländern befinden. Dieser Aufholprozess geht in der Regel mit hohem Wirtschaftswachstum einher, was diese Länder gerade für wachstumsorientierte Anleger interessant macht. Geldanlagen in den Emerging Markets bieten eine überdurchschnittliche Verzinsung und sind daher für jeden risikobewussten Investor eine interessante Alternative.

Beispiele hierfür sind der Südafrikanische Rand, der Brasilianische Real oder auch die Türkische Lira. Darüber hinaus zählen die Währungen der neuen EU-Mitglieder, wie zum Beispiel der Polnische Zloty, die Tschechische Krone und der Ungarische Forint, zu diesem Kreis.

Da sich allerdings die Währungen der Emerging Markets aufgrund der vergleichsweise hohen Transaktionskosten kaum zum Traden eignen, sind sie vor allem für den längerfristig orientierten Investor interessant. Auf diesen Bereich wird daher in Kapitel 9 näher eingegangen.

Weitere Bezeichnungen:	Aussie
Die Notenbank:	Reserve Bank of Australia (RBA)
Das geldpolitische Gremium:	Reserve Bank Board
Der Leitzins:	Cash Rate (Overnight Money Market Interest Rate)
Geldpolitisches Ziel:	Inflationsrate von zwei bis drei Prozent
Wichtige Zinssätze:	–
Wichtige Zinsfutures:	–
Wichtige Behörden:	Treasury (Schatzamt)
Wichtige Funktionen:	Präsident der RBA (Reserve Bank Board, Governor); Chef des Schatzamtes (Treasurer)
Wichtige Aktienindizes:	ASX All Ordinaries
Anmerkungen:	Der Australische Dollar ist als Rohstoff–Währung („Commodity Currency") bekannt, da sein Wechselkurs stark an die Preisentwicklung bei Gold, Kupfer, Nickel, Kohle und Wolle gebunden ist. Diese Produkte machen zwei Drittel der Exporte Australiens aus. Die australische Wirtschaft ist stärker mit den Wirtschaften Japans und der Euro–Zone verbunden als mit der US–Ökonomie.

Tab. 4.8: Steckbrief Australischer Dollar (AUD)

Weitere Bezeichnungen:	Loonie
Die Notenbank:	Bank of Canada (BoC))
Das geldpolitische Gremium:	Board of Directors
Der Leitzins:	Cash Rate (Overnight Rate)
Geldpolitisches Ziel:	Inflationsrate von zwei Prozent
Wichtige Zinssätze:	Inflationsrate von zwei Prozent
Wichtige Zinsfutures:	–
Wichtige Behörden:	–
Wichtige Funktionen:	Vorsitzender der Bank of Canada (Board of Directors, Governor)
Wichtige Aktienindizes:	TSE 300
Anmerkungen:	Die Bindung der kanadischen Wirtschaft an die amerikanische ist eine der stärksten in der Welt – 80 Prozent der kanadischen Exporte gehen in die USA. Der Wechselkurs des Kanadischen Dollars ist daher sehr stark von der Entwicklung der US–Wirtschaft abhängig. Der Kanada–Dollar wird auch als Rohstoff–Währung bezeichnet, da die Hälfte der Exporte Kanadas aus Rohstoffen („Commodities") bestehen.

Tab. 4.9: Steckbrief Kanadischer Dollar (CAD)

4.8 Exkurs: Der Chinesische Yuan

Eine der kommenden Weltwährungen ist sicherlich der Chinesische Yuan (CNY). Derzeit fristet Chinas Währung allerdings noch ein Schattendasein, denn seit Anfang 1994 ist der Renminbi fest an den US–Dollar gebunden. Renminbi ist übrigens die Bezeichnung für die Währung selbst, während Yuan nichts anderes als „Einheit“ bedeutet.

Die Wechselkursrelation zwischen US–Dollar und Renminbi liegt seit der Asien–Krise 1998 nahezu unverändert bei 8,276 bis 8,28 Yuan. Doch genau dies sorgte am Devisenmarkt in den letzten Jahren immer wieder für Spekulationen über eine Abwertung des Yuans – vor allem aufgrund des stetig wachsenden Überschusses im Handel Chinas mit den USA.

Da es in China in den vergangenen Jahren eine Disinflation gab, wertete der Yuan seit 1997 real um 20 Prozent gegenüber dem US–Dollar ab. Die Folge: Die Wettbewerbsfähigkeit der chinesischen Exporte hat sich in den letzten Jahren stark verbessert, und China erzielt vor allem mit den USA hohe Handelsüberschüsse. Die eigentlich volkswirtschaftlich gebotene Aufwertung verhindert China durch den Aufkauf ausländischer Devisen. Die Devisenreserven Chinas betragen dadurch inzwischen mehr als 400 Mrd. US–Dollar.

Diese Entwicklung ist den Handelspartnern oder Konkurrenten Chinas natürlich ein Dorn im Auge. Insbesondere die USA drängen auf eine Aufwertung des Renminbis. Beim Treffen der G7 im September 2003 wurde China vehement dazu aufgefordert, seinen Wechselkurs zu flexibilisieren. Das führte dazu, dass viele Marktteilnehmer auf eine bevorstehende Aufwertung spekulierten.

Aber China wäre nicht China, wenn es ausländischem Druck nachgäbe. In der Tat greifen die Forderungen nach einer Flexibilisierung des Wechselkurses zu kurz, denn dadurch wäre der Transformationsprozess in China erheblich gefährdet. Auf den ersten Blick sind die Wachstumsraten von acht bis neun Prozent zwar beeindruckend, aber dieses Wachstum ist auch notwendig, um die auftretenden Strukturprobleme einigermaßen im Griff zu behalten.

Insbesondere die aus dem immensen Arbeitskräftepotenzial resultierende hohe Arbeitslosigkeit würde bei einer Abschwächung des Wachstums wie ein sozialer Sprengsatz wirken. Zudem ist der Bankensektor in

China alles andere als stabil, weshalb auch das Kreditsystem bei einer Aufwertung aus dem Ruder laufen könnte.

Eine Freigabe des Wechselkurses wird es daher auf absehbare Zeit nicht geben. Allerdings sind Veränderungen im Wechselkursregime denkbar; so wird zum Beispiel die Bindung des Renminbis an einen Währungskorb statt an den US-Dollar diskutiert. Das würde zu einer gewissen Flexibilisierung führen. Daneben ist natürlich eine Senkung des festen USD/CNY-Wechselkurses denkbar. Aber auch solchen Veränderungen haben Chinas Offizielle bislang eine Absage erteilt.

Obwohl man den Yuan nicht frei handeln kann, ist es für den Akteur am Devisenmarkt dennoch wichtig, über den Stand der Dinge informiert zu sein, denn Veränderungen bei Chinas Wechselkursregime haben Einfluss auf die gesamte asiatische Region. So würde eine Aufwertung des Yuans auch für Aufwertungsdruck auf den Japanischen Yen sorgen. Entsprechende Spekulationen wirken sich daher auch stets auf den Wechselkurs des US-Dollars zum Yen aus.

Die „Yuan-Frage" ist daher ein gutes Beispiel für die Vernetzung der Weltwirtschaft und dafür, dass die Einflussgrößen am Devisenmarkt vielfältig sind. Wer erfolgreich am Devisenmarkt spekulieren will, sollte darüber informiert sein.

5. Die Geschäftsarten im Devisenhandel

5.1 Kassageschäfte

Es gibt verschiedene Geschäftsarten im Devisenhandel, wobei der Zeitpunkt der Erfüllung der Lieferverpflichtungen darüber entscheidet, um welche Geschäftsart es sich handelt. Generell können folgende Geschäftsarten unterschieden werden: Kassa–, Termin– und Swap–Geschäft sowie Futures.

Die Basistransaktion des Devisenhandels ist das Kassageschäft, das auch Spot–Geschäft genannt wird. Der aktuelle Wechselkurs, zu dem ein Spot–Geschäft getätigt werden kann, wird daher auch als Spot–Rate bezeichnet.

Beim Kassageschäft wird sofortige Erfüllung vereinbart. Die Lieferung der gehandelten Währungsbeträge (Valutierung) erfolgt beim Kassageschäft spätestens zwei Arbeitstage nach Abschluss einer Transaktion. Damit wurde früher sichergestellt, dass in der Zeit zwischen Abschluss und Erfüllung die administrativen Belange des Geschäftes ausgeführt werden konnten. Dieser Aspekt hat heute an Bedeutung verloren, doch hat man die traditionelle Valutierungsregelung beibehalten. Der Tag der tatsächlichen Kontrakterfüllung wird im Übrigen Valutierungs– oder Wertstellungstag genannt.

Stellt ein Händler einen Kurs, zum Beispiel EUR/USD 1,3033/1,3036, und kommt zu diesem Kurs kein Geschäft zustande, dann wird dieser Kurs von den Marktteilnehmern offensichtlich als marktgerecht betrachtet. Denn: Wäre das nicht der Fall – würden die anderen Devisenhändler also annehmen, der Kurs müsste höher oder niedriger liegen –, dann würden sie zu den angebotenen Kursen kaufen oder verkaufen. Kommt zu einem bestimmten Kurs kein Geschäft zustande, dann sprechen die Händler daher von „pari“ oder „Parität“.

Professionelle Händler geben jeweils nicht den vollständigen Kurs an, sondern nur die beiden letzten Dezimalstellen, in unserem Beispiel also 33 auf 36, denn die Händler wissen genau, welche Zahlen vor den letzten beiden Dezimalziffern stehen. Mit der Angabe eines Ankaufs- und Verkaufskurses verpflichtet sich eine Bank, einen gewissen Betrag der genannten Währung zum gestellten Preis zu kaufen oder abzugeben.

Bei der Anfrage wird jedoch im Allgemeinen nicht zu erkennen gegeben, ob es sich um einen Kauf oder Verkauf handelt. Der Grund: Der Händler würde ansonsten einen für ihn günstigeren Kurs nennen.

Während für den Privatanleger vor allem das Spot-Geschäft interessant ist, entfallen die meisten Transaktionen am Devisenmarkt auf die Termingeschäfte.

Die Basistransaktion des Devisenhandels ist das Kassageschäft beziehungsweise Spot-Geschäft.

Der „Bid-Ask-Spread"

Im aktiven Devisenhandel werden jeweils zwei Kurse für ein Währungspaar gestellt. Wird beispielsweise für Euro gegen US-Dollar ein Kurs von EUR/USD 1.3333/1.3336 notiert, dann ist der erste Kurs der Ankaufskurs, zu dem Euros nachgefragt werden, der zweite ist der Verkaufskurs, zu dem Euros angeboten werden.

In der Fachsprache wird der erste Kurs auch Geldkurs oder Bid genannt. Der zweite Kurs wird auch Briefkurs oder Ask, beziehungsweise Offer, genannt. Der so genannte Mittelkurs entspricht dem Durchschnitt aus An- und Verkaufskurs.

Im Beispiel können also Euro für US-Dollar zu einem Kurs von 1,3336 US-Dollar gekauft und Euro gegen US-Dollar zu einem Kurs von 1,3333 US-Dollar verkauft werden.

Die Differenz zwischen den beiden Kursen wird als Spread bezeichnet. Die Spreads können je nachdem, wer den Kurs stellt oder um welchen Wechselkurs es sich handelt, variieren. Je liquider ein Wechselkurs ist, umso geringer ist der Spread.

5.2 Devisentermingeschäfte

Ein Devisengeschäft, bei dem die Erfüllung der Lieferverpflichtungen zeitlich später als nach zwei Arbeitstagen erfolgt, nennt man Termingeschäft. Im Prinzip unterscheiden sich Termingeschäfte nur durch den späteren Zeitpunkt der Lieferung von den Kassageschäften.

Termingeschäfte dienen verschiedenen Zwecken. Insbesondere lassen sich mit Termingeschäften Währungsrisiken aus Handels- beziehungsweise Finanztransaktionen abdecken oder absichern. Denn: Der Terminkurs, zu dem zum Beispiel in sechs Monaten Euro gegen US-Dollar ge- oder verkauft werden können, steht bereits heute fest.

Genutzt werden Termingeschäfte häufig von Exporteuren oder Importeuren, die genau wissen, dass sie zu einem bestimmten Zeitpunkt in der Zukunft zum Beispiel einen Zahlungseingang in einer Fremdwährung erhalten und diesen bereits heute in die Heimatwährung tauschen wollen. Dies schafft Planungssicherheit, denn die Devisenspekulation gehört nicht zum Kerngeschäft eines Export- oder Importunternehmens. Diese Art der Kurssicherung durch die zeitlich vorgezogene Beschaffung oder Veräußerung einer Währung wird auch als „Covering“ bezeichnet.

Termingeschäfte werden wie gesagt nicht zu Kassa-, sondern zu Terminkursen abgewickelt, wobei in den Terminkursen die Laufzeit eines Geschäftes Berücksichtigung findet. Der Terminpreis für eine Währung kann zwar theoretisch identisch mit dem Kassapreis sein, in der Praxis wird jedoch der Terminpreis fast immer höher (Report, Aufschlag, Prämie) oder niedriger (Deport, Abschlag, Diskont) als der Kassapreis sein. Die Differenz zwischen Kassa- und Terminkurs wird durch den Swap-Satz wiedergegeben.

Was ist Hedging?

Kurssicherung durch „Covering“ ist nicht zu verwechseln mit „Hedging“. Bei einem Hedge-Geschäft wird ein Risiko durch den Aufbau eines entgegengesetzten Risikos ausgeglichen. Auf unser Beispiel bezogen: Erwartet ein Exporteur in sechs Monaten einen Zahlungseingang von einer Million US-Dollar, dann kann er das daraus entstehende Wechselkursrisiko nicht nur durch den Abschluss eines Termingeschäfts ausschließen, sondern zum Beispiel auch durch die Aufnahme eines Kreditbetrags in US-Dollar zum heute gültigen Euro/US-Dollar-Kurs. Kommt es nun in den nächsten sechs Monaten zu einer Abwertung des US-Dollars, so verringert sich zwar – in Euro gerechnet – der Wert des erwarteten Zahlungseingangs, dafür fällt aber auch – in Euro gerechnet – der Betrag, den der Exporteur für seinen US-Dollar-Kredit zurückzahlen muss. Das Wechselkursrisiko wurde „gehedgt". Selbstverständlich ist diese Art von Sicherungsgeschäften nicht kostenlos, denn bei der Aufnahme des Fremdwährungskredits entstehen Kosten.

5.2.1 Zinsdifferenz und Swap-Satz

Grundlage für die Berechnung des Kurses eines Devisentermingeschäftes ist der aktuelle Kassakurs. Aufgrund der in der Zukunft liegenden Fälligkeit (Laufzeit) eines Devisentermingeschäftes beeinflusst auch die Differenz zwischen den Zinssätzen der beteiligten Währungen den Terminkurs.

Diese Zinsdifferenz wird bei der Kursberechnung durch den so genannten Swap-Satz berücksichtigt. Der Swap-Satz quantifiziert in diesem Fall die Zinsdifferenz zwischen zwei Währungsräumen. Ist der Swap-Satz positiv, spricht man von einem Aufschlag, ist er negativ, von einem Abschlag.

Der Swap-Satz tendiert stets dazu, der Zinsdifferenz zwischen zwei Währungen auf einem freien Markt, wie zum Beispiel dem Euromarkt, zu entsprechen. Wenn etwa eine Euro-Dollar-Anlage auf zwölf Monate eine Rendite von fünf Prozent ergibt und eine Euro-Franken-Anlage auf zwölf Monate 1,5 Prozent, dann entspricht der Swap-Satz ungefähr der Differenz, nämlich 3,5 Prozent. Das bedeutet, dass der Dollar einen Diskont von 3,5 Prozent gegenüber dem Franken aufweist oder dass der Franken durch eine Prämie von 3,5 Prozent gegenüber dem Dollar gekennzeichnet ist.

Doch warum ist dies so? Gehen wir einmal in unserem Beispiel davon aus, dass Dollar-Anlagen einen Ertrag von fünf Prozent ergeben, dass aber der Diskont des Dollars gegenüber dem Franken nur einem Prozent entspräche. In diesem Fall ergäbe sich daraus eine Nettorendite von vier Prozent für jemanden, der US-Dollars gegen Schweizer Franken per Kasse kauft und per Termin verkauft. Denn: Er würde in diesem Fall eine Rendite von fünf Prozent erhalten, gemindert nur durch den Abschlag von einem Prozent beim Terminkurs. Kaum jemand würde unter diesen Umständen zu 1,5 Prozent im Franken verbleiben. Große Beträge würden in Dollars umgelagert – per Kassa gekauft und auf Termin verkauft –, was dazu führen würde, dass der Diskont größer wird; außerdem würden sich die Zinssätze für Dollars zurückbilden und die Zinssätze für Franken steigen. Dieser Anpassungsprozess würde somit rasch den Ausgleich zwischen Zinsdifferenz und Swap-Satz wieder herstellen. Die Höhe der Zinssätze für die verschiedenen Währungen auf dem Euromarkt bestimmen daher die Swap-Sätze.

Woher kommen aber Angebot von und Nachfrage nach Währungen auf Termin? In normalen Zeiten (wenn die Märkte nicht von Währungs- oder politischen Unruhen überschattet werden) stammt ein Großteil der Termintransaktionen aus Geldmarkt- und, in geringerem Umfang, aus kommerziellen Geschäften. Wenn die EZB beispielsweise den Leitzins senkt, um die Wirtschaft anzukurbeln, während gleichzeitig die amerikanische Geldpolitik unverändert bleibt, dann sinken die inländischen Geldmarktsätze in Euroland, und unter normalen Umständen werden sich auch die kurzfristigen Zinssätze für den Euro auf dem Euromarkt zurückbilden. Der Diskont des Dollars gegenüber dem Euro wird folglich zunehmen, um sich dem größeren Zinsgefälle zwischen Eurodollar und Euribor anzupassen.

Während die Swap-Sätze in normalen Zeiten von der Höhe der verschiedenen Zinssätze abhängen, ist die Situation anders, wenn eine Währung plötzlich aus wirtschaftlichen oder politischen Gründen unter Druck gerät. In einem solchen Fall werden die Terminverkäufe dieser Währung plötzlich zunehmen, wodurch sich ihr Abschlag stark vergrößert; daraufhin wird das Zinsniveau für diese Währung auf dem Euromarkt und tendenziell auch auf dem inländischen Markt dem größeren Abschlag entsprechend ansteigen.

Swap bedeutet tauschen. Ein Swap-Geschäft ist daher ein Tauschgeschäft. Dabei werden in der Regel zwei Fälligkeiten getauscht, zum Beispiel Kassa gegen Termin oder auch ein Termin gegen einen anderen.

5.2.2 Die verschiedenen Arten von Termingeschäften

Nicht zu trennen vom Termin– ist das Swap–Geschäft, das die Kombination einer Kassatransaktion mit einer gleichzeitigen Termintransaktion darstellt. Ein Swap–Geschäft ist folglich der Kauf einer Währung per Kasse und ihr gleichzeitiger Verkauf per Termin und vice versa.

Um Verwechslungen der beiden Arten von Termingeschäften zu vermeiden, benützen Händler den Ausdruck „Outright"–Transaktion, wenn es sich um ein einfaches Termingeschäft handelt, das nicht Teil einer Swap–Operation ist.

Bei Swap–Geschäften werden die Terminkurse nicht direkt als solche notiert. Der professionelle Handel arbeitet lediglich mit den in Dezimalstellen angegebenen Differenzen zwischen Kassa– und Terminpreisen, das heißt, er arbeitet mit Auf– und Abschlägen. Ein anderer Ausdruck für diese Differenz ist, wie bereits erläutert, der „ Swap–Satz". Swap–Sätze werden stets in Form von Dezimalstellen der entsprechenden Währung ausgedrückt.

Der Ausdruck Outright–Terminkurs oder einfach Outright–Kurs macht deutlich, dass man sich in diesem Fall auf den Terminpreis und nicht auf den Swap–Satz bezieht. Der Outright–Terminkurs ergibt sich, indem man den Aufschlag zum Kassakurs hinzuzählt beziehungsweise den Abschlag davon abzieht.

Der internationale Handel schafft laufend einen Bedarf an Termingeschäften, mit deren Hilfe das Währungsrisiko abgesichert werden soll. Beispielsweise kauft ein deutscher Importeur in den USA Waren, zahlbar in 90 Tagen. Um das Risiko eines Anstiegs des US–Dollars in der Zwischenzeit auszuschließen und um eine genaue Preiskalkulation durchführen zu können, kauft der Importeur die benötigten Euros bereits heute auf Termin, das heißt „outright" auf drei Monate.

Weiß umgekehrt ein deutscher Exporteur, dass er in drei Monaten eine Zahlung in US–Dollars erhalten wird, so sichert er sich ab. Das heißt, er eliminiert das Kursrisiko, indem er die US–Dollars auf drei Monate „outright" verkauft. Eine Unterlassung dieser Terminoperationen käme einer Spekulation auf eine Abschwächung des US–Dollars im ersten Fall und auf einen Anstieg des US–Dollars im zweiten Fall gleich. Indem die entsprechenden Währungen auf Termin verkauft werden, kann das Kursrisiko eliminiert werden.

Dieselbe Absicherung kann auch bei Kreditgeschäften durchgeführt werden: Kreditaufnahmen auf ausländischen Kapitalmärkten in ausländischen Währungen stellen Verbindlichkeiten in ausländischer Währung dar; das damit verbundene Währungsrisiko kann durch Terminkäufe in der entsprechenden Währung abgesichert werden.

Geldmarktgeschäfte, insbesondere wenn es sich um kurzfristige Kapitalexporte handelt, sind häufig mit Swap–Geschäften verbunden. Wenn die Kapitalausfuhr eine Anlage in einer anderen Währung mit sich bringt und diese Anlage abgesichert werden soll, ist ein Swap–Geschäft zu tätigen. Wie erwähnt, versteht man unter einem Swap die Kombination eines Kassakaufs mit einem gleichzeitigen Terminverkauf (oder umgekehrt) einer bestimmten Währung.

Arbitrage oder Spekulation?

Der im deutschen Sprachgebrauch etwas negativ besetzte Begriff „Spekulation" meint nicht anderes als die Erwirtschaftung von Gewinnen aus der Kursveränderung zum Beispiel einer Währung im Zeitablauf. Arbitrage zielt im Gegensatz hierzu auf die Erzielung von Gewinnen durch die Ausnutzung von Preisunterschieden auf unterschiedlichen Märkten. Arbitrage funktioniert nur auf unvollkommenen Märkten und ist daher in dieser reinen Bedeutung am Devisenmarkt kaum möglich.

5.2.3 Gewinne mit Terminspekulationen

Termingeschäfte werden aber selbstverständlich nicht nur zum Zweck der Kursabsicherung durchgeführt, sondern auch, um zu spekulieren. An dieser Stelle wird darauf hingewiesen, dass eine Kurssicherung nicht unbedingt mit Kosten verbunden ist. Normalerweise sichert man „schwache" Währungen gegen „stärkere" ab, indem man die schwachen auf Termin verkauft: Für viele Leute sind „schwache" Währungen jene, die einen Abschlag aufweisen. In solchen Fällen ist die Kurssicherung mit Kosten verbunden, denn der Terminkurs liegt in diesem Fall unter dem Kassakurs.

Es ist jedoch schon oft vorgekommen, dass sich die scheinbar „schwache" Währung festigte, während sich die vermeintlich „starke" Währung (mit einer Prämie) abschwächte. In diesem Fall wird nicht nur ein Kursverlust verhindert, sondern es gibt sogar einen „Absicherungsgewinn". Die Erfahrungen der letzten Jahre haben gezeigt, dass die heutige Entwicklung der Devisenkurse den Erwartungen oft zuwiderläuft. „Outright"-Geschäfte können daher genauso gut hohe Verluste wie ansehnliche Gewinne zur Folge haben. Termingeschäfte bieten daher interessante, aber auch sehr riskante Spekulationsmöglichkeiten.

TERMINGESCHÄFTE BIETEN DEM TRADER INTERESSANTE, ABER AUCH SEHR RISKANTE MÖGLICHKEITEN ZUR SPEKULATION.

5.3 Futures

Ein Futures-Kontrakt ist einem Forward (Termingeschäft) ähnlich. Folgende Unterschiede bestehen jedoch: Bei Termingeschäften handelt es sich um private OTC (Over-the-Counter)-Geschäfte. Das heißt: Die Einzelheiten des jeweiligen Vertrages können frei zwischen den beiden Vertragsparteien vereinbart werden.

Im Gegensatz dazu handelt es sich bei Futures um standardisierte Verträge, die an den Futures-Börsen gehandelt werden können. Sämtliche Einzelheiten des Kontrakts wie Verfallsdatum, Nennwert und Margen werden von der Börse und nicht von den jeweiligen Parteien festgelegt. Schließlich gibt es Standardverfalldaten, nämlich jeweils der dritte Mittwoch in März, Juni, September und Dezember.

Der Nennwert und somit der Wert pro Basispunkt der verschiedenen Währungen verändert sich dabei. Am liquidesten sind Futures-Kontrakte, die US-Dollar, Euro und Yen als Währungen einbeziehen. Es gibt jedoch auch andere Cross-Rate-Kontrakte, die sehr liquide gehandelt werden.

Darüber hinaus erfordern Futures-Positionen die Hinterlegung einer Sicherheitsmarge, die täglich verbucht und aufrechterhalten wird. Entsteht auf dem Kontrakt ein Verlust, wird der Betrag nach Börsenschluss dem Margenkonto belastet. Dies bedeutet, dass die Futures bar abgegolten werden und kein Austausch von Basis- oder Nennwerten stattfindet.

5.4 Devisenoptionen

Neben Futures und Termingeschäften bieten Optionen eine weitere Möglichkeit, eine Währung in der Zukunft zu kaufen oder zu verkaufen. Optionen sind Verträge, die den Preis festlegen, zu dem ein bestimmter Betrag in einer Währung bis zu einem bestimmten Zeitpunkt in der Zukunft, dem Verfallsdatum, verkauft oder gekauft werden kann.

Anders als bei Forward- und Futures-Kontrakten ist der Inhaber einer Option jedoch nicht zur Abwicklung der Transaktion verpflichtet, wenn er dies nicht wünscht. Eine Option ist, wie der Name schon sagt, das Recht, nicht aber die Pflicht, zu kaufen oder zu verkaufen. Ebenfalls im Unterschied zu Forwards und Futures muss der Preis, zu dem die Währung gekauft oder verkauft werden soll, nicht dem aktuellen Terminkurs entsprechen.

Der Preis, zu dem das Geschäft abgeschlossen werden soll, kann zwischen Käufer und Verkäufer frei vereinbart werden und wird als Ausübungspreis bezeichnet.

Für Details zum Thema Optionen, wie zum Beispiel wichtige Kennzahlen etc., sei hier auf Kapitel 7 verwiesen. Im Folgenden soll nur kurz auf einige Besonderheiten bei Optionen auf Währungen eingegangen werden.

Es gibt zwei Typen von Optionen: Calls und Puts. Der Käufer eines Calls erwirbt das Recht, jedoch nicht die Pflicht, den Basiswert an oder bis zu einem bestimmten zukünftigen Datum zum Ausübungspreis zu kaufen. Der Verkäufer ist hingegen verpflichtet, den Basiswert an oder bis zu einem bestimmten zukünftigen Datum zum Ausübungspreis zu verkaufen, falls der Inhaber der Call-Option sein Recht ausübt. Das Gleiche gilt vice versa im Falle von Puts.

Was Devisen anbelangt, so ist jede Währungsoption sowohl ein Call als auch ein Put. So erwirbt der Käufer eines EUR-Calls/USD-Puts das Recht, einen Euro-Nennwert gegen US-Dollar zu kaufen, wobei der entsprechende US-Dollar-Betrag durch den Ausübungspreis der Option bestimmt wird. Umgekehrt kann diese Option auch als Recht betrachtet werden, US-Dollars gegen Euros zu dem vom Ausübungspreis der Option festgelegten Kurs zu verkaufen (Put).

Eine Option wird als „at-the-money" (am Geld) bezeichnet, wenn ihr Ausübungspreis genau dem Preis entspricht, zu dem der Basiswert gegenwärtig gehandelt wird. Ein Call mit einem Ausübungspreis, der unter dem Marktpreis liegt, wird als „in-the- money" (im Geld) bezeichnet. Einen Call mit einem Ausübungspreis, der über dem Marktpreis des Basiswertes liegt, nennt man „out-of-the-money" (aus dem Geld). Man spricht hier auch von der Moneyness einer Option.

Es gilt Folgendes zu beachten: Wenn ein Call mit einem bestimmten Ausübungspreis im Geld liegt, so befindet sich ein Put mit demselben Ausübungspreis und derselben Laufzeit aus dem Geld. Dasselbe gilt umgekehrt für einen Out-of-the-money-Call.

Währungsoptionen werden im Allgemeinen im Basiswert abgegolten. Übt beispielsweise der Käufer eines EUR-Calls/USD-Puts mit einem Ausübungspreis von 1,3000 US-Dollar seine Option aus, kauft er den Euro-Nennwert zum Ausübungspreis und liefert dem Verkäufer der Option den festgelegten US-Dollar-Betrag. Annahme: Der EUR-Call/USD-Put mit dem Ausübungspreis von 1,3000 US-Dollar hat einen Nennwert von einer Millionen Euro, und am Verfallsdatum liegt der EUR/USD-Kurs bei 1,3200 US-Dollar. Bei der physischen Lieferung erhält der Käufer des Calls günstige Euros. Müsste er die Euros zum Marktpreis kaufen, würde der Preis 1,32 Mio. US-Dollar anstelle der bei Ausübung der Option bezahlten 1,30 Mio. US-Dollar betragen.

Anders als bei Forward- oder Futures-Kontrakten ist der Inhaber einer Option nicht zur Abwicklung der Transaktion verpflichtet, wenn er dies nicht wünscht.

1. Kassakurs des Basiswerts 2. Ausübungspreis 3. Zinssatz der Basiswährung 4. Zinssatz der Gegenwährung 5. Volatilität des Wechselkurses 6. Laufzeit.
Der Preis einer Option lässt sich aufgrund dieser Parameter berechnen, doch eine detaillierte Beschreibung würde den Rahmen sprengen. Es sei hier auf die einschlägigen Bücher zur Optionstheorie verwiesen.

Tab. 5.1: Variablen, auf die sich der Wert einer Option stützt

6. Wie spekuliert man an der Forex?

Im Prinzip gibt es abgesehen vom Futures-Handel zwei Möglichkeiten, auf Wechselkurse zu spekulieren: Entweder man kauft über seine Bank, seinen Online-Broker oder direkt beim jeweiligen Emittenten Optionsscheine oder Turbozertifikate auf den jeweiligen Wechselkurs. Oder man handelt über einen spezialisierten Devisen-Broker direkt an der Forex, also am internationalen Devisenmarkt.

In diesem Fall stehen einem in der Regel alle der oben genannten Arten von Devisengeschäften offen. Alles, was man machen muss, ist, ein Konto beim jeweiligen Devisen-Broker zu eröffnen, wobei Termingeschäftsfähigkeit vorausgesetzt wird. Ausländische Anbieter müssen ihre Kunden je nach den für sie geltenden Regularien über die Risiken bei spekulativen Geldanlagen aufklären.

Der Devisen-Broker beziehungsweise FX-Broker ermöglicht dem Privatanleger den Zugang zum Devisenmarkt. Durch ein elektronisches Broking-System wird die sofortige und in der Regel problemlose Ausführung der Kundenaufträge ermöglicht.

Das Besondere dabei: Der Devisen-Broker tritt seinen Kunden, den Privatanlegern, direkt als Kontrahent gegenüber. Er leitet die Transaktion also nicht einfach weiter, sondern ist selbst Käufer und Verkäufer von Devisen und nimmt gegenüber den Aufträgen seiner Kunden die Gegenposition ein. Das garantiert eine schnelle Ausführung der Kundenorders und ermöglicht zum Beispiel auch Preisgarantien bei Stopp-Aufträgen, wie sie manche Devisen-Broker anbieten. Zudem sind variable Positionsgrößen möglich, da die Ausführung des Auftrags ja nicht davon abhängt, einen passenden Kontrahenten zu finden.

Das hat allerdings seinen Preis: Der Devisen-Broker schlägt bei den von ihm gestellten Kursen einen bestimmten Betrag auf den so genannten Interbanken-Spread auf. Der Interbanken-Spread ist der Spread, den sich Banken beim Handel untereinander gegenseitig gewähren. Der Privatanleger ist also etwas schlechter gestellt als der institutionelle

Trader – schließlich will der Devisen-Broker als „Zwischenhändler" auch etwas verdienen.

Darüber hinaus erfordert das Eingehen eigener Positionen beim Devisen-Broker natürlich ein striktes Risikomanagement. Je nach Sitz des Devisen-Brokers sorgen nationale Aufsichtsbehörden für die Überwachung der Devisen-Broker. Darauf wird unter Punkt 6.5 noch genauer eingegangen.

Im Folgenden werden ausführlich die „Spot-Trades" erläutert, da sie die am häufigsten von den Privatanlegern gewählte Form der Spekulation via Devisen-Broker sind. In Kapitel 7 werden dann die Besonderheiten beim Handeln mit Optionsscheinen und Zertifikaten dargestellt.

Wer über einen Devisen-Broker direkt an der Forex handelt, dem stehen alle Möglichkeiten von Devisengeschäften offen. Alles, was man machen muss, ist ein Konto beim Broker seiner Wahl zu eröffnen.

Abbildung 6.1 zeigt eine Ordermaske, wie sie so oder ähnlich von den Devisen-Brokern verwendet wird.

Der Anleger kann dabei wählen, welches Währungspaar er traden möchte und wie hoch der Betrag (Amount) für den Trade ist (angezeigt durch die Drop-Down-Pfeile). Dazu kann die Art des Trades bestimmt werden. Spot bedeutet in diesem Fall Kauf/Verkauf zum aktuellen Kurs. Daneben besteht unter anderem die Möglichkeit, eine Order mit Limit zu platzieren.

In den Feldern Bid und Ask sind die aktuellen Realtime-Geld- und -Briefkurse für diesen Wechselkurs abzulesen. Der Spread beträgt in diesem Fall drei Pips (1,3205 – 1,3208).

Value-Date ist das Datum, an dem die Position auf dem Konto des Anlegers gut geschrieben wird, was aber für den Trade selbst keine Rolle spielt.

Klickt der Anleger auf das Feld „Enable", erhält er vom Devisen-Broker einen Kurs gestellt, zu dem er nun traden kann. Die Abgabe der Order geschieht dann einfach durch das Klicken auf die Felder „Sell EUR" oder „Buy EUR".

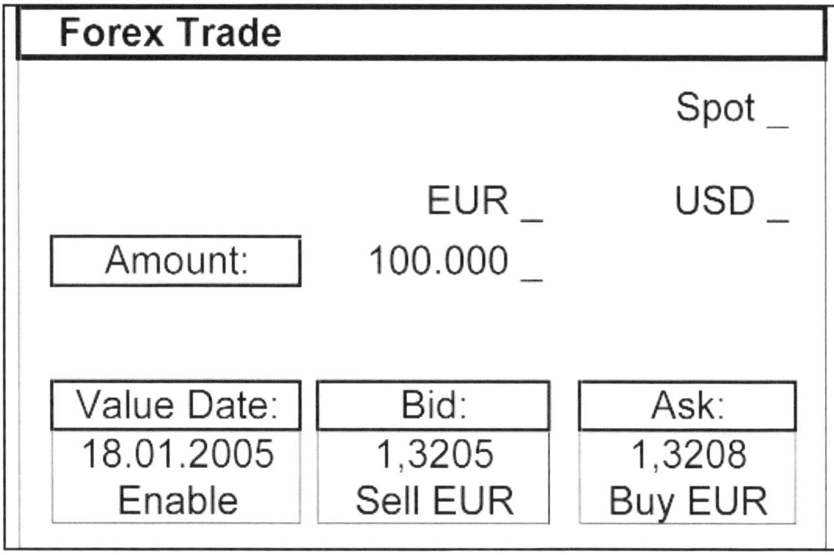

Abb. 6.1: Beispiel für eine Order-Maske

6.1 Spot-Trades

Spekulation ist die Ausnutzung von Kursveränderungen im Zeitablauf. Als Spot-Trade wird nun der Kauf oder Verkauf einer Währung zum aktuellen Kurs bezeichnet.

Um am Devisenmarkt spekulieren zu können, muss in der betreffenden Währung eine Position ausgebaut werden. Wird auf die Aufwertung einer Währung spekuliert, so muss eine Plus-Position eröffnet werden. Man spricht hier üblicherweise vom Eingehen einer Long-Position oder einfach vom „long gehen". Umgekehrt: Wird auf die Abwertung einer Währung spekuliert, so muss eine Minusposition eingegangen werden. man spricht in diesem Fall vom Eröffnen einer Short-Position oder einfach vom „short gehen". Ist man long oder short in einer bestimmten Währung, so verfügt man über eine offene Position („open position").

Im Übrigen: Das Eröffnen einer Long-Position geht immer einher mit dem Eröffnen einer Short-Position und vice versa. Denn: Der Wert einer

Währung wird stets in Relation zu einer anderen Währung festgelegt. Geht man zum Beispiel im Wechselkurs Euro/US-Dollar long, so baut man eine Long-Position in Euro und gleichzeitig eine Short-Position in US-Dollar auf.

Offene Positionen werden dadurch wieder geschlossen, dass man genau den entgegengesetzten Trade eingeht. Man spricht dabei auch davon, dass eine offene Position glattgestellt wird – auf Englisch: „Buying equals Selling". Hat man zum Beispiel für 100.000 EUR Euro gegen US-Dollar gekauft, dann muss man die Position dadurch schließen oder glattstellen, dass man wieder für 100.000 EUR Euro gegen US-Dollar verkauft. Ist der Euro in der Zwischenzeit gestiegen, wurde bei diesem Trade ein Gewinn erzielt.

Wird auf die Aufwertung einer Währung spekuliert, so spricht man vom „long gehen". Wird auf eine Abwertung spekuliert, so „geht man short".

Das einfache Kassageschäft – auch Spot-Trade genannt – funktioniert dabei so: Man kauft zum Beispiel 100.000 Euro gegen US-Dollar zu einem Preis von 1,3000 US-Dollar. Der Clou dabei: Man muss nicht den vollen Betrag für den Kauf einsetzen, sondern nur einen Teil des Betrages entsprechend der vom Devisen-Broker verlangten Margin. Beträgt diese Margin zum Beispiel ein Prozent, dann müssen für diesen Trade nur 1.000 Euro eingesetzt werden.

Weiter im Beispiel: Der Euro steigt erfreulicherweise noch am gleichen Tag auf 1,3100 US-Dollar. Daher soll die Position wieder aufgelöst werden und man verkauft zu diesem Zweck die besagten 100.000 Euro gegen US-Dollar – nun aber zu einem Preis von 1,3100 US-Dollar. Der Gewinn aus diesem Trade beträgt 1.000 US-Dollar (in Pips: +100) – und das bei einem Kapitaleinsatz von 1.000 Euro!

Wie bereits erwähnt, erfolgt die Valutierung, also die tatsächliche Ausführung der Geschäfte, in der Regel zwei Tage nach dem Abschluss der Transaktion, was aber für den Anleger keine Rolle spielt.

Zu bedenken ist dabei vor allem zweierlei: Erstens entspricht der hohen Gewinnchance natürlich ein ebenso hohes Verlustrisiko. Zweitens liegt der vom Devisen-Broker gestellte Kaufkurs um den so genannten Spread über dem Verkaufskurs. Dieser Spread muss bei jedem Trade erst verdient werden, bevor man in die Gewinnzone kommt – aber das ist natürlich bei jedem Börsengeschäft so.

Wer diese Möglichkeit des Devisenhandels noch nicht kennt, für den bieten die meisten Devisen-Broker übrigens die Möglichkeit an, zu Testzwecken ein so genanntes Demokonto mit „virtuellem Geld" zu eröffnen. Nähere Informationen darüber, wie ein Demokonto eröffnet werden kann, finden sich zum Beispiel unter www.devisen-trader.de/demo.html.

6.2 Die Performance-Berechnung

Beim Trading an der Forex werden Gewinne oder Verluste in der Regel nicht in Prozent oder in Währungseinheiten angegeben, sondern in Punkten (points) oder Pips. Gemeint ist damit die kleinste Einheit in einem Wechselkurs.

Steigt zum Beispiel der EUR/USD-Wechselkurs von 1,2900 auf 1,2950 USD, dann entspricht dies einem Kursgewinn von 0,50 Cent oder 50 Pips. Die meisten Wechselkurse werden mit vier Nachkommastellen angegeben; es gibt aber Ausnahmen wie zum Beispiel den Yen, der auf zwei Nachkommastellen angegeben wird. Ein Kursanstieg von 135,00 auf 135,50 JPY entspricht daher beim EUR/JPY-Wechselkurs einem Kursgewinn von 50 Pips.

Will man aber die Performance in Währungseinheiten berechnen und nicht in Pips, dann benötigt man das so genannte Pip-Value. Das Pip-Value berechnet sich wie folgt: Ein Pip (0,0001) geteilt durch den Wechselkurs ist gleich dem Pip-Value.

Beispiel:

Bei einem Euro/US-Dollar-Wechselkurs von 1,3050 USD entspricht das Pip-Value 0,0001 / 1,3050 = 0,00007663 EUR. Bei einer Kursveränderung um ein Pip entspricht dies also bei einem Einsatz von einer Währungseinheit (0,0001 US-Dollar) einem Gewinn von 0,00007663 EUR.

Die übliche Ordergröße, die als „Lot“ bezeichnet wird, ist 100.000 Einheiten der Basiswährung, in diesem Fall also Euro. Wird ein Lot in EUR/USD investiert, so führt dies bei einer Veränderung um ein Pip bei einem Wechselkurs von 1,3050 USD zu einem Gewinn von 100.000 x 0,00007663 EUR = 7,663 EUR. Wird die Ordergröße verändert, so ändert sich auch der mögliche Gewinn entsprechend.

Zwar ist 100.000 die übliche Ordergröße, aber viele Devisen-Broker ermöglichen auch das Handeln so genannter Mini-Lots; das sind Ordergrößen von 10.000 Einheiten. Bei manchen Devisen-Brokern ist die Ordergröße frei wählbar, was aber bei kleinen Ordergrößen zusätzliche Gebühren zur Folge haben kann.

GEWINN UND VERLUST BEI EINEM SPOT-TRADE WERDEN IN „PIPS“ GEMESSEN.

Aktion:	Kauf EUR/USD für 100.000 EUR (1 Lot) bei 1,3050 USD. Wert der Position in US-Dollar: 100.000 x 1,3050 = 130.500 US-Dollar
Szenario I (Spekulation ist erfolgreich)	
EUR/USD steigt auf 1,3200	
offene Position in US-Dollar:	132.000 USD
offene Position in Euro:	100.000 EUR
Die Position wird bei 1,3200 glattgestellt	
Gewinn in Pips:	150
Gewinn in US-Dollar:	1.500 USD
Gewinn in Euro:	1.500 USD / 1,3200 USD = 1.136,36 EUR
Szenario II (Spekulation ist nicht erfolgreich)	
EUR/USD fällt auf 1,3000	
offene Position in US-Dollar:	130.000 USD
offene Position in Euro:	100.000 EUR
Die Position wird bei 1,3000 glatt gestellt	
Verlust in Pips:	50
Verlust in US-Dollar:	500 USD
Verlust in Euro:	500 USD / 1,3000 USD = 384,62 EUR

Tab. 6.1: Beispiel für die Berechnung der Performance bei einem Trade

6.3 Was ist bei der Margin zu beachten?

Es wurde bereits kurz erwähnt: Die Margin bezeichnet die Sicherheitsleistung, die bei einem Trade an der Forex beim Broker hinterlegt werden muss. Will man für 100.000 Euro US-Dollar kaufen oder verkaufen, so müssen bei einer Margin von einem Prozent 1.000 Euro hinterlegt werden, das heißt auf dem Konto muss dieser Betrag zur Verfügung stehen. Dieses eine Prozent Margin ist die Sicherheitsleistung, die restlichen 99 Prozent der Investitionssumme für diesen Trade „leiht" quasi der Devisen-Broker.

Bei manchen Devisen-Brokern kann zwischen verschiedenen Margins, zum Beispiel ein oder zwei Prozent, gewählt werden. Wählt man eine höhere Margin, dann reduziert sich zwar die Gewinnmöglichkeit, aber es verringert sich auch das Verlustrisiko.

Darüber hinaus kann die Margin auch von Wechselkurs zu Wechselkurs schwanken. Als Faustregel gilt: Je exotischer der Wechselkurs und je geringer der Umsatz in diesem Wechselkurs, umso höher ist die Margin.

Die Möglichkeit, offene Positionen einzugehen, ist begrenzt durch die Einlage auf dem Konto. Die meisten Broker verlangen eine Mindesteinlage von in der Regel 2.000 bis 10.000 Euro (oder US-Dollar). Man kann mit einer Mindesteinlage von 10.000 Euro also maximal zehn Lots eingehen und zum Beispiel für eine Million Euro US-Dollar kaufen oder verkaufen. Wird jedoch der gesamte Cash-Bestand auf dem Konto eingesetzt, dann besteht natürlich auch das Risiko des Totalverlustes.

Wird der Kapitaleinsatz bei einem Trade aufgezehrt, dann kann der Broker den Kontoinhaber auffordern, die offenen Positionen zu schließen oder Geld nachzuschießen. Die Aufforderung zum Nachschießen bezeichnet man als Margin-Call. Besser, als es auf einen Margin-Call ankommen zu lassen, ist es jedoch, offene Positionen durch Stop-Loss-Orders abzusichern. Dadurch werden die Positionen automatisch geschlossen, bevor der Verlust zu hoch wird. Darauf wird später noch genau eingegangen.

Bei den Margins ist noch zu beachten, dass diese aufgrund des höheren Risikos bei vielen Devisen-Brokern über das Wochenende erhöht werden. Will man Positionen über das Wochenende geöffnet halten, dann muss man dies beachten. Das Halten von Positionen über Nacht ist kein

Problem, da diese per so genanntem Rollover automatisch auf den nächsten Tag übertragen werden.

Beim Rollover kann es übrigens zu kleinen Kursveränderungen kommen, die sich folgendermaßen erklären lassen: Die Margin kommt dadurch zustande, dass der Broker bei einer nur kleinen eigenen Sicherheitsleistung (zum Beispiel ein Prozent) das Geld für die Spekulation leiht. Dafür fallen Zinsen an, die beim Rollover zum nächsten Tag berechnet werden. Das geschieht dadurch, dass am nächsten Tag automatisch eine neue Position zum Beispiel mit einem Pip höher eröffnet wird. Dies geschieht, falls die Währung, bei der man long geht, einen niedrigeren Zins hat als die Short-Währung. Ansonsten wird ein Betrag (zum Beispiel ein Pip) gutgeschrieben.

Die niedrige Margin bei Spot-Trades ermöglicht einen hohen Hebel und damit überdurchschnittliche Gewinne bei Investments am Devisenmarkt.

6.4 Arten von Orders

Es gibt verschiedene Arten von Orders, die über die Broking-Systeme der Devisen-Broker ausgeführt werden können. Natürlich kann auf dem aktuellen Kursniveau sofort ge- oder verkauft werden. Der Kunde ruft dazu den aktuellen Kurs durch einen Mausklick ab und kann sich innerhalb weniger Sekunden entscheiden, ob er zu diesem Kurs handeln will oder nicht. Nach wenigen Sekunden muss dann wieder ein neuer Kurs angefragt werden. Die Oder wird dann sofort ausgeführt, und der Kunde erhält innerhalb kurzer Zeit eine Bestätigung. Ebenso schnell erscheint der Trade auf dem Konto.

6.4.1 Orders mit Limit und Stop-Loss

Es gibt allerdings noch „intelligentere" Möglichkeiten zu traden: So kann zum Beispiel eine Limit-Order aufgegeben werden, die dann zur Ausführung gelangt, wenn das Kauf- oder Verkaufslimit erreicht wird.

Beispiel: EUR/USD steht aktuell bei 1,3050 USD. Ist man der Meinung, dass der Wechselkurs noch bis auf 1,3010 USD fallen und anschließend wieder steigen wird, so kann man ein Kauflimit bei 1,3010 USD aufgeben. Das Limit wird automatisch überwacht und ausgeführt, und zwar 24 Stunden am Tag. Solche limitierten Orders können entweder tagesgültig aufgegeben werden („good for the day"), oder sie bleiben gültig, bis sie wieder gelöscht werden („good till cancelled").

Daneben sind so genannte Stop-Buy-Orders möglich. Diese gelangen dann zur Ausführung, wenn ein bestimmtes Kursniveau überschritten wird. Beispiel: EUR/USD steht aktuell bei 1,3050 USD. Man ist der Meinung, dass es zu einem starken Kursanstieg kommt, wenn der „wichtige Widerstand" bei 1,3080 USD überwunden wird. Erst dann will man long gehen. In diesem Fall kann man ein Stop-Buy-Limit von 1,3085 USD aufgegeben. Die Long-Position wird dann automatisch eröffnet, wenn der Wechselkurs über 1,3085 USD steigt.

Die häufigste Anwendung für Stop-Buy-Limits ist jedoch die Absicherung bestehender Positionen. Man spricht in diesem Fall auch von Stop-Loss-Limits. Jeden Trade sollte man mit einem solchen Stop-Loss-, beziehungsweise Stop-Buy-Limit absichern, um den möglichen Verlust zu begrenzen, falls die Spekulation nicht aufgeht. In Kapitel 8 gehen wir ausführlich darauf ein, wie Positionen durch Stop-Loss-Marken sinnvoll abgesichert werden können.

In unserem Beispiel: EUR/USD steht aktuell bei 1,3050 USD. Man erwartet einen Kursanstieg und eröffnet daher eine Long-Position. Der maximal mögliche Verlust, den man zu tragen bereit ist, sind 50 Pips. Man gibt daher nach dem Eröffnen der Long-Position eine Order in gleicher Höhe auf mit einem Stop-Buy-Limit, (Stop-Loss) das bei einem Kursrückgang unter 1,3000 USD greift. Die Position wird dann automatisch glattgestellt, wenn die Spekulation nicht aufgeht, der Wechselkurs sich nicht wie erwartet entwickelt und EUR/USD unter 1,3000 USD fällt.

Das Setzen von Stop-Buy-Limits zum Schließen bestehender Positionen eignet sich im Übrigen nicht nur zur Begrenzung möglicher Verluste, sondern auch zur Sicherung aufgelaufener Gewinne. Steigt EUR/USD in unserem Beispiel auf 1,3150 USD, dann kann das Stop-Buy-Limit als Stop-Loss zum Beispiel auf 1,3100 USD angehoben werden. In diesem Fall hat man schon mal einen Teil des Gewinns aus diesem Trade gesichert, falls EUR/USD wieder fallen sollte. Das kontinuierliche Nachziehen einer Stop–Loss–Marke nennt man im Übrigen auch „Trailing Stop–Loss“.

Natürlich besteht auch die Möglichkeit, Gewinne aus einem Trade durch eine Order mit Limit mitzunehmen. In unserem Beispiel gehen wir davon aus, dass EUR/USD nur bis zur Marke von 1,3150 USD steigen und anschließend wieder fallen wird. Daher bietet es sich an, bei diesem „Kursziel“ auch den Gewinn mitzunehmen. Erreichen kann man dies, indem man eine Order zum Verkauf von EUR/USD mit Limit 1,3150 USD aufgibt. Die Order wird dann automatisch ausgeführt und der Gewinn realisiert, wenn das Kursziel erreicht ist. Man spricht hier auch von einer „Take Profit Order“.

6.4.2 Kombinierte Orders

Im Gegensatz zum Ordern an der Börse ist bei Devisen–Brokern auch das bedingte Verknüpfen verschiedener Orders möglich. Dadurch wird das Money–Management deutlich erleichtert. So können zum Beispiel gleichzeitig eine Order mit Limit sowie eine Stop–Loss–Order für die gleiche Position aufgegeben werden. Beide Orders werden mit dem Zusatz „If Done“ verknüpft.

Das bedeutet: Sobald das Limit zum Eröffnen einer Position aufgeht, wird automatisch eine Stop–Loss–Order für diese Position am Markt platziert. Das bringt den Vorteil mit sich, dass man den Markt nicht ständig beobachten muss, um bei einem Aufgehen der limitierten Order diese Position mit einer Stop–Loss–Bedingung abzusichern.

Darüber hinaus ist auch das gleichzeitige Setzen einer Take–Profit–Order und einer Stop–Loss–Order möglich. Nach dem Eingehen der Long–Position auf EUR/USD bei 1,3050 USD in unserem Beispiel kann man daher gleichzeitig zum einen ein Verkaufslimit bei 1,3150 USD aufgeben, um den Gewinn mitzunehmen, falls die Spekulation aufgeht. Zum anderen kann man eine Stop–Loss–Order bei 1,3000 USD aufgeben, um den Verlust zu begrenzen, falls die Spekulation nicht erfolgreich ist. Beide Orders können mit dem Zusatz „One Cancelles The Other (OCO)“ versehen werden. Wird eine von beiden Orders ausgelöst, dann wird die andere automatisch gelöscht. Man spricht hier auch von einer Two–Way–Related–Order.

Schließlich ist auch die Kombination einer „If-Done-" sowie einer „One-Cancelles-The-Other-"Order möglich. Das Ganze wird dann als Three-Way-Related-Order bezeichnet. Das bedeutet: In einem Schritt wird eine komplette Handelsstrategie in eine einzige Order gepackt. Dabei wird ein Limit zum Eröffnen einer Position platziert. Sobald diese Position eröffnet wurde, werden gleichzeitig eine Take-Profit-Order sowie eine Stop-Loss-Order aufgegeben. Ist die Spekulation erfolgreich und das Kurziel wird erreicht, dann wird der Gewinn über die Take-Profit-Order automatisch mitgenommen. Schlägt die Spekulation fehl und der Markt entwickelt sich anders als erhofft, dann greift die Stop-Loss-Order zur Verlustbegrenzung (siehe Beispiel).

Erleichtert wird die Umsetzung von Two-Way- und Three-Way-Related Orders durch eigene Ordermasken.

Kombinierte Orders ermöglichen die einfache Umsetzung intelligenter Anlagestrategien.

6.5 Worauf ist bei der Kontoeröffnung zu achten?

Bei der Eröffnung eines Kontos kann in der Regel festgelegt werden, in welcher Währung dieses Konto geführt werden soll. Der Gewinn und Verlust abgeschlossener Transaktionen wird dann in diese Währung zurückgerechnet.

Darüber hinaus ist bei der Wahl des Devisen-Brokers darauf zu achten, dass dieser bei der Regulierungsbehörde seines Heimatlandes registriert ist, denn nur so ist die Sicherheit der Einlagen gewährt. Bei den großen Brokern ist dies jedoch kein Problem.

Da die meisten Devisen-Broker in den USA oder England beheimatet sind, lohnt sich ein genauerer Blick auf die dortigen Regulierungsbehörden: Broker mit Sitz in den USA sollten bei der Commodity Futures Trading Commission (CFTC) registriert und Mitglied der National Futures Association (NFA) sein. Britische Broker sollten bei der Financial Services Authority registriert sein.

Die Handelsbedingungen sind von Anbieter zu Anbieter verschieden. Was jedoch immer möglich ist, ist der sekundenschnelle Handel rund um die Uhr, von Montag bis Freitag. Käufe und Verkäufe werden sofort ausgeführt und ins Depot gebucht.

Darüber hinaus ist der Vergleich der Angebote der verschiedenen Broker jedoch schwierig, da es hier eine Vielzahl von Aspekten zu beachten gilt (siehe Tabelle 6.2). Letztlich muss jeder für sich selbst entscheiden, welcher Punkt für ihn der ausschlaggebende ist.

Das „harte" Vergleichskriterium sind sicherlich die Kosten je Trade. Da die meisten Broker nur den Spread als Gebühr verlangen, kommt diesem die größte Bedeutung zu. Allerdings verlangen manche Broker auch bei kleinen Positionsgrößen, zum Beispiel den Mini-Lots, eine zusätzliche Gebühr.

Wichtig: Der Spread kann aber nicht nur von Broker zu Broker variieren, sondern auch von Währungspaar zu Währungspaar. Am geringsten ist der Spread bei den so genannten Major Pairings EUR/USD, USD/CHF, GBP/USD und USD/JPY, weshalb diese Wechselkurse sich auch am besten für kurzfristige Spekulationsgeschäfte eignen. Je exotischer die Währung ist und je geringer die Liquidität in dem betreffenden Wechselkurs ist, umso größer ist der Spread. Die Wechselkurse des Euros oder des US-Dollars gegenüber den Währungen von Emerging Markets, wie zum Beispiel dem Südafrikanischen Rand oder dem Ungarischen Forint, eignen sich daher nur bedingt zum Trading.

Ein Vergleich der verschiedenen Broker anhand der von ihnen gestellten Spreads sollte also zuerst die „Major Pairings" berücksichtigen und anschließend die weiteren Wechselkurse. Bei den Hauptwechselkursen wie EUR/USD ist inzwischen ein Spread von drei bis fünf Pips üblich.

Ebenso wichtig wie die Kosten sind aber auch die „weichen Kriterien", nämlich Service und Support. Die Qualität des Angebots und des Service lässt sich am besten überprüfen, wenn man sich vor der tatsächlichen Kontoeröffnung zu Testzwecken ein Demokonto einrichten lässt. Die meisten Devisen-Broker bieten diese Möglichkeit an. Zudem sollte man in dieser Phase auch den persönlichen Kontakt suchen, um einen Eindruck vom Service zu bekommen.

Technische Voraussetzungen für das Traden sind ein leistungsfähiger PC und ein stabiler und schneller Internetzugang. Zwar bieten die

Devisen–Broker Chart–Tools mit an (Realtime–Kurse sind selbstverständlich), wer aber hochwertigere Analyseverfahren einsetzen will, der muss auf ein zusätzliches Chartprogramm zurückgreifen.

DIE KOSTEN SOLLTEN NUR EIN ASPEKT BEI DER AUSWAHL DES RICHTIGEN DEVISEN–BROKERS SEIN. EBENSO WICHTIG IST DIE QUALITÄT DES SERVICES.

- Ist der Broker bei den jeweiligen Regulierungsbehörden registriert?
- Wie hoch sind die verlangten Spreads für die unterschiedlichen Wechselkurse?
- Welche Mindesteinlage wird bei der Kontoeröffnung verlangt?
- Wie hoch ist die Margin bei den einzelnen Trades?
- Ist der Handel mit Mini–Lots möglich oder können die Positionsgrößen sogar variabel gewählt werden?
- Fallen neben den Spreads weitere Gebühren an, zum Beispiel beim Handel mit kleinen Positionsgrößen?
- Welche Währungspaare stehen für das Trading zur Verfügung?
- Ist beim Telefonhandel schnell jemand erreichbar? (kann bei Ausfall des Computerhandels wichtig werden)
- Bietet der Devisen–Broker noch weitere Möglichkeiten an, zum Beispiel den Handel mit Aktien, Futures oder CFDs (Contracts for Difference)?
- Wie gut ist die Qualität von Service und Support?
- Gibt es einen deutschsprachigen Support?
- Ist zu meinen üblichen Handelszeiten jemand erreichbar? (wichtig zum Beispiel bei US–amerikanischen Brokern)
- Entstehen Kosten durch Auslandsüberweisungen?
- Welche Informationen und Features bietet der Broker über den reinen Handel hinaus noch an? (Charts mit Analyse–Tools, Newsdienste, Research, Informationen für Einsteiger etc.)

Tab. 6.2: Was bei der Wahl des Devisen–Brokers zu beachten ist

7. Devisenspekulation mit Derivaten

Bevor auf den folgenden Seiten Begriffe wie implizite Volatilität, theoretischer Hebel oder Bewertungskennzahlen wie das Delta erläutert werden, soll an dieser Stelle die These aufgestellt werden: Mit Optionsscheinen und Turbozertifikaten kann jeder handeln!

Auch wenn das Kauderwelsch der Fachleute gelegentlich den Eindruck erweckt, man müsste zuvor ein entsprechendes Studium mit dem Abschluss „Optionsscheinhändler" ablegen. Wichtiger, als mit jedem Fachbegriff etwas anfangen zu können, ja sogar wichtiger als die zur Bewertung von Optionsscheinen und Turbozertifikaten notwendigen Kennzahlen sind allerdings einfache Verhaltensregeln. Wer daher Folgendes bei der Auswahl von Derivaten beachtet, umgeht bereits die meisten der üblichen Fehler. Für weitere Erläuterungen hierzu sei im Übrigen auf Kapitel 8 verwiesen.

7.1 Goldene Regeln

Keinesfalls sollte man bei Optionsscheinen (englisch: Warrants) oder Turbozertifikaten, die ins Minus gerutscht sind, irgendwann zu der fatalistischen Einschätzung übergehen: „Die lass ich jetzt liegen". Das ist bei Aktien schon falsch, kann sich aber bei Optionsscheinen oder Turbozertifikaten als fatal erweisen.

Da die Laufzeit eines Optionsscheins begrenzt ist, nagt der Zeitwertverlust – ohne dass sich der Kurs des Basiswertes bewegen muss – am Wert des Optionsscheins – unaufhaltsam. Und das umso schneller, je näher das Laufzeitende rückt.

Bei den Turbozertifikaten, auch Knock-out-Optionsscheine genannt, spielt der Zeitwertverlust zwar keine Rolle. Dafür besteht die Gefahr des Totalverlustes, wenn der Preis des Basiswertes (Underlyings) unter (Call) oder über (Put) die Knock-out-Schwelle fällt (steigt).

Noch wichtiger als bei Aktienkäufen ist daher die Fähigkeit, von einer einmal gefassten Meinung abrücken zu können, wenn sie sich als unzutreffend erwiesen hat, und den entsprechenden Schein notfalls auch mit Verlust wieder zu verkaufen. Denn merke: Nur wer seine Verluste begrenzt und seine Gewinne laufen lässt, wird auf Dauer als Trader Erfolg haben.

Ganz entscheidend ist es daher, sich im Voraus genau über den Grund des eigenen Engagements klar zu werden und entsprechende Verhaltensregeln festzulegen. Das kann dann etwa so aussehen: „Ich erwarte, dass EUR/USD in den nächsten vier Wochen bis an seinen charttechnischen Widerstand bei 1,3660 USD steigt. Fällt EUR/USD jedoch in dieser Zeit unter 1,3100 USD, bin ich nicht mehr positiv gestimmt und rechne mit einem weiteren Kursrückgang."

Für diese exakte Erwartung kann man nun den besten Optionsschein oder das beste Turbozertifikat aussuchen. Sollte allerdings die Marke von 3.200 Punkten unterschritten werden, dann ist es zur Begrenzung weiterer Verluste sinnvoll, den Schein wieder zu verkaufen. Man spricht hier von einem Stop-Loss-Verkauf. Aber auch wenn der EUR/USD in den nächsten vier Wochen weniger steigt als erwartet oder sich nur seitwärts bewegt, hat die Annahme nicht zugetroffen, und das Derivat sollte wieder verkauft werden.

Verluste gehören zur Spekulation mit Derivaten dazu. Die große Kunst ist es aber, sie rechtzeitig zu realisieren. Das Handwerkszeug dabei: Stop-Loss-Marken unter charttechnischen Aspekten. Beim Derivatehandel ist der Umgang mit Stop-Loss-Marken noch wichtiger, aber auch noch schwieriger als bei Aktien. Die Gefahr ist hier größer, durch zu eng gesetzte Stopps ausgebremst zu werden – das gilt insbesondere bei stark schwankenden Basiswerten. Steigt der Kurs des Optionsscheins oder Turbozertifikats, wird die Stop-Marke sukzessive nachgezogen, sodass in jedem Fall ein Teil der Gewinne gesichert ist.

Im schlimmsten Fall befindet sich ein Schein dann doch weit aus dem Geld und nähert sich dem Laufzeitende. Die meisten Emissionshäuser (Herausgeber von Optionsscheinen und Turbozertifikaten) nehmen diese wertlosen Warrants zu einem mehr oder weniger symbolischen Preis von mittlerweile 0,001 Euro zurück. Die Emittenten zahlen für eigentlich wertlose Papiere deshalb einen Kulanzbetrag, damit der Anleger seine Verluste in jedem Fall steuerwirksam verrechnen kann.

Die Kurse von Optionsscheinen und Turbozertifikaten schwanken naturgemäß stärker als die entsprechenden Underlyings. Noch mehr als beim Aktienkauf sollten daher beim Erwerb von Warrants unbedingt Limits gesetzt werden.

Ordert man nicht über die Börse, sondern direkt beim Emittenten – die meisten Discount-Broker bieten dies an –, dann kennt man zwar bereits bei der Erteilung des Kaufauftrags den Ausführungspreis, muss aber natürlich dennoch wissen, ob man zu dem angezeigten Kurs kaufen will oder nicht.

Im Übrigen kommt es immer wieder vor, dass unerfahrene Anleger Optionsscheine kaufen, deren Basispreis meilenweit vom aktuellen Kurs der Aktie oder des Underlyings, auf dessen weitere Entwicklung spekuliert wird, entfernt ist. Ohne an dieser Stelle im Detail auf die richtige Optionsscheinwahl eingehen zu wollen, soll doch die einfache Verhaltensregel aufgestellt werden, bei Optionsscheinkäufen zu Basispreisen in der Nähe des aktuellen Kurses des Spekulationsobjektes zu greifen.

Generell gilt nämlich: Je weiter der Kurs des Basiswertes unter (über) dem Bezugspreis liegt, desto riskanter ist der jeweilige Call (Put). Auf Turbozertifikate bezogen bedeutet dies, dass entsprechend Scheine ausgewählt werden sollten, deren Knock-out-Schwelle einen gewissen Sicherheitsabstand zum aktuellen Kurs des Underlyings aufweist.

Die Beachtung einfacher Verhaltensregeln ist eine wichtige Voraussetzung für die erfolgreiche Spekulation mit Derivaten.

Termingeschäftsfähigkeit

Optionsscheine und Turbozertifikate können von jedermann gekauft werden, aus Haftungsgründen setzen Banken lediglich die „Termingeschäftsfähigkeit" voraus. Hierzu muss der Anleger über die Verlustrisiken bei Börsentermingeschäften aufgeklärt werden. In der Regel erfolgt dies durch die Unterschrift auf dem Informationsblatt „Wichtige Informationen über Verlustrisiken bei Börsentermingeschäften". Neben der Termingeschäftsfähigkeit ist auch die Zuordnung zur entsprechenden Risikoklasse notwendig. Hierzu muss der Anleger entsprechendes Wissen nachweisen. Außerdem sollten die finanziellen Verhältnisse auch das Verkraften eines Totalverlustes erlauben.

7.2 Praxis des Derivatehandels

Optionsscheine und Turbozertifikate sind komplizierter als Aktien. Entsprechend mehr Zeit sollte auch in die Beschaffung von Informationen investiert werden. Aber der Aufwand lohnt sich!

Genau wie Aktien sind auch Optionsscheine und Turbozertifikate Wertpapiere. Entsprechend sind die mit ihnen verbundenen Rechte und Pflichten verbrieft. Nur Finanzinstitute, die bestimmte Voraussetzungen erfüllen, sind daher berechtigt, Optionsscheine und Turbozertifikate zu begeben, also zu emittieren. Die Emittenten verdienen bei diesem Geschäft den so genannten Spread, das heißt die Differenz zwischen An- und Verkaufskurs, auch Geld- und Briefkurs genannt. Mit anderen Worten: Die Emittenten sind an hohen Umsätzen interessiert, die Kursentwicklung spielt für ihre Einnahmen direkt keine Rolle.

Als Wertpapiere besitzen Optionsscheine und Turbozertifikate die Börsenzulassung und können damit an den Wertpapierbörsen gehandelt werden. In den letzten Jahren hat vor allem die Stuttgarter Optionsscheinbörse (EUWAX – European Warrant Exchange) den Markt für Warrants aufgerollt und verfügt inzwischen über einen Marktanteil von rund 85 Prozent in Deutschland. Optionsscheine und Turbozertifikate können dort börsentäglich von 9.00 bis 20.00 Uhr nach dem „Best Size And Best Price"-Prinzip gehandelt werden, das heißt, es wird die Ausführung jeder Order zum jeweils bestmöglichen Preis garantiert.

Auch Frankfurt hat das Potenzial des Derivatemarktes erkannt und mit „Smart Trading" ein Handelssegment ähnlich der Stuttgarter EUWAX eingerichtet.

Beim Handel an der Börse muss man glücklicherweise nicht darauf vertrauen, einen anderen Privatanleger zu finden, der genau diese Stückzahl zum gleichen Preis kaufen oder verkaufen will. Die Emittenten stellen nämlich als so genannte Market Maker auch für den Börsenhandel laufend Kauf- und Verkaufskurse und sichern damit einen liquiden Handel in ihren Optionsscheinen und Turbozertifikaten.

Aber auch der Handel direkt mit den Emittenten ist über verschiedene elektronische Handelssysteme möglich. Die meisten Discount-Broker sind an diese elektronischen Systeme angeschlossen, sodass über diese ein direkter Handel mit einzelnen Emittenten möglich ist. Die Vorteile:

Man erfährt sofort den Kurs, zu dem man kaufen oder verkaufen kann, man ist nicht an die Handelszeiten der Börse gebunden, und man spart die Maklercourtage der Börse.

Kursinformationen sind natürlich über den jeweiligen Emittenten zu bekommen. Aber auch die Börsen stellen Kursinformationen in der Regel 15 Minuten zeitverzögert kostenlos zur Verfügung. Daneben gibt es verschiedene Internetportale, unter denen trotz mancher Mängel vor allem OnVista.de aufgrund der dort verfügbaren berechneten Kennzahlen, der Auswahl-Tools sowie der mit Hilfe des Optionsscheinrechners möglichen Szenarioanalyse hervorzuheben ist. Realtime-Kurse und Charts der als Underlyings dienenden Wechselkurse sind zum Beispiel unter www.devisen-trader.de zu finden.

Der interessierte Anleger sollte sich durchaus einmal die Mühe machen, verschiedene Optionsscheine auf einen bestimmten Basiswert hinsichtlich ihrer voraussichtlichen Kursentwicklung bei einer bestimmten Veränderung des Underlyings durchzurechnen. Denn schließlich macht nur die Übung den Meister der richtigen Optionsscheinwahl. Auch manche Emittenten verfügen in ihrem Internetangebot über einen Optionsscheinrechner.

Nach diesen Erläuterungen zur Praxis des Derivatehandels soll im Folgenden auf die Preisbildung bei Optionsscheinen sowie auf die für die Auswahl notwendigen Kennzahlen eingegangen werden.

DIE EMITTENTEN STELLEN ALS MARKET MAKER DEN LIQUIDEN HANDEL MIT OPTIONSSCHEINEN UND HEBELZERTIFIKATEN SICHER.

DIE BEDEUTUNG DES SPREADS

Wer Optionsscheine oder Turbozertifikate handelt, muss zwei Arten von Kursen unterscheiden: Beim Kauf ist der so genannte Briefkurs relevant, beim Verkauf der Geldkurs. Die Differenz zwischen Briefkurs und Geldkurs wird Spread genannt. Je kleiner diese Geld-Brief-Spanne, umso vorteilhafter ist dies für den Anleger: Um einen Gewinn zu erzielen, muss der Geldkurs, zu dem verkaufen wird, höher liegen als der Briefkurs, zu dem gekauft wurde. Dies wird umso eher erreicht, je kleiner die Spanne – also der Abstand von Geld- und Briefkurs – ist.

Beim Vergleich der Geld–Brief–Spannen von Optionsscheinen und Turbozertifikaten ist das Bezugsverhältnis zu beachten. Nur wenn die beobachteten Scheine dasselbe Bezugsverhältnis aufweisen, ist der Vergleich aussagekräftig. Oftmals wird der Preis deshalb homogenisiert, also auf eine Einheit des Basiswertes hochgerechnet, um Optionsscheine und Turbozertifikate mit unterschiedlicher Ausstattung bezüglich des Spreads zu vergleichen (siehe Tabelle 7.1).

Bezugsverhältnis	Geldkurs	Briefkurs	Spread absolut	Spread homogenisiert
1,0 (oder 1:1)	25,00	26,00	1,00	1,00 x 1 = 1,00
0,1 (oder 1:10)	2,50	2,60	0,10	0,10 x 10 = 1,00
0,01 (oder 1:100)	0,25	0,26	0,01	0,01 x 100 = 1,00
(alle Angaben in Euro)				

Tab. 7.1: Spread und homogenisierter Spread

7.3 Optionsscheine

7.3.1 Wie funktionieren Optionsscheine?

Optionsscheine (engl.: Warrants) sind börsennotierte Wertpapiere, die ein bestimmtes Recht, nicht jedoch eine Pflicht verbriefen. Dieses Recht besteht im Allgemeinen darin, ein bestimmtes Basisinstrument – auch als Basiswert, Basisobjekt oder Underlying bezeichnet – zu einem bestimmten Preis in einem festgelegtem Verhältnis (Bezugsverhältnis, Ratio) innerhalb oder am Ende einer festgelegten Frist (Laufzeit) kaufen (Kaufoptionsschein, Call) oder verkaufen (Verkaufsoptionsschein, Put) zu können.

Dabei setzt natürlich weder der Besitz eines Calls noch der eines Puts den physischen Besitz des jeweiligen Basisobjektes (zum Beispiel der Aktie) voraus. Im Gegensatz zu anderen Termingeschäften (zum Beispiel Futures) hat der Käufer des Optionsscheins zudem die Wahl, ob er sein Recht ausüben möchte oder nicht.

Diese Definition verdeutlicht bereits den Unterschied zu anderen Derivaten. Optionsscheine werden nicht etwa wie Optionen oder Futures an einer Terminbörse (zum Beispiel der DTB) gehandelt und sind deswegen auch nicht standardisiert. An den Terminbörsen existieren nämlich immer nur festgelegte Laufzeiten und Basispreise. Optionsscheine können dagegen beliebig ausgestattet werden.

Ein wichtiges Unterscheidungsmerkmal ist ferner, dass Optionsscheine ein Recht und keine Pflicht (wie zum Beispiel Futures) beinhalten. Der Käufer des Warrants entscheidet, wann er sein Recht ausübt. Hieraus ergibt sich auch das asymmetrische Chance–Risiko–Verhältnis bei Optionsscheinen: Im schlimmsten Fall verliert der Anleger seine gezahlte Optionsprämie, muss jedoch keinen Nachschuss leisten. Auf der anderen Seite ist seine Chance – zumindest theoretisch – unbegrenzt.

7.3.2 Kategorien und Basisdaten

Die Optionsscheine werden in zwei Kategorien, Kaufoptionsscheine (= Call) und Verkaufsoptionsscheine (= Put), unterteilt. Jeder Kaufoptionsschein berechtigt zum Bezug einer bestimmten Anzahl eines Basiswertes zu einem festgelegten Basispreis innerhalb einer bestimmten Laufzeit. Jeder Verkaufsoptionsschein berechtigt zum Verkauf einer bestimmten Anzahl eines Basiswertes zu einem festgelegten Basispreis innerhalb einer bestimmten Laufzeit.

Daneben gibt es die Kategorisierung in amerikanische und europäische Optionsscheine. Entgegen einer ersten Vermutung aufgrund der Namensgebung besteht der Unterschied zwischen beiden Optionsscheintypen nicht in der „Herkunft“ des jeweiligen Optionsscheins, sondern er bezieht sich auf den möglichen Ausübungszeitpunkt des Optionsscheins: Amerikanische Optionsscheine (American Style) sind jederzeit während der Laufzeit des Optionsscheins ausübbar. Man spricht in diesem Zusammenhang von einer Ausübungsfrist. Europäische Optionsscheine (European Style) dürfen nur am Ende (letzter Tag) der Laufzeit des Optionsscheins ausgeübt werden. Man spricht in diesem Zusammenhang vom Ausübungstag.

Bei identischer Ausstattung zweier Optionsscheine, die sich lediglich hinsichtlich des Optionsrechts (amerikanisch oder europäisch) unterscheiden, liegt der Preis für den amerikanischen Optionsschein bei einem effizienten Markt immer geringfügig über dem des europäischen Optionsscheins, da das Recht auf vorzeitige Ausübung einen zusätzlichen Wert darstellt, der entsprechend bewertet wird.

Unter den Basisdaten versteht man alle Daten, die sich aus den Emissionsbedingungen des Optionsscheins ergeben. Diese sind für die Dauer der Laufzeit des Optionsscheins fest definiert und normalerweise nicht veränderbar.

Als Basiswert oder Basisobjekt eines Optionsscheins bezeichnet man das mit diesem Optionsschein zu beziehende Element. Man spricht hier auch synonym vom „Underlying“ (zum Beispiel EUR/USD). Die Laufzeit eines Optionsscheins zeigt an, bis zu welchem Zeitpunkt (amerikanischer Optionsschein) beziehungsweise an welchem Tag (europäischer Optionsschein) das Optionsrecht ausgeübt werden darf.

Das Bezugsverhältnis gibt an, wie viele Stücke des Underlyings oder welcher Bruchteil des Underlyings mit einem Optionsschein bezogen werden kann. Ein Bezugsverhältnis von 100 bedeutet somit, dass mit einem Optionsschein 100 Einheiten des Bezugsobjekts bezogen werden dürfen. Ein Bezugsverhältnis von 0,2 zeigt an, dass ein Optionsschein nur zum Bezug von 0,2 Einheiten (einem Fünftel) berechtigt. Um also eine Einheit des Basiswertes zu beziehen, wären in diesem Falle fünf Optionsscheine notwendig. Optionsscheine auf Wechselkurse verfügen in der Regel über ein Bezugsverhältnis von 100.

Der Basispreis definiert den Kurs, zu dem das Underlying gekauft (Call) oder verkauft (Put) werden kann. Synonym wird auch die Bezeichnung Strike verwendet. Das Verhältnis von Basispreis und Optionsscheinpreis ist einfach nachvollziehbar: Je weiter der Börsenkurs des Basiswertes bei einem Call-Optionsschein den Basispreis des Optionsscheines unterschreitet, umso weniger ist dieser Optionsschein wert, da die Wahrscheinlichkeit, die Option mit Gewinn ausüben zu können, sinkt.

Bei Put-Optionsscheinen verhält es sich genau umgekehrt: Je höher der Börsenkurs des Basiswertes über dem Basispreis des Optionsscheines liegt, umso weniger ist der Put-Warrant wert.

– Basiswert – Laufzeit – Bezugsverhältnis – Basispreis
Die Basisdaten werden bei Emission des Optionsscheins vom Emittenten festgelegt und können in der Regel nicht geändert werden.

Tab. 7.2: Die Basisdaten eines Optionsscheins

7.3.3 Was beeinflusst den Optionsscheinpreis?

Der Optionsschein besteht aus mehreren Komponenten, die den Preis der Option beeinflussen. Es sind dies der laufzeitunabhängige innere Wert und der laufzeitabhängige Zeitwert. Als Maß für die Schwankungsbreite des Underlyings und weiterer Einflussfaktoren auf den Optionsscheinpreis gilt zudem die Volatilität.

Optionsscheinpreis = innerer Wert + Zeitwert
oder
Zeitwert = Optionsscheinpreis – innerer Wert

Als innerer Wert oder synonym Parität wird derjenige Teil einer Option bezeichnet, der bei einer Ausübung zum jetzigen Zeitpunkt erzielt werden kann. Nicht immer macht eine Ausübung jedoch Sinn. Befindet sich ein Optionsschein „aus dem Geld", so heißt dies, dass der innere Wert negativ ist (siehe Kapitel 5.4). Eine Ausübung wäre dann nicht sinnvoll, da das Underlying am Kassamarkt billiger gekauft werden könnte. Bei einem Optionsschein, der sich „am Geld" befindet, entspricht der Basispreis dem Kurs des Underlyings. Der innere Wert liegt in diesem Falle bei etwa Null. Wenn eine Ausübung des Optionsscheines eine positive Auszahlung ergäbe, so befindet sich der Warrant „im Geld", was gleichbedeutend mit einem positiven inneren Wert ist. Das Verhalten des inneren Wertes ist in Tab. 7.3 nochmals zusammengefasst.

Da es keinen Zwang zur Ausübung eines Optionsrechtes gibt, kann der innere Wert nie kleiner als Null sein.

Unterschiede gibt es in der Praxis auch noch aufgrund der Art des Optionsrechtes. Bei amerikanischen Optionen ist die Ausübung jederzeit möglich, es gilt der oben aufgeführte Regelsatz. Bei europäischen

Optionen dagegen existiert ein innerer Wert nur rein rechnerisch, da das Optionsrecht nur am Ende der Laufzeit ausgeübt werden kann.

Neben dem inneren Wert weist ein Optionsschein einen Zeitwert auf, der von der Restlaufzeit des Warrants abhängt.

Es wird deutlich, dass der Zeitwert dem über dem inneren Wert einer Option gezahlten Aufschlag entspricht (siehe Abb. 7.1). Der Zeitwert nimmt mit abnehmender Restlaufzeit des Optionsscheines ab (siehe Abb. 7.2). Auch wenn der Kurs des Underlyings sich nicht verändert, erleidet ein Standard–Optionsschein im Zeitablauf also einen Wertverlust. Am Laufzeitende schließlich besteht der Optionsscheinpreis nur noch aus dem inneren Wert. Während am Beginn der Laufzeit der Zeitwertverlust relativ gering ist, setzt gegen Laufzeitende ein rapider Zeitwertverfall ein.

Der Zeitwert einer Option wird von den Marktteilnehmern unter Zuhilfenahme optionspreistheoretischer Modelle und statistischer Daten ermittelt. Die Einflussfaktoren auf den Zeitwert, die in diesen Modellen berücksichtigt werden, sind die Volatilität des Underlyings, die Restlaufzeit des Optionsscheines, der am Geldmarkt erzielbare risikolose Zinssatz und der Optionstyp (amerikanisch oder europäisch).

DER PREIS EINES OPTIONSSCHEINS SETZT SICH AUS DEM INNEREN WERT UND DEM ZEITWERT ZUSAMMEN.

	Innerer Wert bei Call–Optionsscheinen	Innerer Wert bei Put–Optionsscheinen
UL–Kurs > Bezugskurs	(UL–Kurs – BK) / BV („im Geld“)	0 („aus dem Geld“)
UL–Kurs ≈ Bezugskurs	≈ 0 („am Geld“)	≈ 0 („am Geld“)
UL–Kurs < Bezugskurs	0 („aus dem Geld“)	BK – UL–Kurs) / BV („im Geld“)
BK = Bezugskurs, BV = Bezugsverhältnis, UL = Underlying		

Tab. 7.3: Der innere Wert bei Optionsscheinen

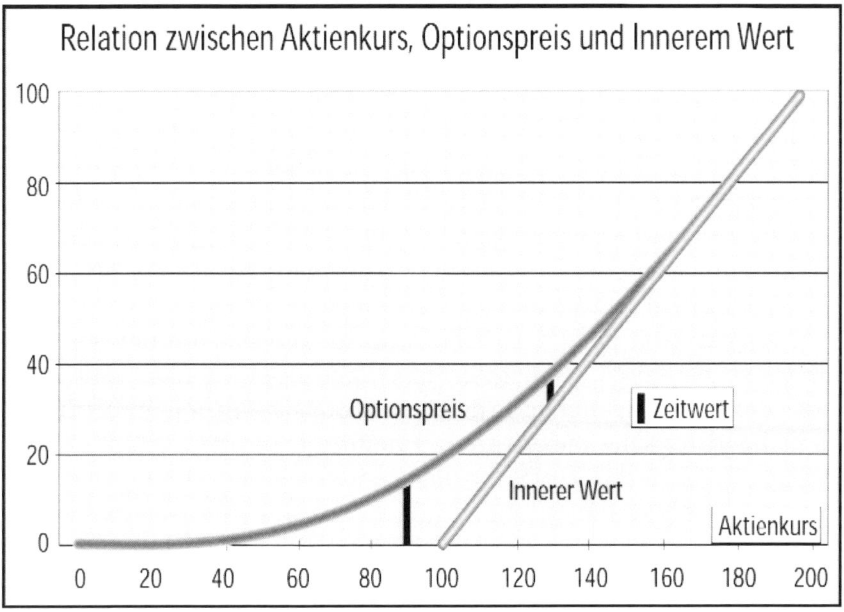

Abb. 7.1: Optionspreis und innerer Wert

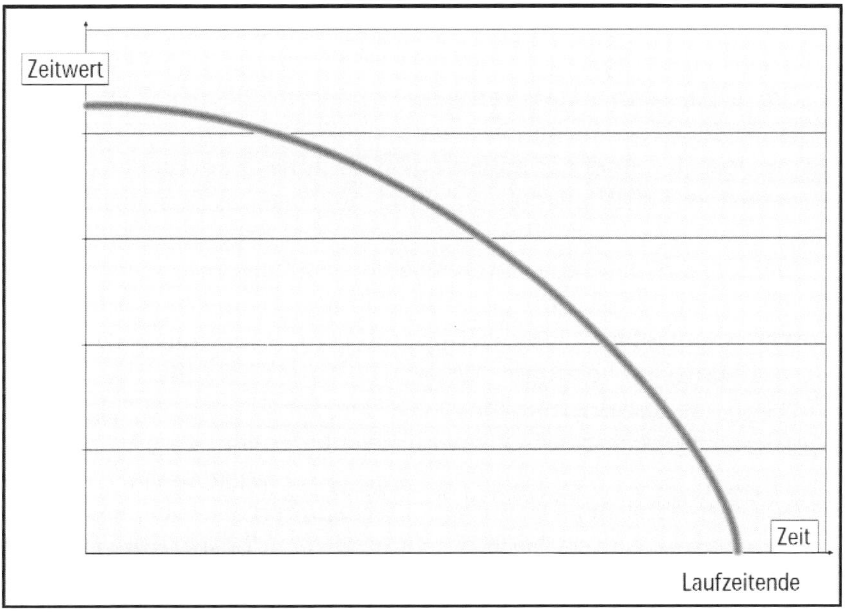

Abb. 7.2: Die Entwicklung des Zeitwerts

7.3.4 Die Bedeutung der Volatilität

Die Volatilität ist ein Maß für die Breite der Kursschwankungen, denen das Underlying unterworfen ist. Mittels statistischer Verfahren wird eine annualisierte, das heißt auf ein Jahr hochgerechnete Volatilität (oder Standardabweichung) bestimmt. Hierzu werden jedoch nicht die absoluten Kursveränderungen verwendet, sondern es werden die Schwankungsbreiten von logarithmisierten Kursrenditen zur Berechnung herangezogen. Hierbei ist es unerheblich, in welche Richtung das Basisinstrument schwankt.

Die Volatilität ist also eine Prozentzahl, die sich auf den Kurs des Underlyings bezieht. Sie dient in erster Linie als Maßzahl für die Risikohöhe des Basisinstruments. In der Optionspreisbewertung unterscheidet man die historische, die erwartete zukünftige und die implizite Volatilität.

Als Grundlage für die Einschätzung der zukünftigen Kursentwicklung werden Vergangenheitsdaten herangezogen. Berechnet man zum Beispiel die Volatilität aus den Kursen der letzten 250 Börsentage (= ein Jahr), so spricht man auch von der historischen Volatilität. Aufgrund der Vergangenheitsbezogenheit ist die historische Volatilität jedoch nur bedingt aussagekräftig für die Optionspreisbewertung.

Um die Chancen und Risiken eines Optionsscheines genau abschätzen zu können, ist es notwendig, die erwartete zukünftige Volatilität zu kennen. Da dies jedoch immer nur näherungsweise durch Schätzungen möglich ist, verbleiben Unsicherheiten aufgrund möglicher falscher Einschätzungen.

In der Praxis dient die historische Volatilität als Orientierungshilfe für die erwartete zukünftige Volatilität. Käufer und Verkäufer eines Optionsscheines handeln einen Optionsschein auf Grundlage der erwarteten zukünftigen Volatilität. Sinkt die erwartete Volatilität des Underlyings, so hat dies einen sinkenden Optionsscheinpreis zur Folge, ohne dass der Kurs des Basisinstruments sich verändern muss.

Wie eben dargestellt, ist im Optionsscheinpreis also eine Volatilitätskomponente enthalten. Diese kann nun über optionspreistheoretische Modelle ermittelt werden. Man spricht in diesem Zusammenhang von der impliziten, das heißt der gegenwärtig im Optionsscheinpreis enthaltenen Volatilität. Mit Hilfe der impliziten Volatilität ist es möglich, verschiedene Optionsscheine miteinander zu vergleichen.

Bei der historischen Volatilität sollte ein der Restlaufzeit entsprechender Berechnungszeitraum verwendet werden. Denn: Fallen der Berechnungszeitraum für die Volatilität und die Restlaufzeit des Optionsscheines zu weit auseinander, so sinkt die Aussagekraft bei Vergleichen der historischen mit der impliziten Volatilität unter Umständen sehr stark.

Liegt nun die implizite Volatilität über der historischen Volatilität, so heißt dies im Allgemeinen, dass der Optionsschein in Relation zu einem aus der Optionspreistheorie abgeleiteten theoretischen („fairen") Wert zu teuer ist. Diese Aussage kann jedoch nicht verallgemeinert werden.

Zum einen ist ein theoretischer Preis für einen Optionsschein immer den Modellannahmen des verwendeten Optionspreismodells unterworfen, welche die Realität mehr oder weniger stark einschränken. Zum anderen weist eine höhere implizite Volatilität auf die Risikoeinschätzung der Marktteilnehmer hin, die eine größere zukünftige Schwankungsbreite des Basisinstrumentes erwarten lässt. Diese muss der Optionsscheinkäufer dem Emittenten bezahlen, da er in diesem Falle eine größere Chance hat, dass sich der Optionsschein ins Geld bewegt.

Es ist jedoch möglich, vergleichbar ausgestaltete Optionsscheine auf den gleichen Basiswert anhand der impliziten Volatilität unabhängig von der Restlaufzeit und von der Relation des Underlying-Kurses zum Basispreis zu vergleichen.

Vergleichbar ausgestaltete Optionsscheine auf dasselbe Underlying können anhand der impliziten Volatilität miteinander verglichen werden.

	Einflussfaktor	Call-OS	Put-OS
Underlying-Kurs	▲	▲	▼
	▼	▼	▲
Basispreis des OS	▲	▼	▲
	▼	▲	▼
Restlaufzeit	▲	▲	▲
	▼	▼	▼
Volatilität	▲	▲	▲
	▼	▼	▼
Risikoloser Zinssatz	▲	▲	▼
	▼	▼	▲
Zinsdifferenz	▲	▲	▼
	▼	▼	▲
(Dividenden und Kupons)	▲	▼	▲
	▼	▲	▼

Tab. 7.4: Einflussfaktoren auf den Preis von Devisenoptionsscheinen

Neben Größen wie dem Kurs des Underlyings, dem Basispreis des Optionsscheins sowie der Volatilität beeinflussen auch die Restlaufzeit und die Höhe des risikolosen Zinssatzes den Preis des Optionsscheins. In der Tabelle ist dargestellt, in welcher Weise dieser Einfluss wirkt. Eine Besonderheit bei Devisenoptionsscheinen: Hier müssen die Zinssätze der beiden beteiligten Währungen berücksichtigt werden. Die Zinsdifferenz (Swap-Satz) zwischen beiden Währungen ist damit ein weiterer Einflussfaktor. Dividenden und Kupons spielen bei Devisenoptionsscheinen selbstverständlich keine Rolle; sie sind aber aus Gründen der Vollständigkeit in der Tabelle mit aufgeführt.

7.3.5 Der Hebel als Kennzahl zur Bewertung von Optionsscheinen?

Zur Bewertung eines Optionsscheines wurde im Laufe der Zeit eine Vielzahl an Kennzahlen entwickelt. Diese lassen sich in zwei verschiedene Arten unterteilen: die statischen und die dynamischen Kennzahlen.

Um die Preise verschiedener Optionsscheine qualitativ beurteilen zu können, werden einerseits statische Kennzahlen wie Aufgeld (Agio) und Hebel herangezogen. Diese machen jedoch nur Optionsscheine mit ähnlicher Ausstattung (Laufzeit, Basispreis etc.) vergleichbar. Bei Vergleichen kann es zudem leicht zu Fehlinterpretationen kommen, da statische Kennzahlen zeitpunktbezogen berechnet werden. Statische Kennzahlen sind daher nur eingeschränkt aussagekräftig.

Im Gegensatz zu den statischen Kennzahlen erfassen dynamische Kennzahlen Veränderungen des Optionspreises in Abhängigkeit von Veränderungen bestimmter Einflussgrößen wie z. B. des Underlying–Kurses. Sie erlauben damit eine Prognose künftiger Preisentwicklungen bei Optionsscheinen.

Für eine ausführliche Darstellung der Optionsscheinkennzahlen sei auf die einschlägige Fachliteratur verwiesen. Im Folgenden sollen nur die Kennzahlen Hebel, theoretischer Hebel und Delta erläutert werden, da diese Kennzahlen bei der Auswahl des richtigen Optionsscheins eine große Rolle spielen.

Optionsscheine verdanken ihre große Beliebtheit bei spekulativen Anlegern ihrer Eigenschaft, bei im Vergleich zum Direktinvestment geringerem Kapitaleinsatz eine Hebelwirkung zu erzielen. Vielen Investoren ist die Bedeutung des Hebels (Gearing) jedoch nicht ganz klar, zumal in der Fachwelt und auch in der Literatur verschiedene Begriffe verwendet werden. Ist von einem Hebel, einem einfachen Hebel oder dem englischen Gearing die Rede, so ist folgender Quotient gemeint:

Hebel = (UL–Kurs x Bezugsverhältnis) / OS–Kurs

Beispiel:

EUR/USD Call
UL–Kurs=1,2940 USD, Bezugsverhältnis=100,00,
OS–Kurs=4,00 EUR

Hebel=(1,2940 USD x 100,00) / 4,00 EUR / 1,2940 USD = 27,90

Da im Beispiel die Währung des Underlyings nicht auf Euro lautet, muss zur Berechnung des Hebels noch eine Umrechnung zum aktuellen Wechselkurs erfolgen, indem der Quotient durch den aktuellen EUR/USD–Kurs (1,2940 USD) geteilt wird.

Die oft in der Literatur dargestellte Multiplikatorwirkung des Hebels wird von Laien jedoch oft missverstanden. In unserem ersten Beispiel könnte ein unbedarfter Leser den Eindruck gewinnen, dass der Optionsscheinkurs um 27,90 Prozent zulegen werde, wenn der Euro STOXX 50 um ein Prozent steigen würde. Eine derartige quantitative Aussage ist mit Hilfe des einfachen Hebels jedoch nicht möglich, da das so genannte Delta (siehe auch Abschnitt 7.3.3.3), das die Reagibilität zwischen der Veränderung des Optionsscheinkurses in Abhängigkeit von Veränderungen des Basiswertes berücksichtigt, völlig außer Acht gelassen wird. Die Aussagekraft des einfachen Hebels tendiert in diesem Zusammenhang gegen Null.

Der einfache Hebel taugt kaum als Kennzahl zur Auswahl von Optionsscheinen.

Wesentlich aussagekräftiger als der einfache Hebel ist der so genannte theoretische Hebel, auch Leverage genannt. Der theoretische Hebel misst die tatsächliche prozentuale Änderung des Optionsscheinkurses bei einer einprozentigen Änderung des zugrunde liegenden Basiswertes.

Das Delta ist eine dynamische Kennzahl, welche die Elastizität des Optionsscheinkurses bei Veränderungen des UL–Kurses beschreibt (zur genauen Definition des Deltas siehe folgenden Abschnitt). Der theoretische Hebel ermöglicht damit eine Aussage darüber, um wie viel ein Investment in Optionsscheinen im Vergleich zu einer Direktanlage im Underlying (bei gleichem Kapitaleinsatz) stärker schwankt. Dies gilt natürlich für Kursschwankungen nach oben und unten gleichermaßen.

Theoretischer Hebel =
[(UL–Kurs x Bezugsverhältnis) / OS–Kurs] x Delta =
einfacher Hebel x Delta

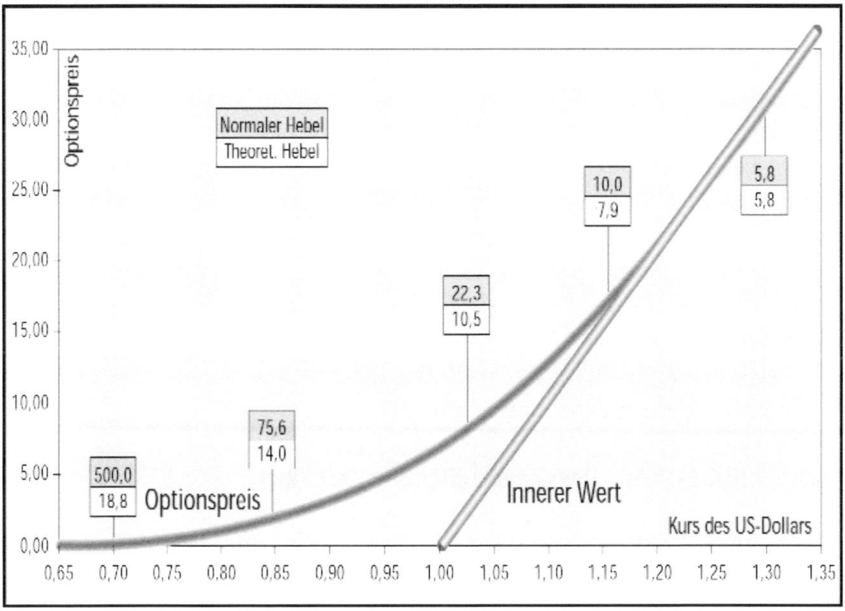

Abb. 7.3: Normaler Hebel und theoretischer Hebel

Normaler und theoretischer Hebel im Vergleich für einen Euro–Call mit Basispreis 1,00 US–Dollar

Abbildung 7.3 verdeutlicht die Charakteristika des einfachen und des theoretischen Hebels: Bei weit im Geld stehenden Optionsscheinen stimmen die beiden Hebel überein. Schon bei weniger weit im Geld stehenden Optionsscheinen sowie bei aus dem Geld stehenden Warrants weichen beide Größen voneinander ab. Diese Abweichungen werden umso größer, je weiter der Optionsschein aus dem Geld ist.

Dieses Ergebnis lässt sich auch leicht in Übereinstimmung mit dem Verhalten der Anleger bringen. Bei einem weit aus dem Geld stehenden Optionsschein ist das Risiko des Verlusts des eingesetzten Kapitals sehr hoch. Daher ist der Anleger in der Regel nicht bereit, bei einer Kurssteigerung des Basisobjektes dem Warrant die gleiche Wertsteigerung zuzubilligen. Dies bedeutet, dass vor allem bei diesen Scheinen die Veränderung des Optionsscheinkurses und die Veränderung des Underlying–Kurses weit auseinander liegen. Zugleich wird deutlich, dass der theoretische Hebel eine bessere Annäherung liefert.

Folgende Sachverhalte sollten bei der Beurteilung von Optionsscheinen durch Hebelkennzahlen Beachtung finden: Wenn ein Hebel sehr groß ist, notiert der Warrant weit aus dem Geld und verfügt zumeist nur über eine kurze Restlaufzeit. In diesem Falle muss bei Investitionsentscheidungen der Zeitwertverfall bedacht werden. Im ungünstigsten Falle kann es dem Anleger passieren, dass Kurssteigerungen des Basisobjektes durch Kursverluste aufgrund des Zeitwertverfalls kompensiert werden. Da sich der Optionsscheinkurs gegen Laufzeitende dem inneren Wert annähert, besteht die Gefahr, dass sich Anleger von hohen Hebeln täuschen lassen.

Somit wird deutlich, dass statische Kennzahlen alleine eine mangelhafte Entscheidungsgrundlage liefern.

Delta = (∂ OS–Kurs / Bezugsverhältnis) / ∂ UL–Kurs

Eine für die Prognose von Preisbewegungen bei Optionsscheinen sehr wichtige Kennzahl ist das bereits oben angesprochene Delta. Das Delta gibt die Veränderung des Optionsscheinpreises in Abhängigkeit von der Kursveränderung des Underlyings an.

Aus rein mathematischer Sicht ist das Delta die erste Ableitung des Optionsscheinkurses nach dem Underlying–Kurs. Das Delta kann bei Call–Optionsscheinen Werte zwischen 0 und +1 annehmen, bei Put–Optionsscheinen schwankt das Delta zwischen 0 und –1 (siehe Abbildung 7.4).

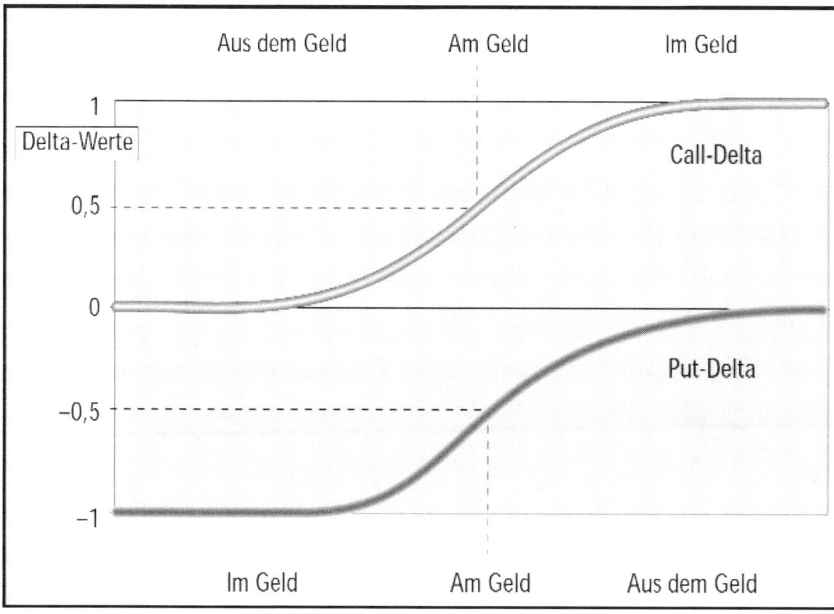

Abb. 7.4: Das Delta bei Call– und bei Put–Optionsscheinen

Somit wird deutlich: Das Delta ist keine Konstante (siehe auch Abschnitt 3.5.2.2. Gamma). Mit den Preisschwankungen des Underlyings verändert sich auch das Delta. Das Delta ist umso größer, je tiefer eine Option im Geld ist. Umgekehrt tendiert das Delta gegen Null, je weiter die Option aus dem Geld ist (siehe Tabelle 7.5).

Optionsschein	Parität	Call–Delta	Put–Delta
Aus dem Geld	< 0	$0 < \Delta < 0,5$	$0 > \Delta > -0,5$
Am Geld	$= 0$	$\Delta \approx 0,5$	$\Delta \approx -0,5$
Im Geld	> 0	$0,5 < \Delta < 1$	$-0,5 > \Delta > -1$

Tab. 7.5: Das Delta (Δ) in Abhängigkeit vom Preis des Optionsscheins

Das Delta wird auch als Sensitivitätsmaß für einen Optionsschein bezeichnet. Je höher das Delta ist, umso mehr folgt der Optionsschein den Bewegungen des Basisinstruments und umgekehrt.

7.3.6 Was ist der „faire Wert" eines Optionsscheins?

In Beiträgen von Fachmagazinen und in Diskussionen über Optionsscheine kommt immer wieder die Rede auf den theoretischen oder „fairen" Wert eines Optionsscheines. Um einen solchen Wert berechnen und auch verstehen zu können, bedarf es neben den entsprechenden Optionspreismodellen handfester mathematisch–statistischer Kenntnisse und eines fundierten bankbetriebswirtschaftlichen Wissens. Da es zu weit führen würde, an dieser Stelle näher auf Optionspreis–Bewertungsmodelle einzugehen, soll auf die entsprechende Fachliteratur verwiesen werden.

Nur so viel: Optionspreismodelle wie das von Black/Scholes, das Binomialmodell oder jenes von Cox/Rubinstein verknüpfen die Einflussfaktoren auf den Optionspreis zur Ermittlung eines theoretisch gerechtfertigten Preises. Müßig ist es jedoch anzunehmen, dass dieser Preis wirklich objektiv „fair" oder „gerecht" wäre. Da es hinsichtlich der Einflussgrößen auf den Optionspreis keine Sicherheit gibt, kann es auch keinen „fairen" Preis geben. Da zum Beispiel die zukünftige Volatilität immer nur abgeschätzt werden kann, ist es somit nur ex post, niemals jedoch ex ante möglich, einen „fairen" Preis zu ermitteln.

Durch die Verwendung der Black–Scholes–Formel oder einer ihrer Weiterentwicklungen lässt sich der „theoretische Wert" eines Optionsscheins ermitteln. Gelegentlich findet man in manchen Publikationen auch den Ausdruck „fairer Wert". Dies legt die Vermutung nahe, dass der so ermittelte Optionsscheinkurs der einzig wahre Wert ist. Dies ist jedoch unzutreffend. Denn bei aller Mathematik, die bei der Bewertung eines Optionsscheins eine große Rolle spielt, sind es doch auch subjektive Faktoren, die den tatsächlichen Optionsscheinpreis beeinflussen.

Besonders gravierend wirkt sich dies bei der Volatilität aus. Die historische Volatilität ist nur eine grobe Schätzung für die zukünftige Schwankungsbreite. Die im Optionsscheinkurs eingepreiste – implizite –

Volatilität ist aber meist eine ganz andere. Dies hängt von den Erwartungen der Marktteilnehmer ab, die auch subjektiv sind.

Es ist also vollkommen falsch, einen auf Basis von historischen Volatilitäten ermittelten Wert als „fairen" Optionsscheinkurs zu bezeichnen und Abweichungen von diesem Preis als „Abzockerei" zu titulieren. Folglich kann der theoretische Wert auch nur ein Anhaltspunkt sein, wie sich der Optionsscheinpreis verhalten würde, wenn sich die implizite Volatilität in Richtung der historischen Schwankungsbreite bewegen würde.

Mit Hilfe des theoretischen Wertes – besser: mittels der impliziten Volatilität – können aber vergleichbar ausgestattete Warrants (nahezu identische Basispreise und Laufzeiten) verglichen werden. Ein Vergleich unterschiedlicher Laufzeiten und/oder Basispreise ist auch über die implizite Volatilität nicht problemlos möglich. Weder über sämtliche Laufzeiten noch über alle Basispreise hinweg ist die implizite Volatilität konstant.

In den Preis eines Optionsscheins fliessen auch subjektive Erwartungen über die künftige Volatilität ein.

7.3.7 Die Wahl des richtigen Optionsscheins

Jeder Anleger kann bei Beachtung einiger wichtiger Grundregeln die häufigsten Fehler beim Optionsscheinkauf vermeiden, und das, auch ohne die theoretischen Grundlagen bis ins letzte Detail verstanden zu haben.

Bei der Optionsscheinauswahl zäumen viele Anleger das Pferd von hinten auf: Statt zunächst einen aussichtsreichen Basiswert auszumachen, ordern sie Warrants mit einem hohen Hebel, da diese den größten Gewinn versprechen. Der Ausgangspunkt bei einem Optionsscheinkauf sollten jedoch grundsätzlich das Basisobjekt sowie eine konkrete Erwartung an dessen weitere Kursentwicklung sein.

Es bieten sich prinzipiell zwei Methoden zur Bestimmung von Kurszielen an: Die eine ist die fundamentale Analyse einer Aktie oder eines anderen Underlyings, und die andere ist die charttechnische Analyse.

Die meisten Anleger ziehen wohl letztere Methode bei ihren Entscheidungen zu Rate.

Der potenzielle Optionsscheinkäufer muss sich also Gedanken darüber machen, in welchem Zeitraum das Basisinstrument wie stark steigt oder fällt. Hierdurch wird bereits die Restlaufzeit des Optionsscheins eingegrenzt, da sie mindestens bis zum Ende des Zeithorizonts der Spekulation reichen muss. Sicherheitshalber sollte aber die Laufzeit des Warrants etwas länger gewählt werden. Zu bedenken ist aber stets, dass der Preis des Optionsrechts mit dessen Restlaufzeit steigt.

Auf viele Underlyings wie zum Beispiel die wichtigsten Wechselkurse existiert jedoch eine Fülle von Warrants, die durch weitere Kriterien eingegrenzt werden müssen. Schließlich genügt für eine sinnvolle Auswahl nicht der einfache Grundsatz, dass die Laufzeit des Optionsscheins den Zeithorizont des Szenarios übersteigen muss.

Insbesondere steht der Anleger vor der Frage, welche Moneyness der von ihm gewählte Optionsschein besitzen soll. Oder anders ausgedrückt: ob er zu einem Schein im Geld, am Geld oder aus dem Geld greifen soll. Doch glücklicherweise gibt es einfache Regeln, um die Zahl der aussichtsreichsten Calls (Puts) in diesem Sinne weiter einzugrenzen (siehe Tabelle 7.6).

Prinzipiell lässt sich Folgendes sagen: Wer sich etwas unsicher über die Stärke und das Tempo der erwarteten Kursbewegung ist, sollte etwas vorsichtiger agieren und lieber zu Scheinen im Geld greifen. Bei diesen schlägt der Zeitwertverlust nicht so stark zu Buche.

Je heftiger und je schneller die erwarteten Kursbewegungen vonstatten gehen, umso weniger fällt jedoch der Zeitwertverlust ins Gewicht. Die Entwicklung des Optionsscheinpreises wird in diesem Fall dominiert von den Veränderungen des Basisobjekt-Kurses. Für erfahrene und mit kurzfristigen Spekulationen vertraute Anleger ist es bei einem solchen erwarteten Szenario durchaus sinnvoll, beim Optionsscheinkauf „aggressiver" vorzugehen, mit anderen Worten: Je nach Höhe der Volatilität darf der Schein auch aus dem Geld liegen, und die Laufzeit kann sich streng am Zeithorizont der Spekulation orientieren.

1. Je länger der Zeithorizont und damit die Laufzeit des Optionsscheins ist, desto niedriger (höher) sollte der Basispreis gewählt werden. 2. Je höher die implizite Volatilität des Basisobjekts ist, desto niedriger (höher) sollte der Basispreis sein, wobei der aktuelle Kurs ein Näherungswert für die Obergrenze (Untergrenze) des Basispreises ist. 3. Je höher (niedriger) das Kursziel in Relation zum aktuellen Kurs liegt, desto weiter darf man sich mit dem Basispreis aus dem Geld wagen; der Basispreis sollte aber normalerweise unterhalb (oberhalb) des Kursziels bleiben.

Tab. 7.6: Regeln für die Auswahl des richtigen Call–(Put–)Optionsscheins

Hat man gemäß den oben genannten Regeln eine Vorauswahl unter der Vielzahl der vorhandenen Optionsscheine getroffen, gilt es nun, anhand bestimmter Kennzahlen den „Besten" zu ermitteln. Dabei sollten die zur Auswahl stehenden Optionsscheine vor allem nach der impliziten Volatilität (auf Basis des Briefkurses) sortiert werden.

Grundsätzlich sollte man Optionsscheine mit der geringsten impliziten Volatilität kaufen, wobei geringe Unterschiede unerheblich sind: Optionsschein A ist kaum besser, nur weil er eine implizite Volatilität von 41,1 Prozent und Optionsschein B eine von 42,0 Prozent hat.

Warum aber ist die implizite Volatilität ein entscheidendes Kriterium bei der Optionsscheinauswahl?

Zur Erinnerung: Unter Volatilität versteht man die durchschnittlichen Preisschwankungen des Basiswerts. Während die für die Preisbildung eines Warrants relevanten Faktoren entweder zum Emissionszeitpunkt fixiert werden, wie der Basispreis und die Laufzeit, oder vom Kapitalmarkt diktiert werden, wie der Kurs des Basiswertes und der Kapitalmarktzins, hat der Emittent einen gewissen Ermessensspielraum bei der Volatilität, die er für die Preisberechnung heranzieht. Denn: Die implizite Volatilität ist die vom Optionsschein–Emittenten während der Laufzeit des Scheins erwartete Schwankungsintensität des Basisinstruments und damit ein Schätzwert.

Die implizite Volatilität kann je nach Restlaufzeit und Basispreis schwanken und ist natürlich auch vom Underlying abhängig. Wann aber ist eine implizite Volatilität hoch oder niedrig? Es macht in jedem Fall wenig Sinn, die impliziten Volatilitäten verschiedener Aktien, Wechselkurse oder anderer Underlyings zu vergleichen.

Sinnvoller ist es da schon, die implizite mit der historischen Volatilität zu vergleichen. Die historische Volatilität errechnet sich aus den zurückliegenden Kursbewegungen des Basisinstruments. Liegt die erwartete Schwankungsbreite über der vergangenen, sind Optionen tendenziell teuer und umgekehrt. Bei ansonsten identischer Ausstattung sollte der Anleger also prinzipiell den Schein bevorzugen, der eine niedrigere implizite Volatilität aufweist.

Profis unter den Optionsscheinanlegern können bei ihrer Auswahl auch ihre Einschätzung für die Entwicklung der impliziten Volatilität heranziehen: Wird eine eher steigende Volatilität erwartet, so können ein höherer Basispreis und eine längere Laufzeit gewählt werden, da der Optionsscheinkurs stärker auf Veränderungen der Volatilität reagiert.

Weiter sollte der Anleger beachten: Je höher die Schwankungsbreite des Underlyings ist, desto gefährlicher ist die Wahl eines Optionsscheins aus dem Geld. Umgekehrt sollte man in Erwartung einer sinkenden Volatilität auf niedrigere Basispreise und kürzere Laufzeiten zurückgreifen.

Doch wann sind steigende, wann sinkende Volatilitäten zu erwarten? Eine Faustregel für den Aktienmarkt lautet, dass in steigenden Märkten die Volatilitäten abnehmen; dasselbe gilt auch für seitwärts laufende Märkte. Fallende Märkte gehen dagegen mit steigenden Volas einher. Bei Wechselkursen gilt dieser Zusammenhang jedoch nicht.

Natürlich kann man auch die Entwicklung der Volatilitäten betrachten, um ein Gespür dafür zu bekommen, ob die aktuellen Volatilitäten im historischen Vergleich eher als hoch oder eher als niedrig einzustufen sind. Für diesen Zweck eignet sich zum Beispiel im Falle des DAX der von der Deutschen Börse berechnete VDAX, ein Volatilitätsindex, der auf der Entwicklung der impliziten Volatilitäten von DAX-Optionen an der EUREX beruht.

Wie wählt man den besten Optionsschein aus?

Nachdem man sich eine bestimmte Meinung zum Underlying gebildet und daraus ein Szenario abgeleitet hat, trifft man anhand der Moneyness eine Vorauswahl der geeigneten Optionsscheine. Unter diesen wählt man mit Hilfe der impliziten Volatilität die besten Optionsscheine aus.

7.4 Turbozertifikate

Etwa seit dem Jahr 2001 steht dem Anleger eine neue Gattung von Derivaten zur Verfügung, die Turbozertifikate. Allerdings existiert in diesem Bereich eine babylonische Sprachverwirrung, da viele verschiedene Bezeichnungen für diese Art von Produkten existieren. Das reicht von Hebelzertifikaten und Turbozertifikaten bis zu Knock-out-Optionsscheinen und weiteren Bezeichnungen, die nur von einzelnen Emittenten verwendet werden.

Um einem möglichen Missverständnis vorzubeugen: Hebelzertifikate besitzen ein ähnliches Chance-Risiko-Profil wie Optionsscheine. Der Zusatz „Zertifikat" kann also in die Irre führen, da dieser Begriff ansonsten eher für Produkte mit einem geringeren Anlagerisiko verwendet wird. In dieser Hinsicht ist der Begriff Knock-out-Optionsschein passender, allerdings gibt es wesentliche Unterschiede zur Gattung der Optionsscheine, wie später noch gezeigt wird.

7.4.1 Wie funktionieren Turbozertifikate?

Turbozertifikate gibt es in zwei Varianten: Bei einem Turbo-Bull setzt man auf einen Anstieg des zugrunde liegenden Basiswertes. Kauft man dagegen einen Turbo-Bear, so wird ein Kursrückgang des Basiswertes erwartet.

Genau wie bei Optionsscheinen bestimmt auch bei Turbozertifikaten das Bezugsverhältnis die zugrunde liegende Menge des Basiswertes. Turbozertifikate auf Wechselkurse beziehen sich in der Regel auf 100

Einheiten des Wechselkurses. Das Bezugsverhältnis beträgt in diesem Fall 100:1. Daher entspricht beispielsweise eine Bewegung von einem Cent bei EUR/USD einer Bewegung beim Turbo von 1,00 Euro.

Zu den wichtigsten Basisdaten eines Turbozertifikats zählt natürlich der Basispreis. Denn: Die Differenz zwischen dem Basispreis und dem aktuellen Kurs der Aktie, des Wechselkurses oder eines anderen Underlyings bestimmt maßgeblich den Preis eines Turbozertifikates.

Zusätzlich zum Basispreis besitzt jedes Turbozertifikat einen Knock-out-Level. Sobald bei einem Turbo-Bull der Knock-out-Level während der Börsenhandelszeiten erreicht oder unterschritten wird, wird das Wertpapier sofort wertlos und verfällt. Beim Turbo-Bear gilt gleiches, sobald der Knock-out-Level erreicht oder überschritten wird. Dabei ist es unerheblich, ob dies nur einmal und für kurze Zeit geschieht.

7.4.2 Wie wird der Wert eines Turbozertifikats ermittelt?

Der Wert eines Turbozertifikats kann unter Berücksichtigung des Bezugsverhältnisses als Differenz zwischen dem aktuellen Kurs des Basiswertes und dem Basispreis berechnet werden. Bei Turbozertifikaten auf Wechselkursen muss anschließend jedoch noch eine Umrechnung in Euro erfolgen, das heißt, das Ergebnis wird durch den aktuellen Wechselkurs dividiert.

(Aktueller Wechselkurs – Basispreis) x Bezugsverhältnis / Aktueller Wechselkurs = innerer Wert

Notiert EUR/USD beispielsweise bei 1,2000 USD, während der Turbo-Bull einen Basispreis von 1,1640 USD hat, so beträgt der innere Wert eines Turbo-Bull-Scheines bei einem Bezugsverhältnis von 100:

((1,2000 USD – 1,1640 USD) x 100)/1,2000 USD = 3,00 Euro.

Zu diesem inneren Wert des Turbozertifikates muss ein Aufgeld addiert werden. Das Aufgeld lässt sich vereinfacht als die Finanzierungskosten erklären, die dem Emittenten durch die Vergabe eines Kredites an den Anleger entstehen (siehe Kapitel 7.4.3). Bis zum Laufzeitende wird dieses Aufgeld vollständig abgebaut.

Der Hebel eines Turbozertifikates drückt aus, dass der Wert eines Turbozertifikates absolut annähernd genauso stark, prozentual damit aber deutlich stärker auf eine Kursbewegung des jeweiligen Basiswertes reagiert. Zur Berechnung teilt man den Kurs des Basiswertes (unter Berücksichtigung des Bezugsverhältnisses) durch den Preis des Turbozertifikates.

Aktueller Wechselkurs x Bezugsverhältnis / Preis des Turbozertifikats / Aktueller Wechselkurs = Hebel

Im obigen Beispiel des Turbozertifikats auf EUR/USD beträgt der Hebel:

((1,2000 USD x 100 / 3,00 Euro)) / 1,2000 USD = 40 / 1,20 = 33,33.
(Da der Basiswert in US–Dollar notiert ist, muss auch hier eine Umrechnung in Euro erfolgen.)

Der Hebel bleibt für den Anleger vom Zeitpunkt des Kaufes bis zur Veräußerung konstant. Ein Hebel von sechs besagt, dass mit dem Turbo absolut annähernd die gleiche Wertsteigerung erzielt wird wie mit dem Basiswert selbst, obwohl nur ein Sechstel des Kapitals eingesetzt wurde.

Aber auch wenn der Markt gegen Sie läuft, reagiert das Turbozertifikat nahezu 1:1 mit dem Basiswert. Bei einem Hebel von zehn verringert sich der Wert des Turbozertifikates um zehn Prozent, wenn der Basiswert um ein Prozent fällt. Die rechtzeitige Begrenzung von Verlusten ist daher sehr wichtig.

Turbozertifikate bilden die wertmäßige Veränderung des Basiswertes (also einer Aktie oder eines anderen Underlyings) nahezu 1:1 ab. Turbo Bulls gewinnen somit nahezu 1:1 mit der Aktie, verlieren allerdings auch nahezu 1:1 mit ihr. Das gilt in ähnlicher Weise nur bei Optionsscheinen, die weit im Geld sind. Optionsscheine am oder aus dem Geld reagieren dagegen auf Änderungen des Basiswertes absolut gesehen in geringerem Maße, also zum Beispiel im Verhältnis 1:0,5.

Ein weiterer Unterschied zu herkömmlichen Optionsscheinen ist die Tatsache, dass Turbos bereits während ihrer Laufzeit wertlos verfallen können. Am Laufzeitende erhält der Inhaber des Turbozertifikates eine Gutschrift des am Bewertungstag festgestellten inneren Wertes des Turbozertifikats.

DIE DIFFERENZ ZWISCHEN DEM BASISPREIS UND DEM AKTUELLEN KURS DES UNDERLYINGS (ZUM BEISPIEL DES WECHSELKURSES) BESTIMMT MASSGEBLICH DEN PREIS EINES TURBOZERTIFIKATES.

7.4.3 Der kleine Bruder der Futures

Turbozertifikate ähneln in ihrer Konstruktion den Futures. Futures können nur an der Terminbörse gehandelt werden, und diese verlangt von jedem Händler eine Sicherheitsleistung, die so genannte Margin. Die Margin macht einen bestimmten Prozentsatz des Kapitals aus, mit dem der Händler traden kann. Dadurch entsteht die Hebelwirkung. Beträgt die Margin zum Beispiel fünf Prozent, so kann der Händler das Zwanzigfache seines tatsächlich eingesetzten Kapitals am Markt bewegen. Nachteil: Läuft der Markt nicht in die erwartete Richtung, löst die Terminbörse die Positionen auf, sobald die Sicherheitsleistung aufgebraucht ist. Das bedeutet dann Totalverlust.

Ganz ähnlich verhält es sich mit den Turbozertifikaten, nur dass in diesem Fall die jeweiligen Emittenten sozusagen die Rolle der Terminbörse übernehmen. Sie „leihen“ dem Käufer des Turbozertifikats quasi Geld, damit der mit einem geringen eigenen Kapitaleinsatz eine große Hebelwirkung erzielen kann. Genauso wie Futures werden die Turbozertifikate zwangsweise verkauft, sobald die Sicherheitsleistung, also der Kapitaleinsatz des Käufers, aufgebraucht ist. Diese automatischen Knock-out-Marken werden analog zu den Begriffen aus der Optionsscheintheorie auch als Strike oder Basispreis des Turbozertifikats bezeichnet.

Die Verwandtschaft von Turbozertifikaten und Futures kommt auch in der Bezeichnung „Mini-Futures“ für eine Derivategattung zum Ausdruck, die sich von den herkömmlichen Turbozertifikaten unter anderem dadurch unterscheidet, dass sie über keine Laufzeitbegrenzung verfügen (siehe „Open-End-Hebelzertifikate“).

Zwar hat sich der Markt für Turbozertifikate inzwischen etabliert, dennoch gibt es unterschiedliche Bezeichnungen für diese Produkte und auch leicht unterschiedliche Konstruktionen. So bieten manche Emittenten Turbozertifikate mit zusätzlichen Stop-Loss-Marken an, die einen Totalverlust des eingesetzten Kapitals verhindern, indem die Scheine automatisch ausgestoppt werden, bevor der eigentliche Basispreis erreicht ist.

Es gibt keine Faustregel dafür, ob Zertifikate mit oder ohne Stop-Loss-Marke besser sind. Es hängt letztlich von den Präferenzen jedes einzelnen Investors ab. Klar ist natürlich, dass gerade aggressive Trader zu Turbozertifikaten ohne zusätzliche Stop-Loss-Marke greifen werden, denn der Hebeleffekt – und damit auch Chance und Risiko – sind dann am größten, wenn das Zertifikat in der Nähe der Knock-out-Schwelle notiert.

7.4.4 Open-End-Hebelzertifikate

Neben den „normalen“ Turbozertifikaten gibt es auch Produkte ohne Laufzeitbegrenzung, so genannte „Open-End-Zertifikate“. Der Emittent ABN Amro bezeichnet zum Beispiel seine Open-End-Zertifikate als „Mini-Futures“. Open-End-Zertifikate funktionieren ähnlich wie Turbozertifikate. Auch hier gibt es einen Basispreis und gegebenenfalls eine Stop-Loss-Marke. Im Gegensatz zu den Turbos existiert jedoch keine Laufzeitbegrenzung – und auch kein Aufgeld.

Um das zu verstehen, muss man sich die Funktionsweise der verschiedenen Produkte vor Augen führen. Bei einem Turbo-Bull-Zertifikat gibt der Emittent dem Anleger einen Wertpapierkredit, für den natürlich Finanzierungskosten anfallen. Das sind zum einen die Kreditzinsen und zum anderen die Dividenden. Liegen die Zinskosten über den Dividendeneinnahmen, was zumeist der Fall ist, stellt der Emittent dies dem Anleger in Form eines Aufgeldes quasi in Rechnung. Umgekehrt beim Turbo-Bear-Zertifikat: Hier können Finanzierungserträge respektive Abgelder entstehen.

Ein ähnlicher Zusammenhang besteht auch bei den Open-End-Zertifikaten. Während jedoch bei den Turbos die gesamten Finanzierungskosten beim Kauf in voller Höhe als Aufgeld bezahlt werden müssen, wird bei den Open-End-Zertifikaten nur der tägliche Finanzierungsaufwand berücksichtigt. Das Besondere dabei: Da sich die Finanzierungskosten durch die tägliche Berechnung ständig ändern, wird auch der Basispreis – und damit der Knock-out-Level – in regelmäßigen Abständen leicht angepasst, gewöhnlich einmal pro Monat.

Der Knock-out-Level funktioniert dabei genauso wie bei den Turbos: Sobald der Basiswert den festgelegten Kurslevel erreicht oder durchbricht, wird das Open-End-Zertifikat ausgestoppt.

OPEN-END-ZERTIFIKATE SIND EIN SEHR TRANSPARENTES PRODUKT, DAS AUCH PRIVATANLEGERN FUTURE-ÄHNLICHE STRUKTUREN OHNE NACHSCHUSSPFLICHT UND HOHEN KAPITALEINSATZ ZUGÄNGLICH MACHT.

7.5 Optionsscheine und Turbozertifikate im Vergleich

Was Turbozertifikate so interessant macht, ist natürlich klar: Es ist der Hebel. Wer eine Meinung über die weitere Kursentwicklung eines Wechselkurses einer Aktie hat, kann mit Hilfe dieser Derivate im Vergleich zu einem Direktinvestment seine Gewinne vervielfachen – vorausgesetzt, er behält mit seiner Meinung Recht. Aber ähnlich hohe Gewinne wie mit Turbozertifikaten sind auch mit Optionsscheinen möglich, und doch konnten Turbozertifikate den etablierten Optionsscheinen einen erheblichen Marktanteil abringen. Warum?

7.5.1 Unterschiedliche Konstruktionen

Der große Markterfolg der Turbozertifikate beruht vor allem auf einem Prinzip: KISS, „Keep it simple stupid“.

Turbozertifikate sind einfacher zu verstehen als Optionsscheine, denn der Anleger muss weniger Größen beachten, die den Preis des Turbozertifikats beeinflussen können (siehe Tabelle 7.7).

Das heißt aber keineswegs, dass Optionsscheine immer die schlechtere Anlagealternative sind. Es hängt von der Marktsituation und auch von den Präferenzen des Anlegers ab, welches Produkt das geeignetere Instrument zur Umsetzung der Anlagestrategie ist. Doch was sind eigentlich die Unterschiede zwischen Turbozertifikaten und Optionsscheinen?

Im Gegensatz zu Turbozertifikaten sind Optionsscheine als einseitige Wette konstruiert. Der Optionsscheinbesitzer hat das Recht, aber eben nicht die Pflicht, sein Optionsrecht auszuüben. Der Wert des Optionsscheins hängt daher auch von der Wahrscheinlichkeit ab, dass der Call oder Put zum Laufzeitende „im Geld" ist – und diese Wahrscheinlichkeit ist natürlich umso höher, je länger die Restlaufzeit des Optionsscheins ist.

Diese Wahrscheinlichkeit stellt einen Wert dar, und der Optionsscheinkäufer muss daher für einen Call (oder Put) einen höheren Preis zahlen, als wenn er die Aktie direkt an der Börse kaufen (oder verkaufen) würde. Diesen „zusätzlichen Betrag" bezeichnet man als Aufgeld. Das Aufgeld des Optionsscheins baut sich jedoch während der Laufzeit ab und sorgt dafür, dass der Optionsschein ständig an Wert, genauer: an Zeitwert, verliert. Turbozertifikate haben einen weit geringeren oder sogar gar keinen Zeitwertverlust, da sich bei ihnen lediglich die Finanzierungskosten stetig verringern.

Die Konstruktion des Optionsscheins als „einseitige Wette" und des Turbozertifikats als „zweiseitige Wette" ist der wichtigste Unterschied zwischen beiden Derivaten. So spielt für den Wert eines Optionsscheins die Volatilität des Basiswertes eine wichtige Rolle.

Im Gegensatz zu Turbozertifikaten sind Optionsscheine als einseitige Wette konstruiert.

	Turbozertifikate	Optionsscheine
Die wichtigsten Einflussfaktoren	Kurs des Basisobjekts, Restlaufzeit	Kurs des Basisobjekts, Basisobjekts, Volatilität des Basisobjekts, Restlaufzeit
Volatilitätseinfluss	keiner	groß bis sehr groß
Vorzeitiger Verfall möglich	Ja	Nein
Totalverlust, wenn der	Basispreis während der Laufzeit erreicht, unter- (Bull/Turbo) oder überschritten (Bear/Short) wird.	Basispreis am Laufzeitende erreicht, unter- (Call) oder überschritten (Put) wird.
Hebel ab Kaufzeitpunkt	konstant	variabel

	Turbozertifikate	Optionsscheine
Vergleichskennzahlen	Hebel, Spread–Move	Omega, implizite Volatilität, Spread–Move
Zeitwertverlust	Prämie baut sich i.d.R. linear ab.	Abhängig von der Ausstattung. Zum Laufzeitende dramatisch ansteigend.
Handelbarkeit	jederzeit direkt oder indirekt (börslich) mit Emittenten handelbar	jederzeit direkt oder indirekt (börslich) mit Emittenten handelbar
Alternative Bezeichnungen	Turbo–Optionsscheine, WAVEs, Knock–out–Optionsscheine, Sprinter	(englisch: Warrants)

Tab. 7.7: Turbozertifikate und Optionsscheine im Vergleich

7.5.2 Die Bedeutung der Volatilität

Da der Preis des Optionsscheins von der Wahrscheinlichkeit abhängt, dass der Warrant am Laufzeitende im Geld ist, spielt die Schwankungsbreite des Underlyings eine große Rolle.

Die erwartete, also im Optionsschein „eingepreiste" Schwankungsbreite nennt man implizite Volatilität. Je höher die implizite Volatilität ist, je stärker der Preis des Underlyings also schwankt, umso wahrscheinlicher ist der Optionsschein zum Laufzeitende im Geld, und umso höher ist deshalb sein Preis.

Es ist einer der wichtigsten Unterschiede zwischen Optionsscheinen und Turbozertifikaten, dass der Preis der Turbozertifikate im Gegensatz zu den Optionsscheinen nicht von der Volatilität des Underlyings abhängt. Um es in der Sprache der Optionspreistheorie zu sagen: Turbozertifikate haben ein Delta von eins, Kursbewegungen im Underlying führen also – bereinigt um das Bezugsverhältnis – zu Kursbewegungen im Turbozertifikat in absolut gleicher Höhe.

Auf den ersten Blick scheint dies ein Vorteil für den Besitzer von Turbozertifikaten zu sein, denn es sind weniger Einflussgrößen zu berücksichtigen – aber dieser vermeintliche Nachteil der Optionsscheine kann sich zum Vorteil wenden.

Interessant wird es für den Optionsscheinkäufer vor allem dadurch, dass die implizite Volatilität nicht konstant ist, sondern selbst schwankt. So sind einerseits die Chancen bei Optionsscheinen geringer, denn das Delta bei Optionsscheinen beträgt nur in seltenen Fällen eins. Das heißt, der Preis des Optionsscheins steigt absolut gesehen nicht so stark wie der Preis des Underlyings. Andererseits werden aber durch genau diesen Effekt auch die Verluste bei einer Fehlspekulation abgemildert. Bewegt sich der Optionsschein aus dem Geld, dann fällt das Delta immer weiter, und der Wert des Optionsscheins sinkt absolut gesehen weniger stark als der Preis des Underlyings.

Aus diesem Grund sind mitunter Optionsscheine, die sich weit im Geld befinden und ein Delta von nahezu eins besitzen, einem Turbozertifikat vorzuziehen, wenn der Basispreis dem Strike des Zertifikats entspricht. Der Grund: Geht die Spekulation auf, besitzt der Call (oder Put) keine Nachteile; geht die Spekulation nicht auf, profitiert der Anleger davon, dass das Delta sinkt, die Kursverluste im Gegensatz zum Turbozertifikat also abgemildert werden. Im Übrigen wird der Optionsschein nicht sofort wertlos, wenn der Basispreis im Falle eines Bull-Zertifikats unter- beziehungsweise im Falle eines Bear-Zertifikats überschritten wird.

Es gibt noch einen weiteren positiven Effekt der Volatilität: Fallende Kurse am Aktienmarkt gehen in der Regel mit einer steigenden Volatilität einher. Das führt dazu, dass der Preis eines Puts nicht nur aufgrund des Kursrückgangs des Underlyings steigt, sondern auch wegen dieses Volatilitätseffekts.

Bei Calls gibt es einen ähnlichen Effekt: Hat man sich verspekuliert und das Underlying fällt, obwohl man auf einen Call beziehungsweise ein Bull-Zertifikat gesetzt hat, dann werden die Kursverluste im Call durch die ansteigende Volatilität und ihren Effekt auf den Preis des Optionsscheins abgemildert. Steigen jedoch die Kurse, dann richtet sich der Volatilitätseffekt in aller Regel gegen den Besitzer des Calls oder Puts.

Besonders unangenehm für Besitzer von Optionsscheinen ist es jedoch, wenn sich das Underlying nicht bewegt und der Preis des Calls oder Puts trotzdem fällt, da sich zum einen der Zeitwert verringert und zum anderen die Volatilität sinken kann. Einem solchen Wertverfall ist der Besitzer eines Turbozertifikats kaum ausgesetzt.

7.5.3. Turbozertifikate: mehr Chancen – mehr Risiken

Vergleichbar ausgestattete Turbozertifikate bieten häufig höhere Chancen als Optionsscheine, aber sie beinhalten auch höhere Risiken. Trotz ihrer einfacheren Konstruktion verlangen sie daher vom Anleger nicht weniger, sondern eher mehr Börsen-Know-how und Trading-Disziplin.

Wer unbedarft in Turbozertifikate investiert, wird sich wundern, wie schnell er sein Geld loswerden kann. Insbesondere sollte man sich nicht von einem hohen Hebel blenden lassen, der bei den Turbozertifikaten im Gegensatz zu den Optionsscheinen als Kennzahl verwendet werden kann. Mit einem Zertifikat mit einem geringeren Hebel, dessen Basispreis etwas weiter vom aktuellen Kursniveau entfernt ist, fährt man unter Chance-Risiko-Gesichtspunkten häufig besser.

Der erfahrene Anleger wird jedoch beide Instrumente – Turbozertifikate und Optionsscheine – nutzen, je nach Börsensituation und Anlagestrategie. Ob Turbozertifikate oder Optionsscheine besser sind, lässt sich daher leider kaum generalisieren. Nur so viel: Erwartet man rückläufige Volatilitäten, dann sind Turbozertifikate interessanter; geht man von steigenden Volatilitäten aus, dann können Optionsscheine attraktiver sein.

Den höheren Chancen stehen aufgrund der höheren Sensitivität von Turbos also auch höhere Risiken entgegen. Zudem darf das Risiko eines Knock-outs in hektischen Marktphasen nicht unterschätzt werden. Eng damit verbunden ist die Frage nach dem Chance-Risiko-Verhältnis: Wenn ein Turbo nur unbedeutende Vorteile gegenüber einem Optionsschein verspricht, dann sollte man als Anleger lieber auf Nummer sicher gehen und den Optionsschein wählen.

Gleiches gilt auch für Anleger, welche die Börsenentwicklung nicht den ganzen Tag fortlaufend verfolgen können. Diese sollten sich vor

Knock-out-Produkten hüten, zumindest aber als Vorsichtsmaßnahme Papiere ordern, die einen Basispreis tief im Geld besitzen.

Noch immer machen sich viele Anleger nicht die Mühe, ihre Anlageerwartungen zu quantifizieren . Dabei ist es für die Auswahl des richtigen Optionsscheins enorm wichtig, wo das Kursziel liegt und in welchem Zeitraum es erreicht wird. Beim Abwägen, ob Optionsscheine oder Knock-out-Produkte vorgezogen werden sollen, sollte man sich Gedanken darüber machen, ob sich das Underlying nicht auch ungünstig entwickeln könnte.

Wer stärkere temporäre Ausschläge, die den K.o. des Turbos zur Folge haben können, nicht ausschließen kann, ist mit einem Warrant besser beraten. Wichtig ist aber auch hier, dass die Kennzahlen weit im Geld befindlicher Turbos konkurrenzfähig sind: Lieber einen guten Turbo tief im Geld als einen schlechten Optionsschein!

Es hängt von der Marktsituation und den subjektiven Erwartungen ab, ob ein Optionsschein oder ein Hebelzertifikat das bessere Anlageinstrument ist.

8. Regeln für eine erfolgreiche Spekulation

Bislang haben wir uns vor allem mit der Funktionsweise des Devisenmarkts und den Möglichkeiten des Devisenhandels beschäftigt. Im Folgenden soll nun auf einige Voraussetzungen für eine erfolgreiche Devisenspekulation eingegangen werden.

Eine wichtige Voraussetzung für das erfolgreiche Traden ist das Begrenzen möglicher Verluste durch das Setzen von Stop-Loss-Marken. Diesem Thema ist daher ein eigener Gliederungspunkt gewidmet.

Doch zuvor soll auf einige Grundlagen der Charttechnik eingegangen werden, da die Charttechnik auch für das Setzen von Stopp-Marken wichtige Anhaltspunkte liefert.

Den Abschluss dieses Kapitels bilden schließlich die „Tipps für den Trading-Erfolg", die sich vor allem auf die Psychologie des Tradings beziehen und die Erkenntnisse der Behavioral Finance (verhaltensorientierte Kapitalmarktanalyse) berücksichtigen.

Diese Themen – charttechnische Analyse und Behavioral Finance – können allerdings im Rahmen dieses Buches nur angeschnitten werden. Die folgenden Seiten sollen also vor allem als Anreiz verstanden werden, sich mit diesen Themen intensiver auseinander zu setzen. Im Literaturverzeichnis finden sich zu beiden Themengebieten weiterführende Büchertipps.

8.1 Grundlagen der Charttechnik

8.1.1 Welche Charts sollte man wählen?

Bevor auf einige Grundlagen der Charttechnik eingegangen wird, müssen ein paar Worte zur Chartdarstellung verloren werden.

Bei Aktienkursen ist es üblich, Tages-Charts darzustellen. Dafür werden in der Regel der Eröffnungskurs, der Schlusskurs, der Tageshöchstkurs und der Tagestiefstkurs erfasst. Aus diesen Informationen leiten sich die Erkenntnisse der charttechnischen Analyse ab.

Die Darstellung kann dabei auf verschiedene Weisen erfolgen. Üblich sind der Linien-, der Bar- und der Candlestick-Chart. Beim Linienchart wird nur auf den Schlusskurs zurückgegriffen. Die Verbindung der Schlusskurse an den jeweiligen Tagen ergibt dann eine Kurslinie.

Im Bar-Chart sind mehr Informationen enthalten. Dabei bildet die Verbindung von Tagestiefstkurs und Tageshöchstkurs eine vertikale Linie. Der Eröffnungskurs und der Schlusskurs liegen auf dieser Linie und werden als kleine horizontale Striche dargestellt (siehe Abbildung 8.2).

Die Candlestick-Charts (siehe Abbildung 8.1) funktionieren im Prinzip genauso, nur dass die Differenz zwischen Eröffnungs- und Schlusskurs als Fläche dargestellt wird. Liegt der Schlusskurs über dem Eröffnungskurs, dann ist diese Fläche hell dargestellt, liegt er darunter, dann ist die Fläche dunkel. Dadurch lässt sich einfacher als bei den Bar-Charts erkennen, ob der Kursverlauf an diesem Tag positiv war oder negativ.

Auf die Candlesticks baut ein ganzes charttechnisches Analysesystem auf, die so genannte Candlestick-Analyse, auf die jedoch im Folgenden nicht näher eingegangen wird.

Es gibt allerdings einen wichtigen Unterschied zwischen dem Aktienmarkt und dem Devisenmarkt: Am Devisenmarkt gibt es keinen echten Tagesschlusskurs, da der Handel rund um die Uhr erfolgt. Dem Schlusskurs am Devisenmarkt kommt daher nicht die Bedeutung zu wie dem Börsenschlusskurs am Aktienmarkt.

Der Schlusskurs am Devisenmarkt ist einfach der letzte Kurs am Ende der dargestellten Zeitperiode, also zum Beispiel einem Tag.

Es können aber auch beliebige andere Zeitperioden, wie sechs Stunden, eine Stunde oder eine Minute verwendet werden. Da Devisen-Trader häufig kurzfristig orientiert sind, werden für die Chartanalyse meistens die kürzeren Zeitspannen herangezogen. Als Faustregel sollte man jedoch bei der Analyse nach der „Zwiebelmethode" vorgehen: Zuerst sollten die Charts der längeren Zeitperioden, also zum Beispiel der Tages-Chart, angesehen werden, bevor dann zu kürzeren Zeitperioden übergegangen wird. Hat man im Tages-Chart zum Beispiel einen Trend erkannt, dann können die kurzfristigen Charts für die Entscheidung herangezogen werden, wann der beste Zeitpunkt ist, in den längerfristigen Trend einzusteigen. Doch dazu im Folgenden mehr.

BEI DER CHARTANALYSE SOLLTE NACH DER „ZWIEBELMETHODE" VORGEGANGEN WERDEN. DAS HEISST: ZUERST WERDEN DIE CHARTS FÜR DIE LÄNGEREN ZEITPERIODEN ANALYSIERT.

8.1.2 Was ist die Technische Analyse?

Technische Analysten machen es sich einfach: Während die „Fundamentalisten" versuchen, aus Zahlungsbilanzgrößen, Zinsdifferenzen und Konjunkturdaten Prognosen für die Wechselkursentwicklung zu erstellen, geht die Technische Analyse einfach davon aus, dass alle verfügbaren und relevanten Informationen bereits im Kurs enthalten, also eskomptiert sind. Im Grunde muss der Techniker nichts anderes kennen als den Chart selbst. Häufig – und das ist auch sinnvoll – werden beide Methoden nebeneinander eingesetzt. Während die Technische Analyse eher für die kurzfristigen Entscheidungen zu Rate gezogen werden sollte, steht bei langfristigen Prognosen die fundamentale Analyse im Vordergrund.

Der Begriff „Technische Analyse" dient allerdings als Sammelbecken für eine ganze Reihe von Analysemethoden. So unterscheidet man in erster Linie folgende Bereiche:

Durch die Charttechnik lassen sich aus dem historischen Kursverlauf bestimmte Signale erkennen, die dann Kursprognosen ermöglichen. So fällt unter den Begriff Charttechnik z. B. die Analyse mit Hilfe von Trendlinien, Unterstützungszonen sowie Chartformationen.

Mit den Methoden der Markttechnik kann die Stärke einer Kursbewegung gemessen werden. Prinzipiell gibt die Markttechnik die Richtung einer Bewegung vor. Aus den Veränderungen des Kurses lassen sich verschiedene Indikatoren berechnen, die dann auf Kauf- und Verkaufssignale hin untersucht werden können.

Anhand der Zyklentechnik wird die Dauer oder das Ausmaß einer Kursbewegung untersucht. Aufgrund der zurückliegenden Daten können dann Kursziele errechnet werden. Unter den Begriff Zyklentechnik fallen zum Beispiel die Analysearten nach Fibonacci und Elliot.

Die Sentimenttechnik analysiert die Stimmung des Marktes – euphorisch oder ängstlich – hinter einer Kursbewegung.

Bevor es jedoch Sinn macht, sich mit aus den Kursdaten abgeleiteten technischen Indikatoren zu beschäftigen, sollte man in der Lage sein, den Chart selbst „zu lesen". Daher sollen im Folgenden die wichtigsten Grundlagen der Charttechnik dargestellt werden.

Die Technische Analyse kann in die Bereiche Charttechnik, Markttechnik, Zyklentechnik und Sentimenttechnik unterteilt werden.

8.1.3 Trends, Unterstützungen und Widerstände

Der Mensch ist ein Herdentier. Auch Bewegungen an den Märkten verlaufen daher in Trends. Diese geben aber nicht nur die Richtung vor, in die sich der Kurs mit hoher Wahrscheinlichkeit weiterhin bewegen wird, der Bruch von Trendlinien wird zudem nicht selten als Kauf- oder Verkaufssignal interpretiert. Zwar gibt es für das Anlegen von Trendlinien in Charts keine allgemeingültige Definition, üblicherweise werden aber signifikante Hoch- oder Tiefpunkte dafür verwendet.

Jeder muss jedoch für sich selbst herausfinden, wie er dabei genau vorgeht. Entscheidend für die „Prognosekraft" eines Trends ist dabei, wie oft die Trendlinie bestätigt wurde, denn merke: Zwei Punkte machen noch keinen Trend!

Da sich aber abhängig vom Faktor Zeit meistens mehrere Trends erkennen lassen (siehe Abbildung 8.1), wird eine Unterscheidung in Primärtrends (langfristig), Sekundärtrends (mittelfristig) und Tertiärtrends (kurzfristig) getroffen. Es ist abhängig vom Anlagehorizont, welcher Trend für die eigene Entscheidung relevant ist. Die Erfahrung zeigt jedenfalls: Je steiler ein Trend ist, desto kürzer ist auch seine Dauer.

Abb. 8.1: Beispiel für Trendlinien: der Euro/US-Dollar-Kurs 2004

Es gibt Kursmarken, die sind wichtiger als andere, denn sie entscheiden über die weitere Kursentwicklung. Diese Kursmarken werden Unterstützung (Support) und Widerstand (Resistance) genannt. Dahinter verbirgt sich das Phänomen, dass der Kurs von Devisen oder anderen auf Märkten gehandelten Werten mehrfach an bestimmten Kursniveaus entweder nach oben (Unterstützung) oder nach unten (Widerstand) dreht.

Es handelt sich also um Zonen erhöhter Umsatztätigkeit, die dazu geeignet sind, den Abwärts- oder den Aufwärtstrend eines Wechselkurses zu stoppen. Gelingt dies, dann spricht man davon, dass die Unterstützung oder der Widerstand bestätigt wurde. Eine Unterstützungszone verkörpert also eine Konzentration der Nachfrage, ein Widerstandsbereich die Zunahme des Angebots.

Die Existenz solcher signifikanter Kursniveaus findet ihre Erklärung darin, dass am Markt ein gewisser Konsens über die „faire" Bewertungsspanne zum Beispiel eines Wechselkurses existiert, also ein Gleichgewicht von Angebot und Nachfrage besteht. In dieser Handelsspanne (Trading Range) kann es allerdings durchaus zu heftigen Kursschwankungen kommen. Wird der Widerstand oder die Unterstützung aber dauerhaft überwunden, so hat sich der Konsens über den fairen Wechselkurs geändert.

Neben dieser fundamentalen Begründung ist natürlich auch die Psychologie nicht außer Acht zu lassen. Da viele Marktteilnehmer die jeweilige Devise zu Kursen in der Nähe des Widerstands verkauft beziehungsweise der Unterstützung gekauft haben, ist ein Über– oder Unterschreiten der jeweiligen Marken in der Regel mit starken Kursbewegungen verbunden. Wird zum Beispiel ein Widerstandsbereich überwunden, so gewinnt die Nachfrage die Oberhand, da bereits viele potenzielle Verkäufer vor dem Überschreiten dieser Marke Verkäufe getätigt haben und wenig weiteres Verkaufsinteresse besteht. Das Überschreiten eines Widerstands ist daher als Kaufsignal zu werten. Umgekehrt ist der Bruch einer Unterstützung ein Verkaufssignal.

„THE TREND IS YOUR FRIEND."

8.1.4 Handeln auf Basis von Trends, Unterstützungen und Widerständen

Wie bei allen Möglichkeiten der Technischen Analyse gibt es auch für Unterstützungen und Widerstände keine eindeutigen Definitionen. Es lassen sich jedoch hilfreiche Faustregeln aufstellen: Je öfter eine Marke bestätigt wurde, desto aussagekräftiger ist sie und desto schwieriger ist es, diesen Bereich zu durchbrechen. Wird ein Widerstandsbereich überschritten, so erweist er sich bei wieder fallenden Kursen fortan als Unterstützung oder vice versa.

Nicht selten kommt es zu einer so genannten „Pullback"–Reaktion, bei der sich der Kurs wieder an die durchbrochene Linie annähert. Hiermit wird meist der Break als solcher noch einmal bestätigt. Pullbacks sind häufig eine gute Gelegenheit, „nachträglich" auf das Chartsignal des Bruchs einer wichtigen Chartmarke zu reagieren.

Man sollte sich bei der Definition von Unterstützungs– und Widerstandslinien jedoch nicht an eine exakte Linie festklammern, sondern vielmehr einen Bereich sehen, in dem sich der Widerstand oder die Unterstützung bewegt. Um Fehlsignale (so genannte Bären– oder

Bullenfallen) zu umgehen, sollte auf jeden Fall ein signifikantes Unter- oder Überschreiten des jeweiligen Bereichs abgewartet werden.

Trends sind zu vielem nütze. Hat man erst einmal einen solchen in einem Chart identifiziert, kann man sein Handelssystem danach ausrichten. Ein solches einfaches Handelssystem sorgt zum einen dafür, dass man aussteigt, sobald kein Aufwärtstrend mehr zu erkennen ist. Zum anderen wird auf diese Weise aber auch der zu frühe Ausstieg verhindert. Trendlinien übernehmen daher dieselbe Funktion wie horizontale und vertikale Unterstützungslinien. Der Bruch eines Aufwärts- beziehungsweise Abwärtstrends gilt folglich als Verkaufs- oder Kaufsignal.

Häufig sind in Charts auch Trendkanäle (Trading Ranges) zu identifizieren, deren obere Begrenzung dementsprechend als Widerstand und deren untere Begrenzung als Unterstützung dienen. Langfristige Trendkanäle können durchaus eine große Spannweite haben, sodass sich bei einem kurzfristigeren Zeithorizont das Traden innerhalb eines solchen Trendkanals lohnen kann (siehe Abbildung 8.3).

Trendlinien sowie Unterstützungen und Widerstände bilden die Grundlage für einfache Handelssysteme.

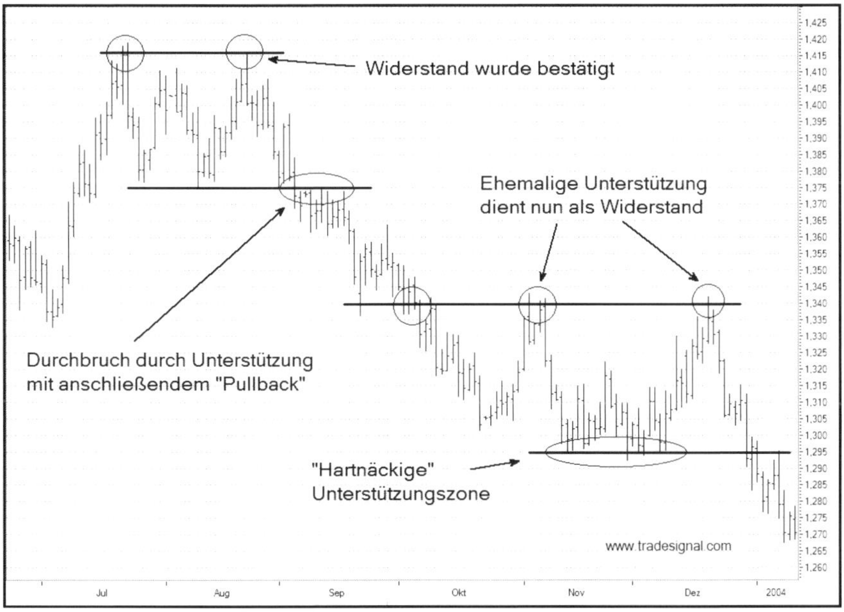

Abb. 8.2: Beispiel für Unterstützung und Widerstand: der USD/CAD–Kurs 2003

Abb. 8.3: Beispiel für einen Trendkanal: der NZD/USD–Kurs 2004

8.1.5 Technische Indikatoren

Auch die technischen Indikatoren basieren wie die Chartanalyse auf den an der Börse verfügbaren Daten. Diese Daten werden mit Hilfe mathematisch–statistischer Methoden analysiert. Die Berechnungen sind dabei zum Teil einfach, zum Teil aber auch recht komplex.

Der Phantasie sind keine Grenzen gesetzt, und da sich weltweit eine Vielzahl von Analysten mit diesem Thema beschäftigt, kann der Anleger inzwischen auf mehr als 2.000 Indikatoren zurückgreifen, die allerdings zum größten Teil Variationen weniger Grundkonzepte darstellen. Doch keine Angst, man muss die Indikatoren nicht selbst berechnen. Die im Handel erhältlichen Charttechnik–Programme bieten standardmäßig jede Menge Indikatoren an. Es werden an dieser Stelle einige grundsätzliche Tipps zum Einsatz von Indikatoren gegeben. Leser, die tiefer einsteigen wollen, seien an die einschlägige Fachliteratur verwiesen.

Im Folgenden werden kurz die drei wichtigsten Indikatoren–Familien charakterisiert:

Die Trendfolge–Indikatoren geben die vorherrschende Trendrichtung an; zu ihnen zählen der bekannte MACD sowie Indikatoren wie CCI, Trix und RMI. Um den Trend festzustellen, müssen Zufallsschwankungen aus den Kursen herausgerechnet, der Kursverlauf also irgendwie geglättet werden. Das bringt das Problem mit sich, dass die „Trendfolger" den Kursen hinterherlaufen.

Eine Stufe vor den Trendfolge–Indikatoren setzen bereits die Trendbestimmungs–Indikatoren an. Sie ermitteln nur, ob ein Trend vorliegt oder die Kurse sich in einer Seitwärtsphase befinden. Je nachdem, was der Fall ist, muss der Analyst auf unterschiedliche technische Instrumente zurückgreifen. Diese Art von Indikatoren liefert keine Kauf– oder Verkaufssignale, sondern dient zur Vorauswahl der weiteren Analysemethoden. Der ADX und der AROON zählen zu dieser Familie.

Die Momentum–Oszillatoren finden in der Regel bei weitgehend trendlosen Märkten Anwendung; Märkten also, bei denen Angebot und Nachfrage im Prinzip im Gleichgewicht sind. Dennoch kommt es auch in solchen Märkten zu Kursschwankungen, in denen die Nachfrage oder das Angebot zeitweilig die Oberhand gewinnen. Man spricht in diesem Fall von überkauften oder überverkauften Märkten.

Die Oszillatoren schwanken um eine Mittellinie oder in einer Bandbreite und geben bei Über- oder Unterschreitung bestimmter Signallinien Hinweise auf Überhitzung. Sie haben die erfreuliche Eigenschaft, dass sie dem Markt voraus laufen, da sie bereits eine nachlassende Dynamik anzeigen, während die Kurse noch ihrem Trend folgen. Zu ihnen zählen unter anderem das Momentum, der RSI, der DSS Blau sowie die Stochastik.

Kein Mensch kann natürlich die Gesamtzahl von mehr als 2.000 Indikatoren überblicken – und das ist auch gar nicht nötig. Wichtig für den charttechnisch Interessierten ist es, die für ihn selbst geeigneten Indikatoren herauszufinden und vernünftig einzusetzen. Für die technischen Indikatoren gilt nämlich wie für die Chartanalyse: Es gibt keine Patentrezepte; entscheidend ist, welche Ziele man verfolgt und welcher Anlegertyp man ist.

So sind die Trendfolge- und die Trendbestimmungs-Indikatoren eher für Anleger geeignet, die erst einsteigen möchten, wenn sich der Markt bereits gedreht hat; Oszillatoren sind dagegen eher etwas für Anleger, welche die Extrempunkte handeln möchten. Jeder, der technisch handeln will, sollte sich also die Zeit nehmen und verschiedene Indikatoren auf ihre Signale und das eigene Verhalten hin testen.

Mühsam und zeitraubend? Sicher. Aber vergessen Sie nicht: Technische Indikatoren sind zwar keine Wunderwaffe. Aber sie dienen dazu, unser Verhalten zu rationalisieren und zu systematisieren.

Es hängt von der Anlagestrategie ab, welche Indikatoren bei den Anlageentscheidungen zu Rate gezogen werden sollten.

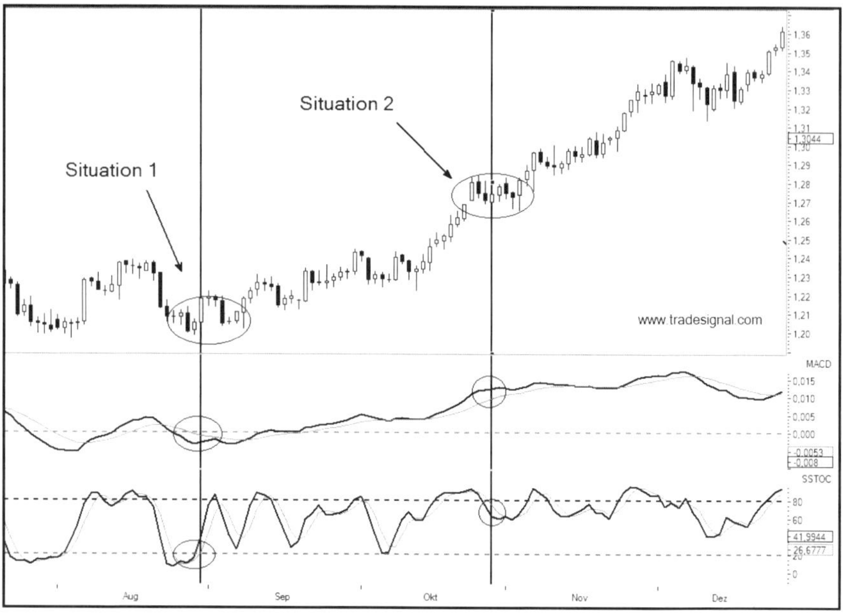

Abb. 8.4: Beispiel für eine Indikatorenanalyse: der EUR/USD–Kurs 2004

Situation 1: *Die Slow Stochastic schneidet ihre Signallinie von unten nach oben und gibt damit ein „Kaufsignal". Zudem verlässt der Indikator durch den Anstieg über 20 den überverkauften Bereich. Der MACD befindet sich im neutralen Bereich und hat daher in dieser Situation keine Aussagekraft.*

Situation 2: *Der MACD befindet sich deutlich im positiven Bereich und verläuft zudem über seiner Signallinie. Beides deutet hohe Dynamik im Aufwärtstrend an. Der Rückgang bei der Slow Stochastic und deren Verlassen des überkauften Bereichs durch den Fall unter 80 bedeutet daher nur eine Konsolidierung im Aufwärtstrend, ist aber noch kein Hinweis für eine Trendwende.*

8.2 Das richtige Setzen von Stop–Loss–Marken

Verluste begrenzen und Gewinne laufen lassen! Wer kennt diese ebenso platte wie richtige Erfolgsformel nicht? Doch wann ist der Zeitpunkt gekommen, sich von einer Anlage besser zu trennen? An dieser Frage scheitern viele, und zwar insbesondere aufgrund eines psychologischen Problems: Die meisten Menschen haben Schwierigkeiten, sich Irrtümer einzugestehen und eine einmal getroffene Entscheidung zu revidieren. Doch wie entkommt man diesem Dilemma? Die sicherste Methode ist es, Regeln aufzustellen, deren Einhaltung der freien Entscheidung entzogen wird.

Das Setzen von Stopp–Marken ist eine solche Regel. Dabei wird ein Kurs definiert, bei dessen Unterschreiten das Wertpapier verkauft wird. Solche Stop–Loss–Marken dienen entweder der Begrenzung von Verlusten oder der Sicherung von Gewinnen. Es gibt zwei entscheidende Grundsätze beim Setzen von Stopp–Marken, die nie verletzt werden dürfen:

Erstens: Das Stopp–Niveau wird IMMER vor dem Kauf eines Wertpapiers, beziehungsweise dem Einstieg in einen Wechselkurs, festgesetzt. Zweitens: Das Stopp–Niveau wird nach dem Eingehen des Trades NIE weiter vom aktuellen Kurs weggesetzt, sondern gegebenenfalls nur näher herangezogen.

Doch wie setzt man Stopp–Marken richtig? Eine einfache Möglichkeit ist es, die Stopp–Marke in einem bestimmten Abstand vom Kaufkurs festzulegen, zum Beispiel 15 Prozent. Die 15 Prozent entsprechen also dem Verlust, den man maximal zu tragen bereit ist. Das ist keine sehr der Kursentwicklung angepasste Methode, aber sie ist besser, als gar keine Stopp–Marke zu setzen. Besser ist es natürlich, mit Hilfe der Charttechnik Stopp–Niveaus zu identifizieren.

Horizontale Unterstützungen, das heißt Kursniveaus, bei denen der Kurs bereits öfters wieder nach oben drehte, können als Stopp–Marken dienen. Wurde in den Wechselkurs investiert, nachdem durch den Ausbruch aus einer charttechnischen Formation ein Einstiegssignal gegeben wurde, so lassen sich in der Regel aus dieser Formation auch eine Unterstützung oder ein Widerstand und damit eine Stopp–Marke ableiten. In der Regel ist dies das Ausbruchsniveau. Aber auch Trendlinien oder die Begrenzungen von Trendkanälen können als Stopp-Niveaus dienen. Abbildung 8.5 zeigt ein Beispiel für das Setzen von Stopp-Marken nach charttechnischen Kriterien.

Es lassen sich jedoch keine allgemeingültigen Regeln für das Setzen von Stopp-Marken aufstellen. Es ist zum einen abhängig von der Risikobereitschaft und vom Anlagehorizont des Investors. Zum anderen spielt auch die Volatilität des Wertpapiers beziehungsweise Underlyings eine Rolle. In einem Markt mit starken Kursschwankungen, wie zum Beispiel am Devisenmarkt, muss die Stopp-Marke weiter platziert werden als in einem Markt mit geringerer Volatilität.

Trotz allem wird es aber hin und wieder geschehen, dass die Stopp-Marke nicht ihre gewünschte Wirkung erzielt und Verluste begrenzt, sondern dass man zu früh ausgestoppt wird und sich wenig später der Wechselkurs doch wieder in die gewünschte Richtung bewegt. Dies kann sehr ärgerlich sein, sollte aber nicht dazu führen, das Konzept „Stopp-Marken-Setzen“ über Bord zu werfen.

Vielmehr muss man diese Verluste aus falschen Stopp-Signalen quasi als Versicherungsprämie gegen übermäßig hohe Kursverluste betrachten. Selten ist es so, dass man an den Märkten einmalige Gelegenheiten verpasst. Denn: Jeden Tag gibt es neue Chancen.

Trendlinien sowie Unterstützungen und Widerstände sind wichtige Hilfen beim richtigen Setzen von Stopp-Marken.

Abb. 8.5: Beispiel für das Setzen von Stopp-Kursen: der EUR/GBP-Kurs 2004

Trading-Beispiel für eine Long-Spekulation auf EUR/GBP aus dem Devisen-Trader Börsenbrief (www.devisen-trader.de) vom 8. 8.2004

Der Bruch des kurzfristigen Abwärtstrends bei EUR/GBP im August 2004 wurde im Devisen-Trader für eine Long-Spekulation genutzt. Am 9. August wurde der Call-Optionsschein mit der WKN A0C L8G zu einem Kurs von 5,82 Euro in das Devisen-Musterdepot gekauft. Das Kauflimit für den entsprechenden Spot-Trade betrug 0,6652 GBP im Wechselkurs (im Chart mit KK – Kaufkurs – bezeichnet).

Zwei Wochen später wurden am 23. August erste Gewinne mitgenommen, nachdem sich bei EUR/GBP eine Korrektur im Aufwärtstrend abzeichnete. Der Call-Optionsschein wurde zu einem Kurs von 7,14 Euro mit einem Gewinn von 23 Prozent verkauft. Der entsprechende Gewinn beim Spot-Trade belief sich bei einem Ausstiegskurs von 0,6765 GBP (im Chart mit VK1 – Verkaufskurs – bezeichnet) auf 113 Pips. Bei einer gängigen Ordergröße von einem Lot (100.000) und einer Margin von einem

Prozent entspricht dies einem Gewinn von 1.670 Euro oder 167 Prozent (siehe Berechnung unten).

Nach einer kurzfristigen Korrektur bis in den Bereich von 0,6700 GBP nahm EUR/GBP den Aufwärtstrend wieder auf und stieg bis Mitte November 2004 auf 0,7020 GBP (im Chart mit VK2 bezeichnet).

Der Call mit der WKN A0C L8G legte dadurch weiter zu bis auf 9,60 Euro, was einem Plus von 65 Prozent gegenüber dem Kaufkurs entspricht. Der Spot-Trade mit der Long-Position auf EUR/GBP verbuchte dabei einen Gewinn von 368 Pips. Bei einer gängigen Ordergröße von einem Lot entspricht dies einem Gewinn von 5.242 Euro.

Berechnung der Performance des Spot-Trades:

Ordergröße: 100.000 EUR; in Pfund: 100.000 x 0,6652 GBP = 66.520 GBP.
Margin: ein Prozent; erforderliche Sicherheitsleistung: 1.000 EUR.

Gewinn beim Spot-Trade in Pfund:
(0,6765 GBP – 0,6652 GBP) x 100.000 = 1.130 GBP
Gewinn beim Spot-Trade in Euro:
1.130 GBP / 0,6765 GBP = 1.670,36 EUR

Gewinn beim Spot-Trade in Prozent:
(1.670,36 EUR / 1.000 EUR) x 100 = 167,04 Prozent

8.3 Exkurs: Limits und Stop–Loss–Marken bei Derivaten

Beim Handel mit Derivaten gibt es einige Besonderheiten zu beachten, wenn Kauf– oder Verkaufsaufträge mit Limits oder Stop–Loss–Bedingungen versehen werden sollen. Diese Besonderheiten werden im Folgenden kurz erläutert.

8.3.1 Das Setzen von Limits und Stop–Loss–Orders

Ordert man an der Börse, so kann man entweder zum aktuellen Kurs kaufen – in diesem Fall wird der Zusatz „billigst" verwendet –, oder man nennt ein Kauflimit. Vor allem Devisenspekulationen sollten mit einem Limit versehen werden, da gerade Bewegungen am Devisenmarkt so schnell geschehen können, dass ein Kauf zum aktuellen Kurs unter Umständen schon nach kurzer Zeit nicht mehr sinnvoll sein kann.

Das Setzen eines Kauflimits bedeutet, dass ein Wertpapier gekauft wird, wenn es auf diesem Kurs oder DARUNTER notiert. Bei einem Verkaufslimit verhält es sich dementsprechend umgekehrt: Das Wertpapier wird verkauft, wenn es auf diesem Kurs oder DARÜBER notiert. Ein Verkaufslimit setzt man daher zur Gewinnmitnahme. Es liegt über dem aktuellen Kurs und wird dann ausgelöst, wenn der Kurs des Zertifikats oder Optionsscheins (oder anderen Wertpapiers) über den Kurs des Verkaufslimits steigt. Eine Verkaufsorder, die zum jeweils aktuellen Kurs erfolgen soll und nicht mit einem Verkaufslimit versehen ist, wird mit dem Zusatz „bestens" gekennzeichnet.

Jede Position sollte zudem mit einer Stop–Loss–Order abgesichert werden. Mit Stop–Loss ist gemeint, dass ein Wertpapier verkauft wird, wenn es auf diesem Kurs notiert oder darunter fällt. Das Stop–Loss–Limit liegt unterhalb des aktuellen Kurses und wird dann ausgelöst, wenn der Kurs auf oder UNTER diese Marke fällt, um noch größere Kursverluste zu vermeiden. Mit Stop–Loss–Orders sichert man folglich eine bestehende Position ab.

Auf diese Weise werden die Verluste begrenzt, falls sich der Markt anders entwickelt als ursprünglich erwartet. Stop–Loss–Orders können Sie daher nur für Wertpapiere aufgeben, die sich bereits in Ihrem Depot befinden.

Daneben ist es aber auch hin und wieder sinnvoll, einen Kaufauftrag mit einem Stop-Buy-Limit zu versehen. Mit dem Begriff Stop-Buy ist gemeint, dass ein Wertpapier gekauft wird, wenn es bis auf einen bestimmten Kurs oder darüber hinaus steigt. Mit Stop-Buy-Orders ist man bestrebt, in einen laufenden Markt einzusteigen.

Beispiel: Euro/US-Dollar steigt über sein bisheriges Jahreshoch, und man geht nun davon aus, dass sich die Aufwärtsbewegung fortsetzt. In diesem Fall macht das Setzen eines Stop-Buy-Limits für ein Long-Zertifikat oder einen Call-Optionsschein auf EUR/USD Sinn, denn würde Euro/US-Dollar nicht auf ein neues Jahreshoch steigen, würde man auch nicht von einer weiteren Aufwärtsbewegung ausgehen. Erst der Anstieg über eine bestimmte Marke macht das Wertpapier also zu einem Kauf.

Dabei ist jedoch zu beachten, dass Orders von Derivaten mit Limit nur an der Börse aufgegeben werden können. Wird das Derivat direkt mit der emittierenden Bank gehandelt, dann kann man nur zu dem angegebenen Realtime-Kurs kaufen oder verkaufen. Man muss also in diesem Fall selbst überwachen, ob das Kauf- oder Verkaufslimit erfüllt ist. Der Direkthandel mit den Emittenten ist über verschiedene Handelsplattformen möglich, zu denen zum Beispiel die Online-Broker den Zugang ermöglichen.

Daneben stellt sich allerdings folgendes Problem: Limits und Stopp-Kurse können an der Börse nicht für das Underlying, also zum Beispiel den Euro/US-Dollar-Kurs direkt angegeben werden, sondern nur für das jeweilige Derivat (siehe Abbildung 8.6). Der Kurs des Underlyings, für den das Limit oder der Stopp-Kurs gelten soll, muss also in die Kurse der in Frage kommenden Optionsscheine und Hebelzertifikate umgerechnet werden.

8.3.2 Die Berechnung von Limits und Stopp-Marken

Die Berechnung des Wertes eines Turbozertifikats bei einem bestimmten Underlying-Kurs ist einfacher als bei einem Optionsschein. Das hat folgenden Grund: Im Gegensatz zum Optionsschein ergibt sich der Preis des Turbozertifikats nahezu ausschließlich aus dem inneren

Wert. Der Wert eines Turbozertifikates kann daher unter Berücksichtigung des Bezugsverhältnisses als Differenz zwischen dem aktuellen Kurs des Basiswertes und dem Basispreis berechnet werden.

Notiert Euro/US-Dollar beispielsweise bei 1,2550 USD, während der Turbo-Bull einen Basis-Level von 1,2350 USD besitzt, so beträgt der innere Wert dieses Turbo-Bull-Scheines bei einem Bezugsverhältnis von 100 also 2,00 US-Dollar. Da das Turbozertifikat allerdings in Euro notiert, muss der innere Wert in Euro umgerechnet, das heißt durch den EUR/USD-Kurs von 1,2550 USD dividiert werden. Der innere Wert ergibt sich in diesem Fall zu 1,5936 Euro.

Zu diesem inneren Wert des Turbozertifikates muss ein Aufgeld addiert werden. Bis zum Laufzeitende wird dieses Aufgeld vollständig abgebaut. Das Aufgeld besteht dabei vor allem aus den Finanzierungskosten, die beim Emittenten anfallen (siehe Kapitel 7.4).

Praktisch kann das aktuelle Aufgeld hilfsweise ermittelt werden, indem der innere Wert vom aktuellen Kurs des Turbozertifikats abgezogen wird. Würde in unserem Beispiel der vom Emittenten angegebene aktuelle Kurs des Turbozertifikats zum Beispiel 1,65 Euro betragen, so beliefe sich das Aufgeld auf (1,65 – 1,5936) = 0,0564 Euro. Zu beachten ist noch, dass sich das Aufgeld bis zum Laufzeitende kontinuierlich abbaut.

Während der Preis eines Turbozertifikats aufgrund des nur geringen Aufgelds annähernd seinem inneren Wert entspricht, verhält es sich bei Optionsscheinen anders. Der Wert eines Optionsscheins setzt sich zusammen aus dem inneren Wert und dem Zeitwert. Der Zeitwert kann dabei – abhängig von der Ausstattung des Optionsscheins – bestimmend für den Wert des Optionsscheins sein.

Als Faustregel gilt: Je weiter der Optionsschein „im Geld“ ist, desto eher entspricht der Preis des Optionsscheins seinem inneren Wert und umso geringer ist der Zeitwert. Ist der Optionsschein „aus dem Geld“, so besteht der Wert des Optionsscheins nur noch aus dem Zeitwert. „Im Geld“ bedeutet dabei, dass zum Beispiel bei einem Call der Kurs des Underlyings über dem Basispreis liegt.

Beispiel:

Ein Call mit einem Basispreis von 1,2350 USD ist bei einem angenommen EUR/USD–Kurs von 1,2550 USD „im Geld". Ein Put mit einem Basispreis von 1,2350 USD ist beim gleichen aktuellen Kurs „aus dem Geld".

Der Zeitwert eines Optionsscheins lässt sich jedoch nicht so einfach ermitteln, da für seine Berechnung auf relativ komplizierte Optionspreismodelle zurückgegriffen werden muss. Es empfiehlt sich daher, einen Optionsscheinrechner zu Rate zu ziehen, wenn man ausrechnen möchte, wie sich der Preis eines bestimmten Calls oder Puts bei einer Veränderung des Underlying–Kurses entwickelt.

Will man beispielsweise feststellen, wie sich der Preis des Calls mit der Basis 1,2350 USD verändert, wenn der EUR/USD–Kurs auf 1,2650 USD steigt, dann müssen die entsprechenden Parameter in den Optionsscheinrechner eingegeben werden. Viele Direktbanken und Finanzseiten im Internet, zum Beispiel auch OnVista, stellen einen solchen Optionsscheinrechner zur Verfügung.

WÄHREND BEI TURBOZERTIFIKATEN JEDER SELBST EINFACH LIMITS UND STOPPS BERECHNEN KANN, IST BEI OPTIONSSCHEINEN DER EINSATZ EINES OPTIONSSCHEINRECHNERS NÖTIG.

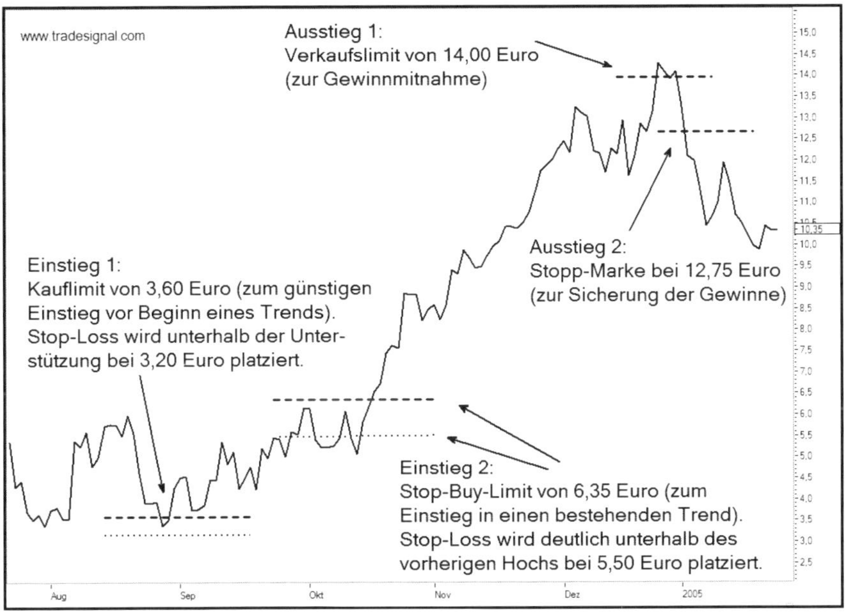

Abb. 8.6: Das Setzen von Limits und Stopps am Beispiel des Long–Zertifikats mit der WKN ABN 1RP auf den EUR/USD–Wechselkurs

Innerer Wert = (EUR/USD–Kurs – Basispreis) / EUR/USD–Kurs x Bezugsverhältnis
Beispiel: (aktueller Kurs: 1,2550 USD; Basispreis: 1,2350; Bezugsverhältnis: 100:1) Innerer Wert = (1,2550 USD – 1,2350 USD) / 1,2550 USD x 100 = 1,5936 Euro

Tab. 8.1: Innerer Wert eines Turbo–Bull–Zertifikats auf Euro/US–Dollar

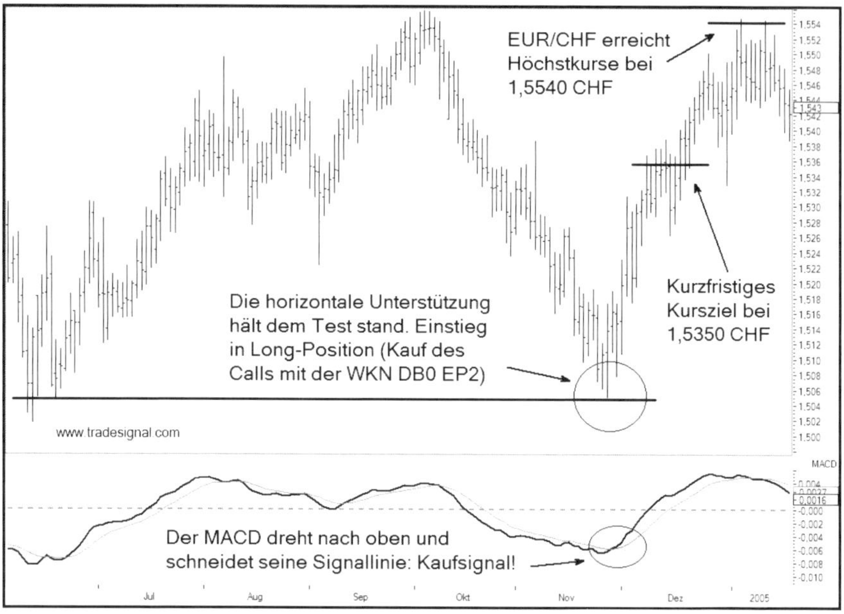

Abb.8.7: Trading–Beispiel EUR/CHF aus Devisen–Trader, Ausgabe 46/2004

Trading–Beispiel für eine Long–Spekulation auf EUR/CHF aus dem Devisen–Trader Börsenbrief (www.devisen–trader.de) vom 28. 11. 2004

Originaltext vom 28.11.2004:

„Wie im Chart von EUR/CHF zu erkennen, ist hier das Bild von einer Abwärtsbewegung geprägt, die seit dem 6. Oktober Bestand hat. Infolge dieser Bewegung hat das Währungspaar von rund 1,5550 CHF bis zum Handelstief bei rund 1,5060 CHF nachgegeben. Auch bei einem aktuellen Kurs von 1,5139 CHF ist der Abwärtstrendkanal noch intakt. Am 25. November testete EUR/CHF die horizontale Unterstützung (Handelstief vom 11. Juni 2004) bei 1,5060 CHF zunächst erfolgreich.

Aufgrund des Erholungspotenzials bei EUR/CHF platzieren wir eine Order für unser Devisen–Musterdepot. Es handelt sich dabei um den Call–Optionsschein mit der WKN DB0 EP2. Das Kauflimit liegt bei 4,07 Euro, der Stopp–Kurs bei 3,51 Euro. Limit und Stopp für den entsprechenden Spot–Trade lauten auf 1,5110 und 1,5020 CHF im Wechselkurs."

EUR/CHF konnte anschließend wie erwartet Kursgewinne verbuchen. Bereits zehn Tage später, am 8. Dezember, hatte EUR/CHF das vorläufige Kursziel bei 1,5350 CHF erreicht. Bei dem im Musterdepot befindlichen Call mit der WKN DB0 EP2 konnten daher bei einem Verkaufslimit von 5,50 Euro erste Gewinne von 35 Prozent mitgenommen werden. Der entsprechende Spot–Trade mit der Long–Position auf EUR/CHF konnte bei einem Kursniveau von 1,5345 CHF mit einem Plus von 235 Pips glattgestellt werden. Bei einer gängigen Ordergröße von einem Lot (100.000) und einer Margin von einem Prozent entspricht dies einem Gewinn von 1.531 Euro oder 153 Prozent (siehe Berechnung unten).

Nach einer zwischenzeitlichen Korrektur legte EUR/CHF anschließend weiter zu, und zwar bis in den Bereich von 1,5540 CHF. Der Call mit der WKN DB0 EP2 stieg dadurch weiter bis auf 6,60 Euro, was einem Plus von mehr als 60 Prozent gegenüber dem Kaufkurs entspricht – und das innerhalb von fünf Wochen nach dem Einstieg. Der Spot–Trade mit der Long–Position auf EUR/CHF verbuchte dabei ein Plus von 430 Pips. Bei einer gängigen Ordergröße von einem Lot entspricht dies einem Gewinn von 2.767 Euro.

Berechnung der Performance des Spot–Trades:

Ordergröße: 100.000 EUR; in Franken: 100.000 x 1,5110 CHF = 151.100 CHF.
Margin: ein Prozent; erforderliche Sicherheitsleistung: 1.000 EUR.

Gewinn beim Spot–Trade in Franken:
(1,5345 CHF – 1,5110 CHF) x 100.000 = 2.350 CHF
Gewinn beim Spot–Trade in Euro:
2.350 CHF / 1,5345 CHF = 1.531,44 EUR
Gewinn beim Spot–Trade in Prozent:
(1.531,44 EUR / 1000 EUR) x 100 = 153,14 Prozent

8.4 Tipps für den Trading–Erfolg

Für viel Furore sorgten in den vergangenen Jahren Bücher und Studien zur Psychologie des Tradens. Der Oberbegriff für diesen Zweig der Ökonomie lautet „Behavioral Finance“, was sich mit „verhaltensorientierte Finanzmarktanalyse“ übersetzen lässt. Die „Behavioral Finance“ beschäftigt sich damit, dass Menschen in der Regel eben nicht rational ihre Entscheidungen treffen, sondern sich von Emotionen leiten lassen. An dieser Stelle sollen nur Stichworte wie Herdentrieb und selektive Wahrnehmung genannt werden.

Es geht also darum, wie Menschen Informationen aufnehmen, auswählen und verarbeiten und daraus ihre Entscheidungen treffen. Dabei werden die Erkenntnisse der modernen Psychologie zu Rate gezogen. An dieser Stelle kann nicht die umfangreiche Fachliteratur zu diesem Thema aufgerollt werden, sondern es werden einige Handlungsempfehlungen gegeben, um die häufigsten psychologischen Fehler beim Traden mit Devisen zu vermeiden. Denn eines sollte jedem klar sein: Die Frage nach Erfolg oder Misserfolg beim Traden entscheidet sich überwiegend in der Psychologie.

Wer ernsthaft traden will, sollte sich daher intensiv mit dieser Thematik und der eigenen Psyche beschäftigen. Oder anders gesagt: Für den, der sich selbst nicht einschätzen kann, kann der Devisenmarkt ein teures Pflaster sein, um dies nachzuholen. Die Beschäftigung mit diesem Thema lohnt sich jedoch nicht nur unter dem Aspekt, das eigene Verhalten besser zu verstehen, sondern bringt auch wichtige Erkenntnisse für das Verständnis von Marktprozessen.

Im Folgenden werden einige Handlungsempfehlungen gegeben, die für den Trading–Erfolg maßgeblich sind.

Das Verständnis der Psychologie des Tradens ist eine wichtige Voraussetzung für den Trading–Erfolg.

8.4.1 Handeln Sie mit Plan und Disziplin

Gerade der Devisenmarkt ist ein schwieriger Markt. Phasen extremer Kursbewegungen wechseln sich ab mit lang anhaltenden Phasen, in denen kaum Kursbewegungen stattfinden. Das kann leicht dazu führen, dass man sich den Marktkräften hilflos ausgeliefert fühlt und dann irrationale Entscheidungen trifft. Emotionen wie Angst und Gier kommen ins Spiel.

Ein typisches Beispiel dafür ist der Versuch, einem Trend hinterherzulaufen, der sich eigentlich schon dem Ende zuneigt. Grund für dieses Verhalten ist die Furcht, mögliche Gewinne zu verpassen. Ebenfalls ein Beispiel für irrationales Verhalten ist das zu lange Festhalten an Verlustpositionen, da es vielen schwer fällt, sich selbst Fehlentscheidungen einzugestehen und Verluste als Teil des Tradens zu akzeptieren.

Die einzige Möglichkeit, solche „psychologische Fallen" zu umgehen, ist es, die Emotionen beim Traden möglichst auszuschalten. Im Gegensatz zu Gefühlen sind Emotionen aber dadurch definiert, dass sie sich nicht bewusst kontrollieren lassen. Daher muss man Bedingungen schaffen, in denen die Emotionen möglichst geringen Einfluss auf die eigenen Entscheidungen haben. Dafür gibt es zwei Stichworte: Plan und Disziplin.

Jedem Trade sollte also eine Einschätzung über das weitere Marktgeschehen vorangehen, auf dem dann ein Plan aufgebaut werden kann. Das kann auf ein einfaches Beispiel übertragen in etwa so aussehen:

„EUR/USD steht aktuell bei 1,3000 USD. Ich gehe davon aus, der Wechselkurs steigt in den nächsten beiden Tagen auf 1,3150 USD. Sollte der Wechselkurs allerdings unter 1,2950 USD fallen, dann gehe ich nicht mehr von weiter steigenden Kursen aus. Ich gehe daher auf dem aktuellen Niveau long und setze eine automatische Stopp–Marke bei 1,2950 USD. Sollte EUR/USD auf 1,3150 USD steigen, stelle ich die Position glatt und nehme den Gewinn mit."

Durch das automatische Setzen eines Verkaufslimits bei 1,3150 USD und einer Stopp–Marke bei 1,2950 USD sorgt man dafür, dass der Plan auch in die Tat umgesetzt wird. Disziplin ist also gewährleistet.

Läuft der Markt nun nicht in die gewünschte Richtung, dann könnte die Versuchung auftauchen, die Stopp–Marke aufzuheben oder herabzusetzen, um nicht fälschlich oder zu früh ausgestoppt zu werden. Das ist einer der häufigsten Fehler beim Traden und sollte unbedingt vermieden werden. Stopp-Marken sind unantastbar. Besser ist es, die Position ausstoppen zu lassen und eine neue Position einzugehen. Denn: Dies erfordert eine neue Markteinschätzung, die dann wieder unvoreingenommen erfolgen kann.

Ein weiterer häufiger Fehler ist es, Positionen im Gewinn zu früh aufzulösen, um den Gewinn mitzunehmen. Auch dieses Verhalten entspringt einem emotionalen Impuls, nämlich der Angst, erzielte Gewinne wieder zu verlieren. Am Kursziel sollte also festgehalten werden. Besser ist es, bei einer Position im Plus die Stopp-Marke nachzuziehen, um aufgelaufene Gewinne zu sichern.

Doch dies sind nur Beispiele. Letztlich muss jeder sein eigenes System finden und dieses diszipliniert umsetzen. Wenn es ein Geheimnis für erfolgreiches Traden gibt, dann ist es planvolles und diszipliniertes Verhalten. Denn: Ein perfektes, fehlerfreies System gibt es nicht. Die Suche danach ist wie die Suche nach dem Heiligen Gral – und die war bekanntlich erfolglos.

8.4.2 Versuchen Sie keinen Kaltstart

Doch Plan und Disziplin reichen nicht aus, auch Know-how ist notwendig. Wer erfolgreich am Devisenmarkt spekulieren will, sollte sich eine lange Lernphase zugestehen. Es ist nicht leicht, mit Devisen Geld zu verdienen; wäre es das, dann wäre jeder Millionär.

Die Einarbeitung sollte drei Phasen umfassen: Die erste ist das Lernen, die Beschäftigung mit der Thematik, also das Schaffen des Rüstzeugs. Dazu gehören das Verständnis des technischen Ablaufs, der Einflüsse auf die Preisbildung am Devisenmarkt, der Charttechnik usw. Vor allem diesem Zweck dient die Vermittlung von Einsteigerwissen in diesem Buch. Wer ernsthaft traden will, sollte allerdings sein Wissen auf vielen Gebieten vertiefen. Insbesondere ist hier die Charttechnik als wichtigstes Handwerkzeug für den kurzfristig orientierten Trader zu nennen.

Die zweite Phase ist die der Marktbeobachtung. Dabei sollte man sich die Zeit nehmen, die Bewegungen am Devisenmarkt intraday zu beobachten, um ein Gespür für den Markt zu bekommen. Wie fallen zum Beispiel die Reaktionen auf neue Konjunkturdaten aus, wann gibt es die stärksten Marktbewegungen, welche Unterschiede gibt es bei den einzelnen Wechselkursen usw. In dieser Phase kann man sich schon Handelsstrategien überlegen und beobachten, ob diese zum Erfolg geführt hätten oder nicht.

Die dritte Phase ist mit „Trockenübungen" gut umschrieben. Bevor man mit echtem Geld traded, sollte ein längerer Zeitraum des Übens mit virtuellem Geld eingeplant werden.

Viele Devisen-Broker bieten die Möglichkeit an, ein Demokonto zu eröffnen und für einen bestimmten Zeitraum mit virtuellem Geld zu handeln (Nähere Informationen hierzu zum Beispiel unter www.devisen-trader.de/demo.html). Hier sollte man aber schon ernsthaft traden, also unter der Prämisse, es würde sich tatsächlich um echtes Geld handeln. Das erfordert planmäßiges Vorgehen in der beschriebenen Art und Weise mit dem Setzen von Kurszielen und Stopp-Marken.

8.4.3 Lernen Sie, sich selbst einzuschätzen

Bei vielen Einsteigern ist zu beobachten, dass sie erfolgreich traden, solange es um virtuelles Geld geht. Sobald aber der Umstieg auf Trades mit echtem Geld erfolgt, stellt sich Misserfolg ein. Das liegt daran, dass dann die besagten Emotionen wie Gier und Angst ins Spiel kommen. Das ist auch dann der Fall, wenn der Einstieg mit kleinen Ordergrößen erfolgt – was im Übrigen auf jeden Fall zu empfehlen ist.

Hier kann man zu einem kleinen Trick greifen: Man sollte bei jedem Trade nur den Gewinn oder Verlust in Pips sehen und darf nicht den Fehler machen, die Performance jeweils in Euro umzurechnen.

Trading hat wie gesagt viel mit Psychologie zu tun. Wer sich und seine Reaktionen nicht kennt, wird sich beim Traden kennen lernen. Das kann unter Umständen teuer werden. Besser ist es, sich bereits im Vorfeld Gedanken über das eigene Verhalten in bestimmten Situationen zu machen. Dabei sollte man sich unter anderem folgende Fragen stellen:

Handle ich lieber mit dem Trend oder setze ich eher auf Trendwechsel? Bis zu welcher Höhe halte ich Verluste aus? Was mache ich, wenn mehrere Trades in Folge fehlschlagen?

Doch auch bei noch so guter Vorbereitung: Am meisten lernt man aus Erfahrung. Daher sollte man immer offen dafür bleiben, das eigene Verhalten zu ändern oder sein Trading-System an die eigenen psychischen Voraussetzungen anzupassen.

8.4.4 Entwickeln Sie ein System

Während der Phase des Lernens und Sicht-selbst-Einschätzens sollte man sich daran machen, ein individuelles System des Tradens zu entwickeln. Ein solches System kann sich zum Beispiel an der Charttechnik orientieren. Möglich ist hier die Orientierung an Trends, an Unterstützungen und Widerständen oder an den Handelssignalen charttechnischer Indikatoren.

Wichtig ist hier vor allem eines: Man muss aus der Vielzahl der Möglichkeiten die für sich passende auswählen. Es nützt nichts, alle Analysemethoden in die eigenen Entscheidungen einbeziehen zu wollen. Ab einem bestimmten Punkt sind die Informationen vom Gehirn nicht mehr verarbeitbar und in eine schlüssige Strategie umzusetzen.

Das Gebot heißt daher: KISS – Keep it simple stupid. Auch wenn das System einfach gehalten werden sollte, heißt das natürlich nicht, dass es nicht einem längerem Test unterzogen werden muss. Entschließt man sich zum Beispiel für den Einsatz eines charttechnischen Indikators, dann genügt es in der Regel nicht, einfach die Standardeinstellungen zu verwenden. Man sollte die Parameter so lange verändern, bis er die besten Signale liefert. Dafür sind so genannte Back-Tests notwendig, um zu überprüfen, wie erfolgreich die Signale in der Vergangenheit waren. Das kann sehr langwierig sein, aber der Aufwand lohnt sich.

Hat man nun ein System gefunden, das auf relativ wenigen Signalgebern beruht, in diesem Sinne also einfach ist, dann geht man allerdings auch die Gefahr ein, dass es zeitweise keine Signale liefert. Ist dies der

Fall, dann sollte man auch die Disziplin aufbringen und nicht handeln. Das erfordert nicht selten Geduld. Über solche Phasen kann man sich jedoch mit dem Gedanken hinwegtrösten, dass es am Devisenmarkt immer wieder neue Trading–Gelegenheiten gibt.

8.4.5 Begrenzen Sie das Risiko

Verluste begrenzen und Gewinne laufen lassen – das ist ebenso leicht gesagt wie schwer getan. Den meisten Menschen spielt hier ihre Psyche einen Streich, und sie verhalten sich genau umgekehrt: Verluste werden in der Hoffnung, sie wieder auszugleichen, ausgesessen, und Gewinne werden aus Angst, sie wieder zu verlieren, zu früh mitgenommen.

Stop–Loss–Marken sollten daher für jede Position gesetzt werden. Das gilt übrigens insbesondere dann, wenn man den Markt nicht im Auge behalten kann. Dabei darf man sich auch nicht davon verunsichern lassen, wenn man einmal fälschlich ausgestoppt wird und sich der Markt anschließend wieder in die gewünschte Richtung bewegt.

Daraus den Schluss zu ziehen, in Zukunft keine Stopp–Marken mehr zu setzen, ist in jedem Fall falsch. Schließlich sind Stopps da, um ausgelöst zu werden und damit Verluste zu begrenzen. Möglicherweise sollte aber die Stopp–Strategie überdacht werden.

Das Begrenzen der Risiken bei Investitionen ist jedoch eine Wissenschaft für sich. Dabei gibt es verschiedene Ansätze, auf die hier kurz eingegangen wird.

Der eine ist die Diversifizierung. Spekuliert man auf verschiedene Wechselkurse, dann empfiehlt es sich, auf solche zurückzugreifen, die nicht in dieselbe Richtung laufen, also eng miteinander korreliert sind. Geht man zum Beispiel long in EUR/USD und short in USD/CHF, so setzt man in beiden Fällten auf einen schwächeren US–Dollar. Schlägt die Annahme einer Dollar–Abwertung in diesem Fall fehl, dann geht man das Risiko ein, bei beiden Positionen ausgestoppt zu werden. Das Risiko für das Gesamtdepot kumuliert sich.

Überhaupt sollte man keine zu hohen Risiken für das Gesamtdepot eingehen. Professionelle Trader setzen sich häufig ein Verlustlimit von fünf Prozent des Kapitals pro Tag. Machen sie mehr Verlust, dann beenden sie das Traden für diesen Tag. So vermeidet man es, „Haus und Hof zu verwetten".

Verfügt man über ein Konto bei einem Devisen–Broker und handelt direkt an der Forex, dann besteht noch eine weitere Gefahr: Investiert man sein gesamtes Kapital, dann geht man das Risiko ein, dass der Devisen–Broker einen Nachschuss verlangt oder Positionen zwangsweise schließt, falls sich der Markt nicht in die gewünschte Richtung läuft. Der Hebel funktioniert eben in beide Richtungen. Diese Gefahr umgeht man, indem man nicht das gesamte Kapital zum Traden einsetzt.

Für einzelne Trades verwenden viele Trader folgende Faustregel: Das erhoffte Kurspotenzial sollte etwa 2:1 im Verhältnis zum möglichen Verlust stehen. Das bedeutet: Erhofft man sich von einem Trade einen Gewinn von 30 Prozent, dann sollte das Verlustrisiko nicht mehr als 15 Prozent betragen, ansonsten wird der Trade unattraktiv.

8.4.6 Glauben Sie an sich selbst

Jeder der handelt, hat dies sicher schon festgestellt: Je nach Erfolg, Marktlage und eigener Gemütsverfassung kommen beim Traden Emotionen wie Gier, Angst, Selbstzweifel und Euphorie ins Spiel. Alle diese Emotionen können dazu führen, dass man die falschen Entscheidungen trifft. Es gibt kein Patentrezept dafür, dies zu verhindern. In jedem Fall sollte man aber nur in einer stabilen, emotionalen Verfassung handeln. Ansonsten ist es besser, dem Markt fern zu bleiben

Insgesamt ist das Traden mit System die beste Möglichkeit, Emotionen auszuschalten. Dabei sollte man allerdings auch der Versuchung widerstehen, das eigene System allzu schnell über Bord zu werfen, wenn sich einmal ein Misserfolg einstellt.

Um dies nicht zu tun, ist der letzte Tipp für erfolgreiches Traden: Glauben Sie an sich selbst!

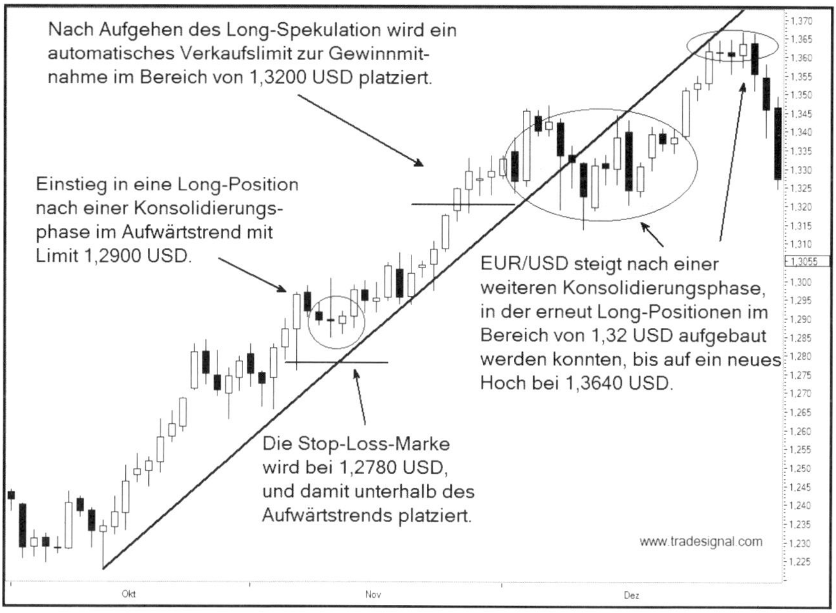

Abb. 8.8: Trading–Beispiel EUR/USD aus Devisen–Trader, Update vom 11.11.2004

Trading–Beispiel für eine Long–Spekulation auf EUR/USD aus dem Devisen–Trader Börsenbrief (www.devisen–trader.de) vom 11. 11.2004

Originaltext vom 11.11.2004:

„Nachdem EUR/USD ein neues Hoch bei rund 1,30 USD markiert hatte, ist es ihm nicht gelungen dieses Niveau zu halten beziehungsweise den markanten Widerstand bei rund 1,2930 USD (Hoch vom 18. Februar 2004) nachhaltig zu überwinden. Im Chart ist ersichtlich, dass der Aufwärtstrend, der bei 1,2230 am 13. Oktober 2004 startete, intakt ist.

Da EUR/USD nach dem Test der Unterstützung bei 1,2850 USD diese Marke verteidigen konnte, ist davon auszugehen, dass von diesem Niveau aus eine neue Aufwärtsbewegung folgen wird.

Aus diesem Grund wird im Musterdepot eine Long–Position eröffnet. Es handelt sich dabei um das Long–Zertifikat mit der WKN ABN 4FZ. Das Kauflimit liegt bei 5,58 Euro, der Stopp–Kurs bei 4,51 Euro. Limit und Stopp für den entsprechenden Spot–Trade lauten auf 1,2900 und 1,2780 USD im Wechselkurs."

EUR/USD setzte anschließend wie erwartet die Aufwärtsbewegung fort. Bereits zwölf Tage später wurde das vorläufige Kurziel von 1,3200 USD im Wechselkurs erreicht. Bei dem im Musterdepot befindlichen Long-Zertifikat mit der WKN ABN 4FZ konnte daher bei einem Verkaufslimit von 7,45 Euro der Gewinn von 34 Prozent mitgenommen werden. Der entsprechende Spot-Trade mit der Long-Position auf EUR/USD konnte bei einem Kursniveau von 1,3200 USD mit einem Plus von 300 Pips glattgestellt werden. Bei einer gängigen Ordergröße von einem Lot (100.000) und einer Margin von einem Prozent entspricht dies einem Gewinn von 2.273 Euro oder 227 Prozent (siehe Berechnung unten).

Nach einer längeren Konsolidierungsphase legte EUR/USD bis zum Jahresende 2004 weiter zu, und zwar bis in den Bereich von 1,3640 USD. Das Long-Zertifikat mit der WKN ABN 4FZ stieg dadurch weiter bis auf 10,20 Euro, was einem Plus von 83 Prozent gegenüber dem Kaufkurs entspricht. Der Spot-Trade mit der Long-Position auf EUR/USD verbuchte dabei ein Plus von 740 Pips. Bei einer gängigen Ordergröße von einem Lot entspricht dies einem Gewinn von 5.425 Euro.

Berechnung der Performance des Spot-Trades:

Ordergröße: 100.000 EUR; in US-Dollar: 100.000 x 1,2900 USD = 129.000 USD.
Margin: ein Prozent; erforderliche Sicherheitsleistung: 1.000 EUR.

Gewinn beim Spot-Trade in US-Dollar:
(1,3200 USD – 1,2900 USD) x 100.000 = 3.000 USD
Gewinn beim Spot-Trade in Euro:
3.000 USD / 1,3200 USD = 2.272,72 EUR
Gewinn beim Spot-Trade in Prozent:
(2.272,72 EUR / 1.000 EUR) x 100 = 227,27 Prozent

9. Guthaben und Kredite in fremden Währungen

Bislang wurde in erster Linie auf die spekulativen Möglichkeiten eingegangen, am Devisenmarkt Geld zu verdienen. Instrumente hierfür sind zum Beispiel Derivate oder die so genannten Spot-Trades. Daneben kann man natürlich auch direkt Geld in ausländischer Währung anlegen, wenn dies zum Beispiel eine höhere Rendite verspricht. Im Gegenzug geht man allerdings bei dieser Anlageform ein Wechselkursrisiko ein.

Immer beliebter wurden in den letzten Jahren zudem die Fremdwährungskredite. Bei der Aufnahme von Krediten in fremden Währungen taucht allerdings eine Vielzahl von Problemen auf, weshalb wir dieses Thema ein wenig ausführlicher beleuchten.

9.1 Fremdwährungskonten und Zinszertifikate

Die Zinsen in Euroland sind derzeit auf einem niedrigen Niveau. Wer jedoch etwas mehr Rendite in sein Depot bringen will, für den bietet sich die Möglichkeit, von den höheren Zinsniveaus in anderen Ländern zu profitieren. Bevorzugt werden die Währungen so genannter Emerging Markets für derartige Investitionen herangezogen.

Als Emerging Markets werden Volkswirtschaften bezeichnet, die sich in einem Aufholprozess gegenüber den Industrieländern befinden. Dieser Aufholprozess geht in der Regel mit hohem Wirtschaftswachstum einher, was diese Länder gerade für wachstumsorientierte Anleger interessant macht. Geldanlagen in den Emerging Markets bieten daher häufig eine überdurchschnittliche Verzinsung.

Fremdwährungskonten sind eine Möglichkeit, von einer solchen überdurchschnittlichen Verzinsung zu profitieren. Viele Banken bieten die Möglichkeit der Kontoeröffnung in einer fremden Währung an, was den Preisvergleich natürlich erschwert.

Eine weitere Möglichkeit, in fremden Währungen zu investieren, sind zum Beispiel die Zinszertifikate von ABN Amro. Die börsengehandelten Zinszertifikate sind gegenüber den Fremdwährungskonten die transparentere und flexiblere Anlageform. Die Verzinsung erfolgt nach dem aktuellen Geldmarktzins, und die Zinsgutschrift erfolgt täglich. Der aktuelle Wert des Zertifikats richtet sich daher nach den aufgelaufenen Zinsen und dem aktuellen Wechselkurs. Zwar sind die Transaktionskosten geringer als bei Fremdwährungskonten, aber dennoch ist zu beachten: Der Spread und die von ABN Amro einbehaltene Zinsmarge sind umso höher, je volatiler der jeweilige Markt ist. Nähere unabhängige Informationen zur Funktionsweise der Zinszertifikate liefert zum Beispiel eine über www.devisen–trader.de zu beziehende Broschüre.

In beiden Fällen, bei den Fremdwährungskonten und den Zinszertifikaten, ist die festverzinsliche Geldanlage jedoch mit einem Wechselkursrisiko verbunden: Wer zum Beispiel ein Konto in Südafrikanischen Rand eröffnet oder ein Zinszertifikat auf den Rand erwirbt, der profitiert nicht nur von der höheren Verzinsung, sondern spekuliert auch auf eine Aufwertung des Rands. Wertet in diesem Fall der Rand jedoch ab, dann wird dadurch der Vorteil der höheren Verzinsung verringert, oder es kommt sogar zu einem Verlust.

Wie überall gilt daher auch in diesem Fall: Eine höhere Rendite ist nur um den Preis eines höheren Risikos zu haben.

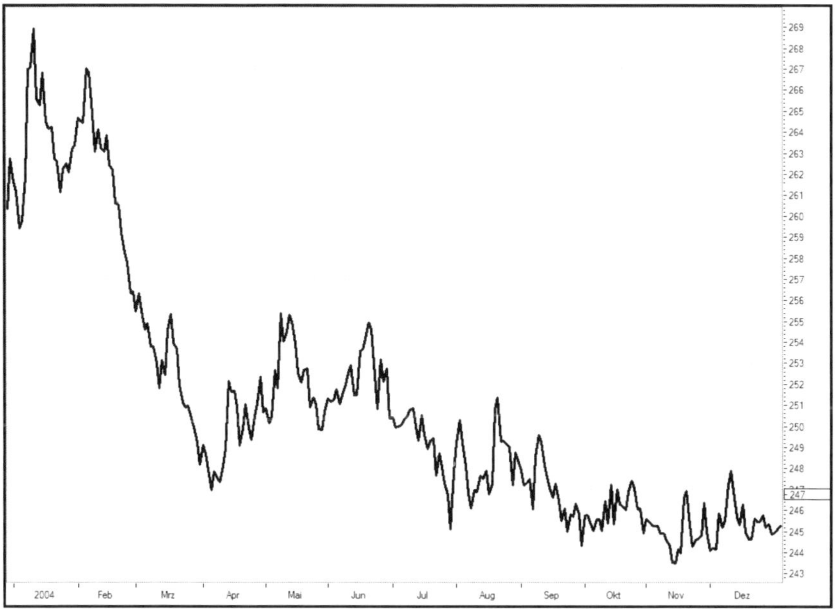

Abb. 9.1: Der Wechselkurs des Euros zum Ungarischen Forint 2004

Der Wechselkurs des Euros zum Ungarischen Forint fiel im Jahr 2004 um etwa sieben Prozent. Wer in das Zinszertifikat auf den Forint investiert war, konnte damit nicht nur von der hohen Verzinsung von 7,5 Prozent, sondern auch von der Aufwertung des Forints um sieben Prozent profitieren. Die Wertsteigerung des Zinszertifikats auf den Forint betrug damit im Jahr 2004 etwa 15 Prozent.

9.2 Fremdwährungskredite

Fremdwährungskredite sind in den letzten Jahren stark in Mode gekommen. Insbesondere in Österreich und den süddeutschen Bundesländern Bayern und Baden–Württemberg erfreut sich diese Form der Finanzierung großer Beliebtheit.

9.2.1 Wie funktionieren Fremdwährungskredite?

Der Reiz dieser Finanzierungsform liegt dabei auf der Hand: In einigen Staaten liegen die Zinsen deutlich niedriger als in der Europäischen Union. Bei gleichem Kreditvolumen müssen für einen Kredit, der in Japanischen Yen oder Schweizer Franken aufgenommen wurde, deutlich weniger Zinszahlungen geleistet werden als für einen Euro-Kredit.

Die Österreicher zeigen sich an dieser Finanzierungsform besonders interessiert: 40 Prozent aller in der Europäischen Union vergebenen Yen-Kredite entfallen auf die Alpenrepublik.

Geringere Zinszahlungen haben jedoch ihren Preis, und der besteht in diesem Fall im Wechselkursrisiko. Denn: Die Aufnahme eines Fremdwährungskredits ist gleichzeitig eine Währungsspekulation. Es ist daher kein Wunder, dass die Österreichische Nationalbank (OeNB) vor dieser Form der Finanzierung gewarnt hat.

Der Durchschnitts-Verbraucher, der zum Beispiel seinen Hausbau finanzieren möchte, sollte nach Meinung der OeNB eher auf einen Euro-Kredit zurückgreifen. Wie wir später sehen werden, ist ein Fremdwährungskredit tatsächlich nicht für jedermann geeignet.

Schritt für Schritt zum Fremdwährungskredit

Doch wie funktioniert die Aufnahme eines Fremdwährungskredits im Prinzip? Angenommen, Sie benötigen einen Kredit in Höhe von 100.000 Euro. Da die Kreditzinsen in der Schweiz deutlich niedriger sind, möchten Sie den Kredit in Schweizer Franken aufnehmen. Bei einem Umrechnungskurs von 1,5500 Franken je Euro müssen Sie einen Kredit in Höhe von 155.000 Franken aufnehmen.

Sie gehen zu einer Bank Ihrer Wahl und eröffnen ein Kreditkonto in besagter Höhe. Sie schulden der Bank nun 155.000 Schweizer Franken. Die Auszahlung der Kreditsumme erfolgt jedoch in Euro; die Bank wechselt für die Auszahlung des Kredits die Franken direkt in Euros um, und Sie erhalten die gewünschten 100.000 Euro. Wichtig: Zinszahlungen und Tilgung erfolgen nun jedoch in Franken!

Angenommen, die Zinszahlungen fallen vierteljährlich an, und die Kreditzinsen belaufen sich zum Beispiel auf 1,8 Prozent. Pro Quartal sind also 0,45 Prozent der Kreditsumme, das heißt 697,50 Franken, an Zinsen zu zahlen. Läuft der Kredit über zehn Jahre, dann müssen Sie bei einem endfälligen Kredit am Ende der Laufzeit die 155.000 Franken zurückzahlen.

Tabelle 9.1 zeigt eine Beispielrechnung, wie sich Zinszahlungen (1,8 Prozent) und Tilgung bei unterschiedlicher Wechselkursentwicklung gestalten.

An der Beispielrechnung wird deutlich, dass der Kredit erheblich teurer wird, wenn der Euro gegenüber dem Schweizer Franken auf einen Wechselkurs von 1,3000 Franken abwertet. Es müssen nun deutlich mehr Euro aufgewendet werden, um den auf Schweizer Franken lautenden Kredit tilgen zu können. Statt des ursprünglich gewünschten Kredits in einer Höhe von 100.000 Euro müssen fast 120.000 Euro zurückgezahlt werden. Auch die Zinszahlungen sind deutlich gestiegen und verringern damit den anfänglichen Zinsvorteil oder machen ihn sogar ganz zunichte.

Anders verhält es sich, wenn der Euro gegenüber dem Schweizer Franken aufwertet. Es müssen nun weniger Euro für Zinszahlung und Tilgung aufgewendet werden. Nach der Kreditlaufzeit von zehn Jahren kann man sich nicht nur über niedrige Zinsen freuen, sondern auch darüber, dass man für den 100.000-Euro-Kredit nur gut 86.000 Euro zurückzahlen muss.

Das Beispiel macht klar: Die Aufnahme eines Fremdwährungskredits ist ein klassisches Termingeschäft. Wechselkursschwankungen verändern den Euro-Gegenwert der Finanzierung. Im Extremfall kann man sagen: Der Schuldenstand ändert sich von Tag zu Tag. Damit wird klar, dass diese Finanzierungsart nicht jedem anzuraten ist.

Ein Fremdwährungskredit ist ein klassisches Termingeschäft.

Zins: 1,8 Prozent pro Jahr; Laufzeit: ein Jahr; Kreditsumme: 100.000 Euro; aktueller Kurs von EUR/CHF: 1,5500 CHF.		
Wechselkurs	Zinszahlung in Euro pro Quartal	Tilgung in Euro (insgesamt)
1,5500 CHF	450,00	100.000
1,3000 CHF	536,54	119.231
1,8000 CHF	387,50	86.111

Tab. 9.1: Beispielszenario für einen Fremdwährungskredit in Schweizer Franken

9.2.2 Wie wird der Zinssatz berechnet?

Fremdwährungskredite weisen gegenüber dem durchschnittlichen Euro-Kredit einige Besonderheiten auf. So werden Fremdwährungskredite üblicherweise bereits vor dem Ende der Laufzeit getilgt beziehungsweise in Euro konvertiert. Fremdwährungskredite sind daher in der Regel als so genannte Rollover-Kredite konstruiert, die nach drei, sechs oder zwölf Monaten verlängert oder auch gekündigt werden können.

Auch die Höhe der Zinsen wird dann jeweils neu festgelegt. Das heißt: Alle drei, sechs oder zwölf Monate werden die Zinszahlungen für den zurückliegenden Zeitraum fällig, und der Zinssatz für die kommende Periode wird neu ermittelt.

In der Regel orientieren sich die Banken dabei am LIBOR, auf den ein bei Verbraucherkrediten üblicher Aufschlag von etwa 1,5 bis 2,0 Prozent erfolgt. Je nachdem, wie sich der LIBOR entwickelt, ändert sich also der Zinssatz für den Fremdwährungskredit für die nächsten drei, sechs oder zwölf Monate.

Der Zinssatz wird folglich in den vertraglich festgelegten Intervallen neu ermittelt und ist daher nicht über die gesamte Kreditlaufzeit fixiert. Am Ende jeder Rollover-Periode besteht zudem die Möglichkeit, den Kredit in Euro zu konvertieren oder zu tilgen. Sieht der Vertrag einen Mehrwährungskredit vor, dann besteht auch die Möglichkeit, den Kredit zum Beispiel von Yen in Schweizer Franken oder umgekehrt zu wechseln.

Diese Flexibilität ist ein zentrales Element des Fremdwährungskredits, denn dem Kreditnehmer wird dadurch die Möglichkeit gegeben, bei einer vorteilhaften Wechselkursentwicklung den Kredit vorzeitig zu tilgen oder in Euro zu konvertieren.

Da diese Spekulation auf die Wechselkursentwicklung von dem Nehmer eines Fremdwährungskredits gerade gewünscht ist, sind diese Art von Krediten in der Regel endfällige Darlehen. Das heißt: Die Tilgung erfolgt am Laufzeitende.

Um den Tilgungsbetrag am Ende der Laufzeit dann auch zur Verfügung zu haben, muss er während der Laufzeit angespart werden. Als Tilgungsträger fungieren zum Beispiel Lebensversicherungen, fondsgebundene Lebensversicherungen oder Fondsanteile. Häufig dienen diese Lebensversicherungen dann als Sicherheiten für die Banken, um den Kredit überhaupt aufnehmen zu können.

Was ist der LIBOR?

Der LIBOR (London Interbank Offered Rate) ist der Zinssatz, zu dem sich die in London ansässigen Geschäftsbanken der ersten Adresse gegenseitig Geld leihen. Der LIBOR wird für verschiedene Laufzeiten und Währungen an jedem Werktag um die Mittagszeit ermittelt und über die Nachrichtendienste verbreitet.

In Abbildung 9.2 wird deutlich, dass der Yen-LIBOR für eine Laufzeit von drei Monaten (aktuell: 0,05 Prozent) in den letzten beiden Jahren nahezu konstant blieb, während der Schweizer-Franken-LIBOR für die gleiche Laufzeit (aktuell: 0,75 Prozent) ab Mitte 2004 deutlich zulegte. Grund dafür ist die Änderung der Geldpolitik der Schweizer Nationalbank, die Mitte 2004 den Leitzins erhöhte.

Dass der LIBOR mitunter auch kräftigen Schwankungen unterliegen kann, zeigt der Drei-Monats-LIBOR für den Kanada-Dollar (siehe Abbildung 9.3). Er fiel von 3,30 Prozent Mitte 2003 bis auf 2,10 Prozent Mitte 2004, um anschließend wieder zu steigen. Das spiegelt auch die etwas unstete Geldpolitik der Bank of Canada wider.

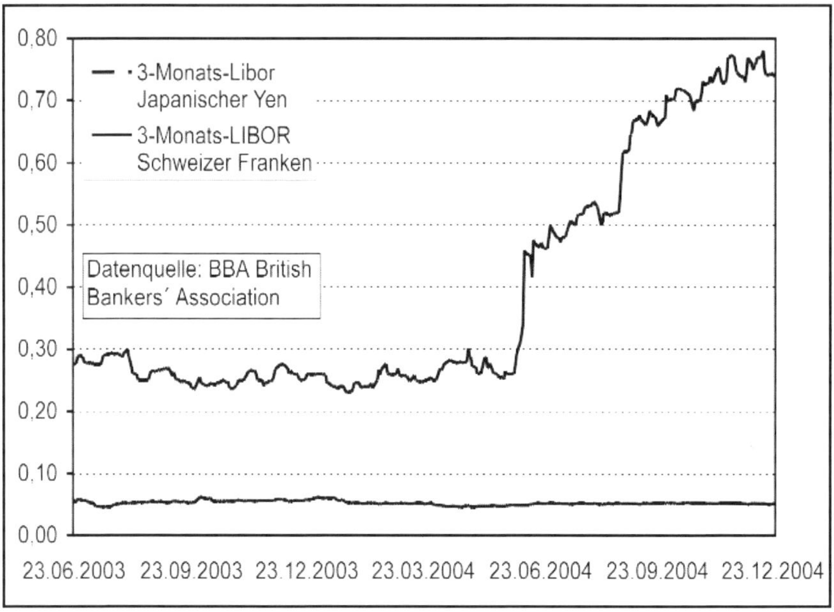

Abb. 9.2: Drei–Monats–LIBOR Schweizer Franken und Yen

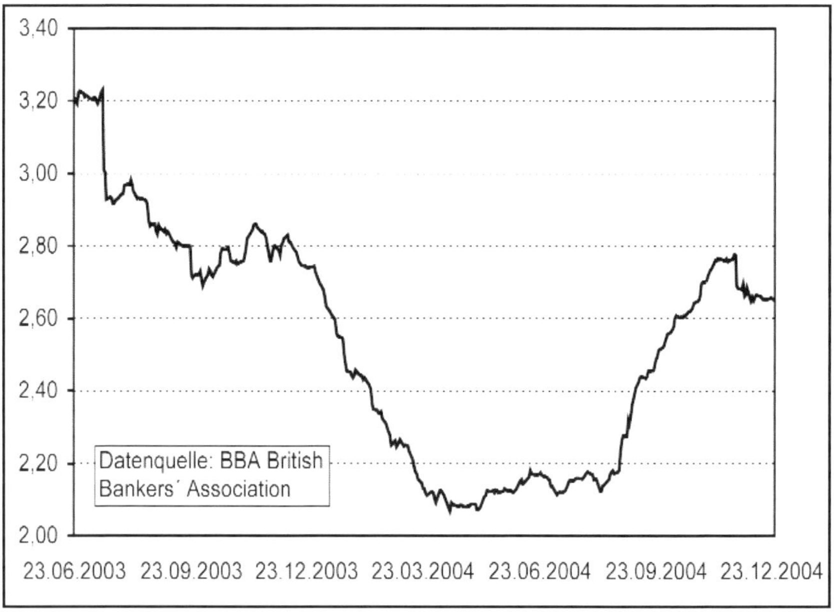

Abb. 9.3: Drei–Monats–LIBOR Kanada–Dollar

9.2.3 Welche Risiken bestehen bei einem Fremdwährungskredit?

Eines ist klar: Die Sicherheit eines Euro-Kredits bei gleichermaßen niedrigen Zinsen wie bei einem Yen-Kredit kann es nicht geben – auch wenn Ähnliches in Werbebroschüren versprochen wird.

Wie bereits erwähnt, verändern sich je nach Wechselkursentwicklung die Höhe der Zinszahlung wie auch der gesamte Schuldenstand. Das kann für den Kreditnehmer positiv ausgehen – oder auch nicht; es stellt also ein Risiko dar.

Neben diesem Wechselkursrisiko gibt es jedoch auch ein Zinsrisiko, denn durch die Gestaltung als Rollover-Kredit ändert sich die Höhe des Kreditzinses alle drei, sechs oder zwölf Monate gemäß der allgemeinen Zinsentwicklung. Und der LIBOR kann durchaus deutlichen Schwankungen unterworfen sein (siehe Abbildung 9.2).

Mit anderen Worten: Das tiefere Zinsniveau in anderen Währungen wird zwar bei dieser Form der Finanzierung ausgenutzt, aber eine Abwertung des Euros oder ein Anstieg des Zinsniveaus kann diesen Vorteil aushöhlen oder ganz zunichte machen.

Man muss es sich nur vor Augen führen: Eine Abwertung des Euro um zehn Prozent erhöht die notwendigen Zinszahlungen und auch den Schuldenstand insgesamt um zehn Prozent.

Neben dem Wechselkurs- und dem Zinsänderungsrisiko gibt es aber auch noch das Tilgungsrisiko. Wird zur Tilgung des Fremdwährungskredits in einen Tilgungsträger wie zum Beispiel Fondsanteile investiert, dann kann sich am Ende der Laufzeit zeigen, dass das Sparprodukt nicht den erwarteten Ertrag abgeworfen hat. Denn: Die Erträge sind in der Regel nicht garantiert und können auch hinter den Erwartungen zurückbleiben – in welchem Ausmaß das geschehen kann, hängt von der Sparform selbst und von ihrer Risikostruktur ab.

Der angesparte Betrag reicht also eventuell zur Tilgung des Kredits nicht aus, es entsteht eine Finanzierungslücke. Diese Finanzierungslücke kann sich natürlich auch bei einer ungünstigen Wechselkursentwicklung ergeben: Der erforderliche Rückzahlungsbetrag kann höher sein als erwartet!

Begegnen kann man dem Tilgungsrisiko, indem man einen höheren Betrag anspart, als man für die Tilgung des Kredits aller Voraussicht nach eigentlich benötigt. Dadurch schafft man sich einen „Sicherheitspuffer" – das zu viel angesparte Geld ist schließlich nicht verloren.

Je nach Vertragslage besteht auch das Risiko der Zwangsumwandlung des Kredits. Die Bank setzt im Kreditvertrag in der Regel einen Schwellenwert für den Wechselkurs fest, ab dem sie den Kreditbetrag zwangsweise in Euro umtauschen kann. Diese Option behält sich die Bank vor, um dem Kreditausfallrisiko vorzubeugen. Denn: Die vom Kreditnehmer gegebenen Sicherheiten gelten ja nur für einen bestimmten Betrag, der bei einer ungünstigen Wechselkursentwicklung aber überschritten werden kann.

Für den Kreditnehmer ist dies natürlich sehr ungünstig, denn durch die Zwangskonvertierung wird ein Verlust realisiert, und es besteht keine Chance mehr, von einer späteren günstigeren Wechselkursentwicklung erneut zu profitieren.

Möglich ist es auch, dass die Bank bei einem steigenden Wechselkurs zusätzliche Sicherheiten verlangt, wie zum Beispiel Bürgschaften oder zusätzliche Zahlungen in Lebensversicherungsverträge. Überhaupt verlangen die Banken aufgrund ihres höheren Risikos in der Regel bei Fremdwährungskrediten höhere Sicherheiten als bei Euro–Krediten.

Die niedrigen Zinsen bei einem Fremdwährungskredit sind nicht ohne höheres Risiko zu haben.

Wie sinnvoll ist eine Absicherung des Fremdwährungskredits durch Optionen?

Manche Banken bieten eine Absicherung von Fremdwährungskrediten durch Optionen an. Ebenfalls möglich ist eine Absicherung durch börsengehandelte Optionsscheine. Auf diese Weise kann das Verlustrisiko bei einer ungünstigen Wechselkursentwicklung verringert werden. Allerdings kostet diese Art der „Versicherung" Geld und schmälert dadurch die Höhe des möglichen Gewinns. Die meisten Fremdwährungskreditnehmer suchen jedoch gerade die höhere Gewinnchance und gehen dafür bewusst ein höheres Risiko ein, weshalb eine Absicherung durch Optionen für diese Art von Kunden selten interessant sein dürfte.

9.2.4 Welche Kosten fallen an?

Neben den bereits erläuterten Risiken, wie dem Wechselkursrisiko, dem Zinsänderungsrisiko und dem Tilgungsrisiko, existiert noch ein weiteres Risiko: das Gebührenrisiko. Es kann den Kreditnehmer zwar nicht in den Ruin treiben, schmälert aber unter Umständen den vorhandenen Zinsvorteil deutlich.

Fremdwährungskredite sind komplizierter als Euro–Kredite, weshalb auch die Gebührenstruktur undurchsichtiger und schwerer kalkulierbar ist. Jede Bank hat eine andere Gebührenstruktur, weshalb eine allgemeine Aussage an dieser Stelle schwer zu treffen ist. Zur üblichen Bearbeitungsgebühr können folgende Gebühren hinzukommen: Kreditgebühr, Eintragungsgebühr, laufende Kontoführungsgebühren (zum Beispiel für das Fremdwährungsverrechnungskonto) und eventuell Portokosten.

Zu beachten sind vor allem die Devisengebühren beim Geldwechsel. Sie fallen bei der Kreditaufnahme, bei der Tilgung und bei jeder Zinszahlung an. Die Devisengebühren machen die Kreditkosten vor allem dadurch im Voraus schwer kalkulierbar, dass zum Zeitpunkt der Kreditaufnahme nicht abzusehen ist, wie oft die Kreditsumme konvertiert, das heißt in eine andere Währung umgetauscht wird. Denn das entscheidet der Kreditnehmer selbst – je nach Wechselkursentwicklung.

Die Devisengebühr liegt je nach Bank in der Regel bei etwa 0,25 bis 0,275 Prozent der konvertierten Summe, kann aber auch deutlich höher sein. Bei einem Kreditbetrag von 100.000 Euro macht das immerhin 250 bis 275 Euro aus. Eine wichtige Frage ist hierbei auch, ob bei einem Mehrwährungskredit eine Konvertierung des Kredits zum Beispiel von Yen in Schweizer Franken direkt oder mit einem Umweg über den Euro erfolgt. Wird über den Euro umgerechnet, dann fallen die Devisengebühren doppelt an. Teuer kann insbesondere der Währungswechsel außerhalb der Rollover–Perioden werden, denn dann werden Strafzinsen erhoben.

Also Vorsicht: Die kompliziertere Gebührenstruktur macht Fremdwährungskredite undurchschaubarer und damit schwerer vergleichbar als einfache Euro–Kredite. Der Zinsvorteil kann da leicht durch höhere Gebühren oder eine schwammigere Vertragslage wettgemacht werden.

Was ist bei Fremdwährungskrediten steuerlich zu beachten?

Kredite sind für den Kreditnehmer eine Verbindlichkeit, und Verbindlichkeiten stellen steuerrechtlich ein negatives Wirtschaftsgut dar. Dieses negative Wirtschaftsgut gilt mit der Tilgung als veräußert. Fallen aus der Konvertierung des Kredits Kursgewinne oder Kursverluste an, so gibt es in Deutschland für Privatpersonen und Unternehmen unterschiedliche Regelungen. Zwar werden diese Regelungen im Folgenden nach bestem Wissen wiedergegeben. Anleger sollten sich jedoch bei ihrem Steuerberater oder den Finanzbehörden über die steuerliche Behandlung von Fremdwährungskrediten in ihrem speziellen Fall informieren.

Im Unternehmensbereich müssen Kursgewinne beziehungsweise Kursverluste im Zeitpunkt und im Ausmaß der Tilgung berücksichtigt werden.

Bei Privatpersonen kann unter bestimmten Bedingungen mit einem Fremdwährungskredit ein Spekulationsgeschäft verbunden sein. Dafür muss die entsprechende Transaktion innerhalb der Spekulationsfrist, derzeit also innerhalb eines Jahres, erfolgen.

Es ist jedoch so, dass lediglich eine tatsächliche Konvertierung als Spekulationsgeschäft gilt, nicht aber eine Änderung der Zinskonditionen bei gleich bleibender Referenzwährung. Auch bloße Kursgewinne, die nicht realisiert werden, fallen nicht unter die Definition eines Spekulationsgeschäfts.

Ein Spekulationsgeschäft liegt dagegen dann vor, wenn die Konvertierung des Fremdwährungskredits innerhalb der Spekulationsfrist erfolgt, und zwar in Euro oder in eine an den Euro fix gebundene Währung. Dabei gilt die Differenz der unterschiedlichen Tilgungsbeträge auf Euro–Basis als Spekulationsgewinn oder –verlust.

Beispiel: Jemand nimmt einen Kredit in Höhe von 100.000 Euro in Franken auf. Der Wechselkurs entwickelt sich günstig, sodass der Kreditnehmer noch vor Ablauf eines Jahres den Kredit in Euro zurücktauscht. Der Tilgungsbetrag in Euro beträgt jetzt aber nur noch 90.000 Euro. Die Differenz von 10.000 Euro ist als Spekulationsgewinn zu versteuern. Umgekehrt können realisierte Spekulationsverluste geltend gemacht und mit anderen Spekulationsgewinnen verrechnet werden.

Erfolgt innerhalb der Spekulationsfrist eine Konvertierung in eine andere Währung, zum Beispiel von Yen in Franken, dann liegt kein Spekulationsgeschäft vor. Auch die bloße Tilgung des Darlehens in einer Fremdwährung gilt nicht als Spekulationsgeschäft.

9.2.5 Für wen sind Fremdwährungskredite geeignet?

Nach den bisherigen Beschreibungen dürfte es bereits klar geworden sein: Für den durchschnittlichen Häuslebauer, der auf eine berechenbare Belastung durch Zins- und Tilgungszahlungen setzt, eignen sich Fremdwährungskredite nicht.

Wer einen Fremdwährungskredit aufnimmt, muss damit rechnen, dass die Zinszahlungen stark schwanken können und auch der Tilgungsbetrag deutlich höher ausfallen kann als erwartet. Wer solche unvorhergesehenen Belastungen nicht verkraften kann, für den eignet sich ein Fremdwährungskredit nicht.

Schon gar nicht sollte jemand die Aufnahme eines Fremdwährungskredits deshalb in Erwägung ziehen, weil er sich die höhere Zinsbelastung eines Euro-Kredits nicht leisten kann. Wer so knapp kalkuliert, für den kann das höhere Risiko bei einem Fremdwährungskredit rasch zu einem bösen Erwachen führen. Genau diese Möglichkeit prangern auch die Kritiker von Fremdwährungskrediten an, denn falsche Beratung oder falsche Erwartungen können den Eindruck erwecken, dass die geringere Zinsbelastung zum „Nulltarif", also ohne höheres Risiko, zu haben ist. Der knapp kalkulierende, wenig risikobereite Häuslebauer sollte also von Fremdwährungskrediten die Finger lassen, denn diese Form der Kreditaufnahme entspricht nicht dem Bedürfnis nach einer sicheren Finanzierung.

Wer einen Fremdwährungskredit aufnimmt, der sollte sich auch ein normales Darlehen in Euro ohne Probleme leisten können. Ein hohes regelmäßiges Einkommen sowie vorhandene Vermögenswerte schaffen ein Sicherheitspolster. Zudem sollte ein gewisses Risikobewusstsein vorhanden sein, das zum Beispiel aus Erfahrungen mit anderen Spekulationsformen resultiert. Eine negative Kursentwicklung muss finanziell verkraftet werden können. Aus Gründen der Risikostreuung ist es zudem am besten, nur einen Teil der Finanzierung in Fremdwährungskrediten vorzunehmen.

Der Vorteil eines Fremdwährungskredits besteht maßgeblich darin, während der Laufzeit des Kredits möglichst jederzeit den zum Beispiel auf Yen oder Franken lautenden Kredit in Euro umtauschen zu können. Dadurch kann von einer günstigen Wechselkursentwicklung profitiert werden. Seltener wird es vorkommen, dass mit der Konvertierung in Euro bis zum Laufzeitende gewartet wird, denn darauf zu setzen, dass man am Ende der Laufzeit einen günstigen Umrechnungskurs bekommt, würde einem Lotteriespiel gleichen.

Das bedeutet aber: Der Kreditnehmer muss selbst entscheiden, wann er eine Konvertierung vornimmt. Um eine solche Entscheidung treffen zu können, sind jedoch eine ständige Beobachtung des Devisenmarktes sowie eine Meinungsbildung über die weitere Wechselkursentwicklung notwendig. Das kostet Zeit, die nicht jeder aufbringen kann oder will. Hilfestellung bei der Beurteilung aktueller Wechselkursentwicklungen liefern Anbieter wie der Devisen-Trader (www.devisen-trader.de).

Wer sich keinen Euro-Kredit leisten kann, der sollte auch von einem Fremdwährungskredit die Finger lassen.

Aktive Devisenschuldverwalter: Das Pro und Contra

Auch aktive Devisenschuldverwalter bieten ihre Dienste an. Sie übernehmen die Nachbetreuung bei Fremdwährungskrediten und auch die Entscheidung über den Zeitpunkt von Konvertierungen.

Falls ein solcher Dienst in Anspruch genommen wird, sollte man sich vorab von der Qualität des einzelnen Devisenschuldverwalters überzeugen. Abgesehen davon lässt sich jedoch Folgendes sagen: Da sich der Devisenschuldverwalter in der Regel mit bis zu 25 Prozent an den Zins- und Kursgewinnen beteiligt, nicht aber an möglichen Verlusten, ist dies ein fragwürdiges Geschäft.

Natürlich hat der Devisenschuldverwalter aufgrund der Erfolgsbeteiligung ein Interesse an einer möglichst hohen Performance. Geht das Ganze aber daneben, bleibt der Kreditnehmer alleine auf den Verlusten sitzen. Da er kein Verlustrisiko trägt, wird der Devisenschuldverwalter daher im Zweifel risikobereiter agieren, als es der Kreditnehmer selbst tun würde.

WORAN VERDIENT DIE BANK?

Die Bank verdient zum einen an der Geld– Brief–Spanne bei Wechselkursen. So wird bei der Umrechnung des in Euro auszuzahlenden Kreditbetrags der Geldkurs herangezogen. Zinszahlungen oder Tilgung werden dann jedoch zum höheren Briefkurs abgewickelt. Wie bei jeder Konvertierung in eine andere Währung, verdient die Bank also daran, dass ihr Verkaufskurs (Briefkurs) über dem Kaufkurs (Geldkurs) liegt.

Zum anderen verdient die Bank natürlich am Zinsaufschlag auf den LIBOR, denn Geld zu einem höheren Zins zu verleihen, als man es selbst bekommt, ist schließlich das Kerngeschäft der Banken. Dazu kommen die verschiedenen Bearbeitungsgebühren, die von Bank zu Bank verschieden sind, und nicht zuletzt die bei einem Währungsumtausch anfallenden Devisengebühren. Für die Banken sind Fremdwährungskredite also eine feine Sache, verdienen sie dabei doch weit mehr als bei einem einfachen Euro–Kredit.

9.2.6 Worauf sollte man bei der Aufnahme eines Fremdwährungskredits achten?

Fremdwährungskredite sind komplizierter als Euro–Kredite. Daher gibt es auch mehr Aspekte, die beim Abschluss eines Kreditvertrages beachtet werden sollten.

Die hohen Gewinnchancen verstellen den Blick auf die Gebühren, die auf den ersten Blick ja nur „Kleinkram“ darstellen. Doch die Gebühren können in ihrer Summe dafür sorgen, dass der auf den ersten Blick günstige Fremdwährungskredit seinen Zinsvorteil einbüßt und der Kreditnehmer letztlich nur das höhere Risiko trägt. Mit einem Satz: Das Chance–Risiko–Profil muss stimmen

Klären Sie daher mit Ihrer Bank vorab genau, welche Gebühren anfallen und welche Höhe diese insgesamt annehmen können. Schließlich wollen Sie keine böse Überraschung erleben. Besonders wichtig ist die Höhe der Devisengebühren; hier sollte zum Beispiel auch darauf geachtet werden, ob es Mindestgebühren beim Währungsumtausch gibt.

Klären Sie möglichst viele Fragen im Kreditvertrag genau. Schwammige Vertragsklauseln legt die Bank im Zweifel zu ihrem eigenen Vorteil aus. Das kann teuer werden. So sollten zum Beispiel genau die Bedingungen fixiert werden, zu denen eine Zwangskonvertierung durch die Bank vorgenommen werden kann. Die Möglichkeit der Zwangskonvertierung sollte dabei an eine prozentuale Entwicklung des Wechselkurses – also eine bestimmte Verlusthöhe – gekoppelt sein.

Sind die Bedingungen für eine Zwangsumwandlung genau festgelegt, dann kann auch die Möglichkeit ausgeschlossen werden, dass die Bank bei einer ungünstigen Wechselkursentwicklung zusätzliche Sicherheiten verlangen kann. Falls ein solcher Ausschluss nicht möglich ist, dann sollte vertraglich genau geklärt werden, um welche zusätzlichen Sicherheiten es sich handelt. Beispielsweise ist auch festzulegen, zu welchem Zins der Euro-Kredit nach einer Zwangsumwandlung fortgesetzt wird.

Daneben sollte im Vertrag festgehalten sein, zu welchem Wechselkurs Zinszahlungen und die Konvertierung des Kreditbetrags in Euro vorgenommen werden. Möglich ist die Umrechnung zum Devisen-Fixing oder zu Kursen im so genannten Freiverkehr. Der Vorteil bei der Verwendung von Fixing-Kursen, die einmal pro Tag – in der Regel um die Mittagszeit – festgelegt werden, ist die Transparenz, denn diese Kurse werden veröffentlicht und sind nachvollziehbar.

Bei Freiverkehrskursen existiert eine solche Transparenz nicht, denn die täglichen Wechselkursschwankungen können beträchtlich sein. Zwar bietet die Umrechnung zu Freiverkehrskursen natürlich die Möglichkeit, einen deutlich günstigeren Umtauschkurs als im Fixing zu erhalten, aber auch die Bank kann ihren Spielraum bei der Festlegung des Wechselkurses zu ihren eigenen Gunsten ausnutzen.

Wie bei jedem Vertrag ist es auch bei einem Fremdwährungskredit wichtig, sich selbst möglichst viele Handlungsfreiheiten zu erhalten und gleichzeitig die Wahlmöglichkeiten des Vertragspartners einzuschränken. Ihr Vertragspartner, die Bank, wird dasselbe versuchen.

Entscheidend für den Erfolg eines Fremdwährungskredits sind möglichst große Freiheiten bei der Tilgung beziehungsweise Konvertierung, denn das ermöglicht es dem Kreditnehmer, rasch auf eine günstige

Wechselkursentwicklung reagieren zu können. Achten Sie also darauf, sich diese Freiheiten vertraglich zu sichern und eventuell anfallende Gebühren vorab vertraglich zu klären.

Ob ein Fremdwährungskredit zu einem guten Geschäft wird, hängt natürlich entscheidend vom Einstiegskurs ab. Wer einen Fremdwährungskredit aufnimmt, sollte also bereits im Voraus die Wechselkursentwicklung beobachten und sich eine Meinung darüber bilden können, ob der aktuelle Wechselkurs nun einen günstigen oder einen weniger günstigen Einstieg bietet.

Auch ein Kreditvertrag mit Mehrwährungsoption erhöht Ihre Handlungsfreiheit, denn er ermöglicht bei einer ungünstigen Wechselkurs- oder Zinsentwicklung die Flucht in eine geeignetere Fremdwährung – zum Beispiel von Yen in Franken oder umgekehrt. Sie sollten daher auf der Möglichkeit eines täglichen Wechsels der Ausleihewährung bestehen – auch um den Preis möglicher Strafzinsen, falls nicht zu den festgelegten Zeitpunkten konvertiert wird.

Manche Banken sichern sich dann vertraglich die Möglichkeit, bei einem Währungswechsel den Zinsaufschlag neu festzusetzen. Stimmt der Kreditnehmer einem höheren Zins nicht zu, kann die Bank gegebenenfalls die Konvertierung verweigern. Achten Sie auf entsprechende Klauseln im Vertrag! Im Prinzip sollte der Aufschlag auf den LIBOR genau im Vertrag stehen – und zwar für die gesamte Vertragslaufzeit ohne Änderungsmöglichkeit.

Die Bedingungen in einem Kreditvertrag sind Verhandlungssache und hängen auch von den Beziehungen des Kreditnehmers zur Bank ab. Über den Zinsaufschlag oder auch über die anzuwendende Geld-Brief-Spanne bei der Währungsumrechnung kann und sollte verhandelt werden. Feilschen kann sich lohnen. Sie sollten aber darauf achten, dass sich die Bank den erstrittenen Vorteil nicht über den Umweg von Gebühren wieder zurückholt.

Wie bei jedem Vertrag ist es auch bei einem Fremdwährungskredit wichtig, möglichst viele Details im Voraus zu regeln und sich dabei dennoch möglichst viele Handlungsfreiheiten zu erhalten.

- Wenn Sie sich keinen normalen Euro–Kredit leisten können, dann lassen Sie besser auch vom Fremdwährungskredit die Finger weg.
- Haben Sie weder die Zeit noch die Nerven noch das Know–how, um die Wechselkursentwicklung zu verfolgen und zu beurteilen, dann nehmen Sie keinen Fremdwährungskredit auf.
- Wählen Sie einen guten Zeitpunkt für den Abschluss eines Fremdwährungs kredits. Der Einstiegskurs entscheidet maßgeblich darüber, ob sich diese Art der Finanzierung für Sie lohnt.
- Nicht nur der Tilgungsbetrag, auch die Zinszahlungen können erheblich schwanken. Achten Sie daher auf einen Risikopuffer auf Ihrem Konto!
- Klären Sie mit der Bank vorab genau, welche Gebühren bei der Aufnahme und beim Führen eines Fremdwährungskredits anfallen können.
- Falls die Möglichkeit besteht, wählen Sie einen Kreditvertrag mit Mehrwährungsoption.
- Achten Sie darauf, dass der Kreditvertrag Ihnen möglichst viele Handlungsfreiheiten lässt, wie zum Beispiel die Konvertierung auch außerhalb der Rollover–Zeitpunkte.
- Unterschreiben Sie keine Verträge mit schwammigen Klauseln, die im ungünstigen Fall gegen Sie ausgelegt werden können.
- Klären Sie exakt im Vertrag, auf welche Weise die Wechselkurse bei den Zinszahlungen und der Konvertierung des Kreditbetrages ermittelt werden.
- Bestehen Sie darauf, dass im Vertrag genau festgelegt ist, unter welchen Bedingungen die Bank eine Zwangskonvertierung vornehmen darf.
- Legen Sie im Vertrag genau fest, welche zusätzlichen Sicherheiten die Bank gegebenenfalls einfordern kann.

Tab. 9.2: Wichtige Tipps für die Aufnahme eines Fremdwährungskredits

10. Anhang

10.1 Referenzkurse im Devisenhandel

Die Kurse an den Devisenmärkten ändern sich ständig. Zu welchen Kursen sollen aber die Geschäftsbanken zum Beispiel ihre Kundenaufträge abwickeln oder zu welchen Kursen sollen die Unternehmen bilanzieren? Angesichts starker Tagesschwankungen können da die Unterschiede beträchtlich sein. Um Transparenz zu schaffen, werden daher „Referenzkurse" ermittelt.

Die meisten privaten Banken stellen individuell in einem jeweils eigenen „internen Fixing" zum gleichen Zeitpunkt (13.00 Uhr MEZ) repräsentative Marktkurse fest. Jede Bank ermittelt diese aus Devisengeschäften, die sie am freien Markt tätigt. Da die privaten Banken im Devisenhandel stark involviert sind, bereitet ihnen die Feststellung absolut marktnaher Devisenmittelkurse keine Schwierigkeiten. Nachzulesen sind diese Kurse in der Regel auf den Internetseiten der jeweiligen Banken.

Auf Basis dieser Kurse werden Geschäfte abgerechnet, für die früher die amtlichen Devisenkurse verwendet wurden. Hierzu zählen insbesondere der Auslandszahlungsverkehr sowie Wertpapiertransaktionen. Auch wenn jede Bank „ihre" Mittelkurse eigenständig am Markt ermittelt, treten bei normalem Kursverlauf wegen des nahezu identischen Feststellungszeitpunktes nur geringfügige Kursunterschiede zwischen den Instituten und auch zum Euro-FX (siehe unten) auf.

Ab 13.00 Uhr MEZ ermitteln 15 Geschäftsbanken aus dem öffentlich-rechtlichen sowie dem genossenschaftlichen Bankensektor gemeinsame Referenzkurse für acht Währungen. Sie melden hierzu über ein elektronisches Informationssystem die von ihnen festgestellten Mittelkurse. Zu den Durchschnittsmittelkursen des „Euro-FX" genannten Verfahrens hat demnach kein unmittelbarer Handel vorab stattgefunden. Aufgrund der schnellen Feststellung der Referenzkurse dieses Systems werden die Kundenabrechnungen dieser Kreditinstitute auf Basis dieser Kurse vorgenommen.

Unabhängig von den Geschäftsbanken werden vom Europäischen System der Zentralbanken um 14.15 Uhr MEZ in einem Konzertierungsverfahren Devisenkurse ermittelt. Die Europäische Zentralbank veröffentlicht derzeit Devisen–Referenzkurse für 28 Währungen (siehe Tabelle 10.1). Die Referenzkurse werden sowohl von elektronischen Informationsdiensten als auch auf der Internetseite der EZB kurz nach Abschluss des Konzertierungsverfahrens veröffentlicht. Die Anzahl der angegebenen signifikanten Stellen kann je nach Währung variieren und richtet sich nach den Marktgepflogenheiten. In den meisten Fällen kommt jedoch eine fünfstellige Ziffer zum Tragen.

Da diese Referenzkurse nicht zeitnah genug ermittelt werden und zudem kein Handel unter Geschäftsbanken stattgefunden hat, kommen sie nicht für die Abrechnung von Kundenaufträgen und –transaktionen in Frage. Sie finden eher dort Verwendung, wo ein Devisenkurs mit „amtlichem" Charakter erforderlich ist, also etwa für Jahresabschlüsse, Steuererklärungen, statistische Meldungen oder volkswirtschaftliche Analysen.

Deutsche Bezeichnung	Englische Bezeichnung	ISO–Code
Australischer Dollar	Australian dollar	AUD
Britisches Pfund (Pfund Sterling)	Pound sterling	GBP
Bulgarischer Lew	Bulgarian lev	BGN
Dänische Krone	Danish krone	DKK
Estnische Krone	Estonian kroon	EEK
Hongkong–Dollar	Hong Kong dollar	HKD
Isländische Krone	Icelandic krona	ISK
Japanischer Yen	Japanese yen	JPY
Kanadischer Dollar	Canadian dollar	CAD
Koreanischer Won	South Korean won	KRW
Lettischer Lats	Latvian lats	LVL
Litauischer Litas	Lithuanian litas	LTL
Maltesische Lira	Maltese lira	MTL
Neuseeländischer Dollar	New Zealand dollar	NZD
Norwegische Krone	Norwegian krone	NOK
Polnische Zloty	Polish zloty	PLN
Rumänischer Leu	Romanian leu	ROL
Schwedische Krone	Swedish krona	SEK
Schweizer Franken	Swiss franc	CHF
Singapur–Dollar	Singapore dollar	SGD
Slowakische Krone	Slovakian koruna	SKK
Slowenischer Tolar	Slovenian tolar	SIT
Südafrikanischer Rand	South African rand	ZAR
Tschechische Krone	Czech koruna	CZK
Neue Türkische Lira	New Turkish lira	TRY
Ungarischer Forint	Hungarian forint	HUF
US–Dollar	US dollar	USD
Zypriotisches Pfund	Cyprus pound	CYP

Tab. 10.1: Währungen mit Referenzkursen der EZB

10.2 Glossar

Abschlag
Abschlag des Termin–Kurses gegenüber dem Kassa–Kurs.
Auch: Diskont oder Deport.

Arbitrage
Die Erzielung eines Vorteils aus Preisunterschieden auf verschiedenen Teilmärkten.

Ask
Siehe Briefkurs.

Aufschlag
Aufschlag des Termin–Kurses gegenüber dem Kassa–Kurs.
Auch: Prämie oder Report.

Balance
Stand des Devisenkontos ohne Berücksichtigung der offenen Positionen.

Base Currency
Die Währung, die der Investor kauft oder verkauft
(zum Beispiel EUR in EUR/USD).

Basispunkt
Ein Hundertstel eines Prozentpunktes.

Bestens–Order
Auftrag zum Verkauf, bei dem kein bestimmtes Limit angegeben wird.

Bid
Siehe Geldkurs.

Big Figure
Die vorderen Stellen eines Wechselkurses.

Billigst–Order
Auftrag zum Kauf, bei dem kein bestimmtes Limit angegeben wird.

Briefkurs
Kurs, zu dem eine Bank oder ein Devisen–Broker bereit ist zu verkaufen.

Courtage
Provision, welche die Devisenmakler für die von ihnen vermittelten Devisenhandelsabschlüsse berechnen.

Covering
Devisengeschäft zum Ausschluss eines bestehenden Kursrisikos.

Cross
Im Devisenhandel wird immer eine Währung gegen die andere gekauft oder verkauft. Diese beiden Währungen bilden das „Cross“.

Cross-Rate
Wechselkurs, der aus den zwei anderen Wechselkursen berechnet wird. Traditionell ein Wechselkurs, an dem der US-Dollar nicht beteiligt ist.

Deport
Siehe Abschlag.

Derivat
Finanzinstrument, das seinen Wert aus einem anderen Finanzprodukt (Basiswert) ableitet, zum Beispiel ein Optionsschein auf einen Wechselkurs.

Devisen-Broker
Zwischenhändler, der dem Privatanleger den Handel an der Forex ermöglicht.

Equity
Stand des Devisenkontos bei Berücksichtigung der offenen Positionen.

Eurodollar
Dollar-Guthaben und -verpflichtungen, die außerhalb der USA bestehen und sich damit der Regulierung durch die US-Behörden entziehen. Gleiches gilt für Euroyen, Eurofranken, Europfund usw. Diese Transaktionen bilden zusammen den Euromarkt.

Euromarkt
Geld- und Kapitalmarkt, auf dem US-Dollars und andere Währungen von Banken gehandelt werden, die ihren Sitz außerhalb des Geltungsbereichs der jeweils gehandelten Währung haben. Trotz seines von Europa abgeleiteten Namens beschränkt sich der Euromarkt heute keineswegs mehr nur auf Europa, sondern ist weltweit organisiert. Die Zinssätze auf diesem Markt gelten als Referenzzinssätze. Synonym: Eurodollar-Markt.

Flat
Keine offene Position im Devisenkonto.

Forex
Abkürzung für Foreign Exchange (kurz: FX). Der (nicht-physische) „Ort" des Devisenhandels für professionelle Marktteilnehmer. Synonym: Devisenmarkt.

Geldkurs
Kurs, zu dem eine Bank oder ein Devisen-Broker bereit ist zu kaufen.

Glattstellen
Schließen einer Devisenposition durch Kontrahierung von Gegengeschäften zu ihr.

Hedge
Geschäft zur Ausschaltung von Bewertungsverlusten auf Vermögenswerte aus Devisenkursänderungen. Durch ein Hedge-Geschäft wird eine Währungsposition (Plus- oder Minusposition) aufgebaut, die ein bestehendes Währungsrisiko neutralisiert.

Hedge Fonds
Kapitalfonds, der auf kurzfristige Spekulationen mit hohem Risiko spezialisiert ist. Meistens keiner Regulierung unterworfen.

Interbanken-Markt
Netzwerk aus Banken und Brokern, über das der Devisenhandel abgewickelt wird.

Intervention
Kauf oder Verkauf von Devisen durch Zentralbanken mit dem Ziel, den Wechselkurs zu beeinflussen.

Kassa-Geschäft
Basistransaktion des Devisenhandels. Devisengeschäft, bei dem sofortige Erfüllung vereinbart wird. Die Lieferung (Valutierung) erfolgt spätestens zwei Arbeitstage nach Abschluss der Transaktion.

LIBOR
Kurz für: London Interbank Offered Rates. Die Zinssätze, zu denen sich die in London ansässigen Geschäftsbanken in den verschiedenen Währungen und über unterschiedliche Laufzeiten gegenseitig Geld leihen. Werden als Referenzzinssätze verwendet.

Long-Position
Spekulation auf einen steigenden Wechselkurs (Die Devisenforderungen sind höher als die Devisenverpflichtungen).

Lot
Standard-Handelsgröße bei der Order über einen Devisen-Broker. Entspricht 100.000 Einheiten der Basiswährung.

Major Pairings
Die vier „wichtigsten", das heißt umsatzstärksten Wechselkurse EUR/USD, USD/JPY, GBP/USD und USD/CHF (kurz: Majors).

Margin
Die bei der Eröffnung einer Position bei einem Devisen-Broker zu hinterlegende Sicherheitsleistung.

Margin-Call
Aufforderung des Devisen-Brokers zur Erhöhung der Sicherheitsleistung bei einer Position, die sich gegen den Kunden entwickelt hat.

Market Maker
Marktteilnehmer (Bank oder Broker), der auf Anfrage für ein beliebiges Finanzinstrument Kurse stellt und zu diesen Kursen handelt.

Mini–Lot
Reduzierte Handelsgröße bei der Order über einen Devisen–Broker (siehe Lot). Entspricht 10.000 Einheiten der Basiswährung.

Offene Position
Devisenposition, bei der die Devisenforderungen größer als die Devisenverpflichtungen sind oder umgekehrt.

Offer
Siehe Briefkurs.

OTC
Siehe Over–the–Counter

Outright
Ein Devisenkauf oder –verkauf per Termin, dem kein gegenläufiges Kassageschäft gegenübersteht (im Gegensatz zu Swaps).

Over–the–Counter
Transaktionen, die direkt zwischen den beteiligten Parteien und nicht über eine Börse abgewickelt werden (kurz: OTC).

Pip
Die letzte (kleinste) Dezimalstelle bei einem Wechselkurs.
Synonym: Punkt.

Profit & Loss
Unrealisierter Gewinn/Verlust aus offenen Positionen

Report
Siehe Aufschlag.

Resistance
Englisch: Charttechnischer Widerstand.

Rollover
Verlängerung einer Devisenposition auf einen neuen Erfüllungszeitpunkt (Valuta). Technisch geschieht dies mit Hilfe eines Swaps.

Rollover–Kredit
Kredit, bei dem in festgelegten Intervallen eine Neufestlegung des Zinssatzes erfolgt.

Secondary Currency
Die Währung, gegen die der Investor die Base Currency kauft oder verkauft (zum Beispiel USD in EUR/USD).

Short–Position
Spekulation auf einen fallenden Wechselkurs (Die Devisenverpflichtungen sind höher als die Devisenforderungen).

Spot
Der aktuelle Preis eines Vermögenswerts, zum Beispiel eines Wechselkurses.

Spot–Geschäft
Siehe Kassa–Geschäft.

Spread
Differenz zwischen Kauf– und Verkaufskurs.

Support
Englisch: Charttechnische Unterstützung.

Swap–Geschäft
Gleichzeitiger Abschluss eines Kassa– und eines Termingeschäfts mit dem gleichen Kontrahenten.

Swap–Satz
Differenz zwischen Kassa– und Terminkurs in Punkten. Hängt von der Zinsdifferenz der beiden Währungen ab.

Termingeschäft
Siehe Outright.

Valuta
Datum der Fälligkeit (Erfüllung) eines Devisengeschäfts.

10.3 Leserfragen an die Redaktion des Devisen–Trader (www.devisen–trader.de)

Themengebiet Konjunktur und Fundamentales

FRAGE

Ich wäre Ihnen sehr dankbar, wenn Sie mir sagen könnten, welche Konjunkturdaten den Devisenmarkt größtenteils beeinflussen, denn es kommen fast jeden Tag Daten. Ist zum Beispiel „Das EU–Geldvolumen in der Euro–Zone“ ein wichtiger Einflussfaktor?

ANTWORT

Das „EU–Geldvolumen in der Euro–Zone“ ist kein den Markt bewegender Einflussfaktor. In der Regel vermögen nur die Konjunkturdaten aus den USA wie zum Beispiel die Arbeitsmarktzahlen, der ISM–Index oder die Zinsentscheidung der US–Notenbank (siehe Kapitel 2.6) den Devisenmarkt nachhaltig zu bewegen. Diese Zahlen aus den USA werden ab 14:30 Uhr Mitteleuropäischer Zeit (MEZ) veröffentlicht, sodass die heftigsten Marktschwankungen infolge neuer Konjunkturdaten am Nachmittag zustande kommen. Im Devisen–Trader finden Sie im Übrigen einen wöchentlichen Überblick über die wichtigsten Konjunkturdaten mit einer Bewertung von deren Relevanz.

FRAGE

Im Devisen–Trader veröffentlichen Sie jede Woche den Terminkalender über die wichtigsten Konjunkturdaten der kommenden Woche mit Uhrzeit. Wo kann man zeitnah die Ergebnisse dieser Veröffentlichungen sehen? Außerdem geben Sie bei den Konjunkturdaten auch immer eine „Markterwartung“ an. Wie kommen Sie zu diesen Einschätzungen?

ANTWORT

Zeitnahe Veröffentlichungen der Daten erhält man über die News–Ticker, zum Beispiel von Reuters. Falls Sie ein Konto bei einem Devisen–Broker haben, werden Ihnen in der Regel solche News–Ticker kostenlos zur Verfügung gestellt. Etwas zeitlich verzögert erhalten Sie die Informationen dann frei im Internet, zum Beispiel auf www.reuters.com oder www.bloomberg.com.

Die „Markterwartung“ ist die Konsensusschätzung volkswirtschaftlicher Analysten. Dieser Konsensus wird durch Umfragen zum Beispiel von Bloomberg ermittelt.

FRAGE

Ich möchte für den Fall eines Terroranschlags vorbereitet sein. Bei einem Terroranschlag werden die Kurse sicherlich empfindlich reagieren. Können Sie mir sagen, in welche Richtung sich dann der Euro bewegen wird?

ANTWORT

Genau lässt es sich leider nicht sagen, wie die Devisenmärkte auf einen Terroranschlag reagieren. Das hängt nicht zuletzt davon ab, wo der Anschlag stattfindet und wie schlimm er ist. Im Allgemeinen kann man sagen, dass ein Terroranschlag zu einer Flucht in den Schweizer Franken führt, also EUR/CHF und USD/CHF fallen würden. Der US-Dollar würde vermutlich unter Druck geraten, was zu einem Anstieg bei EUR/USD führen würde.

Themengebiet Turbozertifikate und Optionsscheine

FRAGE

Wo und wie kann ich Optionsscheine und Turbozertifikate handeln?

ANTWORT

Optionsscheine, Turbozertifikate und andere Produkte können bei jeder Bank, Sparkasse oder jedem Discount-Broker in Deutschland börslich und außerbörslich gehandelt werden. Der Handel ist je nach Emittent über verschiedene Handelsplätze wie zum Beispiel die Börse Stuttgart (EUWAX) sowie die Börsen Frankfurt (Smart Trading), Düsseldorf, Berlin oder München durchführbar. Der außerbörsliche Handel ist bei den meisten Discount-Brokern möglich. Anleger benötigen zum Handeln in allen Fällen die Wertpapier-Kennnummer (WKN) oder neuerdings die ISIN-Nummer, anhand derer das Produkt von den Handelssystemen der Banken eindeutig identifiziert wird. Um Optionsscheine und Turbozertifikate handeln zu können, ist zudem die Termingeschäftsfähigkeit notwendig.

Frage

Ist es besser, börslich oder außerbörslich zu handeln?

Antwort

Sowohl der börsliche als auch der außerbörsliche Handel haben ihre Vorteile. Bei der Order im außerbörslichen Handel wissen Sie sofort, ob der Handel zustande gekommen ist oder nicht. Handeln Sie börslich, müssen Sie auf diese Bestätigung häufig etwas warten. Dagegen kann es aber durchaus sein, dass Sie beim börslichen Handel einen besseren Kurs bekommen. Speziell an der Börse Stuttgart verfolgt man das Prinzip, die Kundenaufträge zum möglichst günstigsten Kurs auszuführen („Best– Price–Prinzip").

Wichtig ist noch anzumerken, dass limitierte Orders oder auch Stopp–Orders nur im börslichen Handel aufgegeben werden können, da hierzu ein Makler erforderlich ist. Im außerbörslichen Handel haben Sie nur die Möglichkeit zu entscheiden, ob Sie zu dem angebotenen aktuellen Kurs handeln möchten oder nicht. Ob es also besser ist, börslich oder außerbörslich zu handeln, hängt davon ab, worauf Sie mehr Wert legen.

Frage

Können Sie mir eine Empfehlung geben, wo es die „billigsten" Turbozertifikate und Optionsscheine zu kaufen gibt?

Antwort

Die Spreads für die einzelnen Optionsscheine und Turbozertifikate sind überall gleich. Lediglich zwischen den Emittenten gibt es hin und wieder Unterschiede. Aber auch hier darf der Spread nur ein Kriterium bei der Auswahl des geeigneten Derivats sein (siehe Kapitel sieben).

Frage

Wie ich feststellen konnte, gibt es bei manchen Turbozertifikaten und Optionsscheinen ein sehr begrenztes Handelsvolumen. Kann ich überhaupt davon ausgehen, eine Position jederzeit verkaufen zu können?

ANTWORT

Bei Turbozertifikaten oder Optionsscheinen verhält es sich anders als zum Beispiel bei Aktien: Der Umsatz spielt keine Rolle für die Preisbildung, weil die Emittenten – also die Banken, die den jeweiligen Schein begeben haben – zum Market Making verpflichtet sind. Die Emittenten MÜSSEN also jederzeit ihre eigenen Scheine wieder zurückkaufen – und das zu einem Preis, der sich am Wert des Optionsscheins oder Turbozertifikats orientiert. Die Befürchtung, dass Sie irgendwelche Scheine nicht mehr verkaufen können, ist also unbegründet. Das heißt: Während der Laufzeit können Optionsscheine und Turbozertifikate innerhalb der Handelszeit jederzeit gekauft und verkauft werden, unabhängig von ihrer Konstruktion.

FRAGE

Ist es besser, Optionsscheine und Turbozertifikate zu kaufen, bei denen hohe Umsätze zu verzeichnen sind?

ANTWORT

Hohe Umsätze in Optionsscheinen oder Turbozertifikaten gewährleisten nicht, dass die Kurse „fair“ oder „günstig“ sind, da immer der Emittent den Preis bestimmt. Der Preis orientiert sich dabei an den Größen, die den Wert des Derivats beeinflussen (siehe Kapitel 7), und nicht an Angebot und Nachfrage. Der Makler kann lediglich innerhalb der Geld–Brief–Spanne variieren und so einen leicht günstigeren Kurs herbeiführen.

FRAGE

Welche Rolle spielt der Emittent?

ANTWORT

Der Emittent ist rein rechtlich gesehen der Schuldner aus einem Wertpapier: Er erhält den Erlös aus dem Verkauf eines Optionsscheins oder Turbozertifikats und ist im Gegenzug verpflichtet, auf Anforderung die Leistung zu erbringen, die in den Verkaufsbedingungen festgelegt ist. Der Anleger kann nur gegenüber dem Emittenten seinen Anspruch auf die Erbringung dieser Leistung geltend machen, weswegen die Bonität, also die Fähigkeit des Emittenten, Verpflichtungen zu erfüllen, von entscheidender Bedeutung ist.

Frage

Was geschieht am Laufzeitende mit einem Turbozertifikat oder einem Optionsschein?

Antwort

Am Laufzeitende werden Turbozertifikate und Optionsscheine in der Regel automatisch ausgeübt und der innere Wert – falls vorhanden – dem Anleger erstattet. Eine physische Lieferung ist grundsätzlich nicht vorgesehen, kann bei manchen Emittenten jedoch vereinbart werden.

Allerdings ist es nicht unbedingt ratsam, Optionsscheine oder Turbozertifikate bis zum Ende ihrer Laufzeit zu halten. Besser ist es, die Scheine vorher an der Börse zu verkaufen. Zum einen hat man dann die Möglichkeit, einen günstigen Verkaufskurs abzupassen. Zum anderen können Optionsscheine – insofern sie nicht weit „im Geld" sind – zum Ende der Laufzeit einen hohen Zeitwertverlust haben, den man durch den vorzeitigen Verkauf vermeidet.

Frage

Profitiert der Emittent, wenn ein Optionsschein oder ein Turbozertifikat wertlos verfällt?

Antwort

Der Gewinn eines Emissionshauses resultiert vor allem aus der Geld-Brief-Spanne, also aus dem Handel im Turbozertifikat oder Optionsschein. Wertlos gewordene Optionsscheine oder Turbozertifikate können daher gar nicht im Interesse des Emittenten liegen, da die Folge hiervon ein ausbleibendes Geschäft wäre.

Frage

Kann ein Turbozertifikat wertlos werden, auch wenn das Knock-out-Ereignis nicht eintritt?

Antwort

Nein, da aufgrund der Konstruktion des Turbozertifikates immer ein positiver innerer Wert vorhanden ist, solange der Basiswert über (bei Turbo-Bull-Scheinen), bzw. unter (bei Turbo-Bear-Scheinen) dem Knock-out-Level notiert.

Frage

Leider ist mir der Umgang mit den gelegentlich von Ihnen benutzten Mini-Futures von ABN Amro nicht bekannt. Tradet man mit diesen Mini-Futures EUR/USD, so sind hier Barriere und Stop-Loss-Level in US-Dollar angegeben. Wie setzt man hier bei einer in US-Dollar angegebenen Barriere die Stop-Loss-Marke korrekt? Muss man die vom Emittenten vorgegebene vorher erst noch herausnehmen lassen?

Antwort

Der Stop-Loss-Level bei Mini-Futures auf EUR/USD bezieht sich auf den Wechselkurs selbst und ist daher in US-Dollar angegeben. Verfügt ein Long-Zertifikat auf EUR/USD zum Beispiel über einen Stop-Loss-Level von 1,1900 USD, dann würde das entsprechende Zertifikat ausgestoppt, sobald der Wechselkurs unter die Marke von 1,1900 USD fällt. Das Zertifikat würde automatisch verkauft, und der verbliebene Restwert würde Ihnen gutgeschrieben.

Im Gegensatz zu den Mini-Futures von ABN Amro stimmen bei vielen anderen Emittenten jedoch der Basispreis und der Stop-Loss-Level überein. In diesem Fall würde das jeweilige Turbozertifikat wertlos ausgebucht, sobald die Stop-Loss-Schwelle erreicht wurde (daher auch die ebenfalls übliche Bezeichnung Knock-out-Optionsscheine für Turbozertifikate).

Die von ABN Amro und einigen anderen Emittenten angegebenen Stop-Loss-Schwellen gehören zu den Emissionsbedingungen und können vom Käufer eines solchen Produkts nicht beeinflusst werden. Sie können allerdings, wenn Sie ein entsprechendes Turbozertifikat im Depot haben, selbst an einer Börse, wie zum Beispiel der Euwax in Stuttgart, eine zusätzliche Stop-Loss-Order aufgeben.

Beispiel: Gehen wir davon aus, Sie haben ein Turbozertifikat zu einem Preis von 4,00 Euro gekauft, Sie möchten aber Ihr Verlustrisiko auf 25 Prozent begrenzen. In diesem Fall können Sie eine Stop-Loss-Order mit Stop-Loss-Limit 3,00 Euro zum Beispiel an der Euwax platzieren. Der Makler dort wird dann dafür sorgen, dass Ihre Scheine verkauft werden, sollte deren Wert unter 3,00 Euro fallen. Eine Begrenzung des Verlustrisikos bei der Anlage in Turbozertifikaten auf die genannte Art und Weise ist nicht nur möglich, sondern auch dringend zu empfehlen.

Themengebiet Devisen-Broker und Spot-Trades

FRAGE

Sind die Renditen bei Turbozertifikaten und Optionsscheinen höher als bei Spot-Trades? Wenn ja, dann lohnen eigentlich doch keine Spot-Trades. Ist es dann nicht besser, nur auf Turbozertifikate und Optionsscheine zu setzen?

ANTWORT

Die Renditen bei Turbozertifikaten und Optionsscheinen sind nicht unbedingt höher als bei Spot-Trades, da man bei Spot-Trades über die Margin eine starke Hebelwirkung erzielt. Das heißt: Wenn der jeweilige Devisen-Broker zum Beispiel eine Margin von zwei Prozent verlangt, dann heißt dies, dass man mit einem Einsatz von 1.000 Euro für 50.000 Euro US-Dollars kaufen oder verkaufen kann. Der Hebel beträgt in diesem Fall 50! Das bedeutet natürlich eine hohe Chance, aber auch ein hohes Risiko.

Spot-Trades lohnen sich also, zumal man auf diese Weise auch auf mehr Währungspaare spekulieren kann als mit Derivaten – die genaue Anzahl ist abhängig vom jeweiligen Devisen-Broker. Darüber hinaus ist das Setzen von Limits und Stopps direkt im Wechselkurs möglich. Der Haken dabei: Um Spot-Trades machen zu können, müssen Sie ein Konto bei einem Devisen-Broker eröffnen. Die Mindestanlagesumme beträgt in der Regel 2.000 bis 10.000 Euro. Manche Devisen-Broker bieten aber auch so genannte „Mini-Accounts“ an, bei denen die Mindestanlagesumme deutlich niedriger liegt.

FRAGE

Ich bin neu im Devisengeschäft und habe folgende Fragen: Wie macht man eigentlich Spot-Trades in der Praxis? Was bedeutet die Bezeichnung „Pips“?

ANTWORT

Um Spot-Trades in der Praxis durchzuführen, müssen Sie ein Konto bei einem Devisen-Broker eröffnen. Das Trading funktioniert dann recht einfach, denn Sie handeln die Wechselkurse direkt (siehe Kapitel 6). Zu Übungszwecken können Sie ein Demokonto ohne echtes Geld bei einem Devisen-Broker eröffnen. Details dazu erfahren Sie unter: www.devisen-trader.de/demo.html.

Mit Pips bezeichnet man die kleinste handelbare Einheit bei einem Wechselkurs. Bei EUR/USD ist dies zum Beispiel die vierte Stelle nach dem Komma. Ein Anstieg bei EUR/USD von 1,2330 auf 1,2350 USD entspricht damit einem Anstieg von 20 Pips.

FRAGE

Ab welchem Einsatz lohnt sich der Handel an der Forex?

ANTWORT

Zum einen verlangt jeder Devisen-Broker eine Mindestanlagesumme, die bei Eröffnung des Kontos eingezahlt werden muss. Derzeit sind dies in der Regel 2.000 bis 10.000 Euro. Das heißt aber nicht, dass man diesen Betrag immer investiert haben muss – im Gegenteil: Für den einzelnen Trade können sich auch kleine Einsätze lohnen, da die anfallenden Gebühren (so vorhanden) in der Regel recht gering sind. Die Standardordergröße ist ein Lot, was 100.000 Währungseinheiten entspricht. Bei einer üblichen Margin von einem Prozent ist dies ein Einsatz von 1.000 Euro (vorausgesetzt, die Basiswährung ist Euro). Viele Broker bieten aber auch so genannte Mini-Lots an, die dem Zehntel eines Lot, also 10.000 Währungseinheiten, entsprechen. Der Einsatz beträgt folglich in diesem Fall nur 100 Euro. Mini-Lots sind vor allem für Einsteiger zu empfehlen, da sich diese kleinen Beträge gut zu Übungszwecken eignen.

FRAGE

Sie haben für einen empfohlenen Spot-Trade folgende Order-Bedingungen angegeben:

Long Euro/US-Dollar
Buy EUR / Sell USD
Limit: 1,2250 USD
Stopp: 1,2180 USD

Frage: Ist mit Limit immer der maximale Einstiegskurs gemeint?

ANTWORT

Mit „Limit" ist immer eine so genannte „Limit Entry Order" gemeint. Das heißt: Erst wenn EUR/USD auf dieses Kursniveau gefallen ist, wird eine Long-Position aufgebaut. In diesem Fall werden Euros gegen US-Dollars gekauft. Der Stopp-Kurs bezeichnet das Kursniveau, bei dessen Unterscheiten die Long-Position spätestens wieder aufgelöst werden sollte, um zu hohe Verluste zu vermeiden.

FRAGE

Was ist eine Stop-Buy-Order?

ANTWORT

Mit dem Begriff Stop-Buy ist gemeint, dass ein Wertpapier gekauft wird, wenn es über einen bestimmten Kurs steigt. Im Gegensatz dazu bedeutet eine Stop-Loss-Order, dass ein Wertpapier verkauft wird, wenn es unter einen bestimmten Kurs fällt. Mit einer Stop-Loss-Order sichert man folglich eine bestehende Position ab, und mit einer Stop-Buy-Order ist man bestrebt, in einen laufenden Markt einzusteigen. Da bei Wechselkursen im Gegensatz zu Aktienkursen die Kursrichtung keine Rolle spielte, wird bei den Devisen-Brokern in der Regel nur der Begriff „Stopp-Order“ oder „Stop-Buy-Order“ verwendet – unabhängig davon, in welche Richtung der Markt läuft.

Themengebiet Spekulation in der Praxis

FRAGE

Können Sie mir bitte sagen, wo ich die Kurse von Turbozertifikaten und Optionsscheinen in Echtzeit bekomme und was mich das ungefähr im Monat an Gebühren kostet? Oder kann ich die Kurse eventuell auch im Internet kostenlos verfolgen?

ANTWORT

Die Kurse der Turbozertifikate und Optionsscheine können Sie – jedenfalls für die meisten Emittenten – zum Beispiel bei www.finanztreff.de als Real-Push-Kurse verfolgen. Häufig bieten auch die Emittenten selbst auf ihren Homepages Realtime-Kurse an. Eine weitere Möglichkeit ist es, bei einem Discount-Broker ein Konto zu eröffnen, denn über die Discount-Broker können Sie mit den meisten Emittenten direkt handeln und erhalten häufig auch die entsprechende Realtime-Kursversorgung.

Wenn Sie bereit sind, etwas Geld zu investieren, können Sie auch einen professionellen Börsendienst wie Taipan (www.lp-software.de) oder b.i.s. (www.bis.de) in Anspruch nehmen. Die Preise variieren dabei, je nachdem welche Kurse Sie beziehen möchten. Dabei gilt es zu bedenken, dass die erwähnten Anbieter nicht nur eine Kursversorgung sicherstellen, sondern auch charttechnische Tools und weitere Mehrwertdienste mit anbieten. Sie müssen sich über die Einzelheiten jedoch beim jeweiligen Anbieter selbst informieren.

FRAGE

Können Sie mir sagen, was das am besten geeignete Chart-Programm für den Devisenhandel ist?

ANTWORT

Sollten Sie die Eröffnung eines Kontos bei einem Devisen-Broker erwägen, so steht Ihnen dann dort auch ein Chartprogramm zur Verfügung. Sie können dies zum Beispiel durch die Eröffnung eines Demokontos einmal ausprobieren. Näheres dazu finden Sie auf unserer Homepage www.devisen-trader.de.

Falls Sie am Trading mit Optionsscheinen und Hebelzertifikaten interessiert sind, so ist unseres Erachtens die Software von Tradesignal (www.tradesignal.com) in der Kombination mit einer Kursversorgung durch den Anbieter Taipan (www.lp-software.de) besonders gut geeignet.

FRAGE

Geben Sie im Devisen-Trader konkrete Empfehlungen?

ANTWORT

Wir geben bei jeder Empfehlung im Devisen-Trader Limit und Stop-Loss an, sodass die Orders von jedem Abonnenten eins zu eins nachvollzogen werden können. Das betrifft sowohl die Empfehlungen von Derivaten als auch von Spot-Trades. Zudem werden die Abonnenten ständig über die weitere Vorgehensweise auf dem Laufenden gehalten.

Darüber hinaus versuchen wir aber auch, unsere Abonnenten durch ein umfangreiches Angebot an Basisinformationen in die Lage zu versetzen, eigene erfolgreiche Anlageentscheidungen zu treffen.

Frage

Bislang benutze ich für meine Handelsstrategien neben den gängigsten Indikatoren Point&Figure- sowie Linien- und Balken-Charts. Mit Candlesticks habe ich mich nie beschäftigt. In Ihren Veröffentlichungen sehe ich, dass Sie ausschließlich Candlestick-Charts verwenden. Diese haben doch eine sehr große Ähnlichkeit mit Balken-Charts. Halten Sie die Candlesticks für treffsicherer als Balkencharts – und wenn ja, warum?

Antwort

Wichtig bei der Chartanalyse ist in erster Linie, dass man systematisch vorgeht. Welche Chartdarstellung und welche Analysemethoden man dabei verwendet, ist so gesehen zweitrangig. Tatsächlich sind in den Candlesticks dieselben Informationen enthalten wie in den Bar-Charts, nämlich die Eröffnungs-, Hoch-, Tief- und Schlusskurse. Der Grund für die Verwendung von Candlestick-Charts im Devisen-Trader ist vor allem, dass diese Informationen (Eröffnungs-, Hoch-, Tief- und Schlusskurse) in der Darstellung mit Candlesticks optisch besser zu erfassen sind.

Gelegentlich ziehen wir aber auch die Methode der Candlestick-Analyse zu Rate, um charttechnische Einschätzungen, zum Beispiel über eine Trendwende, zu unterstützen.

Frage

Wie sinnvoll ist das Trading mit den so genannten Fibonacci-Retracements? Man hört gerade im Forex-Handel immer wieder von deren guten Einsatzmöglichkeiten. Was ist dabei zu beachten, beziehungsweise wie handelt man diese? Dazu stellt sich natürlich die Frage, woher man verlässliche Fibonacci-Retracements für sämtliche Währungspaare bekommt?

Antwort

Mit Hilfe der Fibonacci-Analyse können bestimmte Kursniveaus, die so genannten Fibonacci-Levels, ermittelt werden. Diese Fibonacci-Levels stellen häufig charttechnische Wendepunkte oder Ziele einer laufenden Kursbewegung dar. Es lohnt sich daher, auf den jeweiligen Kursniveaus besonders aufmerksam zu sein. Eine isolierte Betrachtung beziehungsweise ein isoliertes Handeln lediglich aufgrund von Fibonacci-Levels ist jedoch nicht anzuraten. Wenn allerdings zum Beispiel ein Trendwechsel stattgefunden hat, macht es durchaus Sinn, die Fibonacci–Levels bei der Frage zu Rate zu ziehen, bis zu welchem Niveau die Kursbewegung laufen wird. Anschließend kann man sich dann entsprechend positionieren, gesetzt den Fall, die anderen Indikatoren und das Chartbild liefern dieselbe Einschätzung. Zur Verfügbarkeit: Die meisten Chartprogramme bieten Fibonnacci–Levels als Analyse–Tool mit an.

Frage

Ich bin gerade dabei, ein Handelssystem für Devisen auf Fünf–Minuten–Basis zu entwickeln (insbesondere auf den Wechselkurs EUR/USD). Mir stellt sich jetzt die Frage, ob sich dies überhaupt umsetzen lässt. Schließlich wird EUR/USD tagtäglich von Nachrichten beeinflusst, was enorme Schwankungen zur Folge hat. Da mein Handelssystem aber auf rein technischen Gesichtspunkten basiert (Trend–Dynamik, Umkehrpunkte, Momentum, Stochastik etc.), stellt sich mir die Frage, ob ich dies überhaupt anwenden kann. Ich suche einen volatilen und liquiden Markt, und welcher ist da besser als der Devisenmarkt?

Antwort

Sicherlich ist der Devisenmarkt aufgrund seiner hohen Liquidität und Volatilität sehr gut für den Einsatz technischer Handelssysteme geeignet. Allerdings müssen Sie dieses Handelssystem natürlich auch an den Devisenmarkt anpassen und zum Beispiel die teilweise heftigen Schwankungen berücksichtigen. Eine Möglichkeit wäre es, nur zu ruhigen Handelszeiten zu traden und sich zum Beispiel vor der Veröffentlichung wichtiger Konjunkturdaten aus dem Markt herauszuhalten.

Themengebiet Fremdwährungskredite und Absicherung

Frage

Angenommen, ich erhalte ein Fremdwährungs–Darlehen in Yen (aktueller Kurs 134,50 JPY). Der Yen wertet aber anschließend auf, zum Beispiel um zehn Prozent. Wie lautet dann der aufgewertete Kurs? Und: Wie groß ist mein Risiko?

Antwort

Wenn der Yen um zehn Prozent aufwertet, dann lautet der neue EUR/JPY–Kurs 121,05 Yen. Durch die Aufwertung erhöht sich entsprechend Ihr Darlehensbetrag, in Euro gerechnet, um zehn Prozent. Das heißt: Sie müssen, in Euro gerechnet, zehn Prozent mehr zurückzahlen, als Sie an Kredit aufgenommen haben. Das Gleiche gilt für die Zinszahlungen, die sich ebenfalls entsprechend der Aufwertung erhöhen.
Hierzu ein kleines Rechenbeispiel für ein Darlehen von 100.000 Euro:

Bei einem EUR/JPY–Kurs von 134,50 Yen ergibt sich in Yen gerechnet ein Darlehensbetrag von 100.000 x 134,50 Yen = 13.450.000 Yen.

Wertet der Yen nun um zehn Prozent auf 121,05 Yen auf, dann bleibt der Darlehensbetrag natürlich bei 13.450.000 Yen. Für die Rückzahlung in Euro ergibt sich aber folgender Betrag: 13.450.000 Yen / 121,05 Yen = 111.111,11 Euro. Wertet der Yen allerdings während der Laufzeit des Fremdwährungskredits ab, dann verringert sich der Rückzahlungsbetrag in Euro entsprechend zu Ihrem Vorteil.

Frage

Gibt es Produkte, mit denen ich langfristig eine Finanzierung in Schweizer Franken bzw. Yen absichern kann?

Antwort

Sie können Finanzierungen in Franken oder Yen zum einen über Termingeschäfte absichern. Dabei kaufen Sie per Termin Franken oder Yen gegen Euro. Das ist allerdings für den Privatanleger nur über Devisen–Broker möglich, was wiederum ein Konto bei dem jeweiligen Devisen–Broker erfordert. Das Gleiche gilt für Optionen.

Die andere Möglichkeit ist der Kauf von börsengehandelten Put–Optionsscheinen auf EUR/CHF oder auf EUR/JPY, denn deren Wert steigt bei einer Aufwertung des Yens oder des Frankens und gleicht damit die Verluste beim Fremdwährungskredit aus.

Welche Scheine dabei gewählt werden, hängt davon ab, welchen Kurs Sie absichern wollen. Möchten Sie beispielsweise bei EUR/CHF einen Kurs von 1,5100 CHF absichern, dann können Sie Put–Optionsscheine mit Basis 1,5100 CHF kaufen. Ein Optionsschein berechtigt dabei in der Regel zum Bezug von 100 Währungseinheiten, in diesem Fall Schweizer Franken. Fällt der Kurs bis zum Laufzeitende des Fremdwährungskredits unter 1,5100 CHF, dann ist Ihnen mit dem Put–Optionsschein dennoch der Kurs von 1,5100 CHF sicher. Steht EUR/CHF zum Laufzeitende über 1,5100 CHF, dann verfallen die Put-Optionsscheine wertlos.

Mit diesem Beispiel wird klar: Absicherung ist nicht umsonst zu haben. Sie mindert im Zweifel Ihren Gewinn, wenn sich der jeweilige Wechselkurs letztlich doch in die gewünschte Richtung bewegt.

Frage

Gibt es die Möglichkeit, Kredit- und Sparzinsen in verschiedenen Ländern regelmäßig abzurufen? Interessant wären natürlich die Zinssätze, die mit Eurofinanzierungen beziehungsweise Fremdwährungsfinanzierungen in Zusammenhang stehen (EURIBOR oder LIBOR).

Antwort

Die LIBOR-Zinssätze, die als Referenzzinssätze zum Beispiel für Fremdwährungsfinanzierungen herangezogen werden, erhalten Sie auf der Internetseite der British Bankers´ Association unter: www.bba.org.uk/public/libor. Dort finden sich die LIBOR-Rates für die wichtigsten Währungen und alle Laufzeiten als Excel-Tabelle zum Download.

Frage

Ich habe schon länger Anleihen in Südafrikanischen Rand in meinem Depot. Kennen Sie ein gutes, bezahlbares Absicherungsinstrument für diese Währung?

Antwort

Natürlich ist immer eine Absicherung über Termingeschäfte oder Optionen möglich. Wenn Sie aber hier selbst tätig werden wollen, müssten Sie zum Beispiel über ein Konto bei einem Devisen-Broker verfügen. Ansonsten bleibt nur der Weg über eine Bank.

Als börsengehandeltes Instrument, das zur Absicherung gegen eine Abwertung des Südafrikanischen Rands eingesetzt werden kann, gibt es aktuell lediglich ein Turbozertifikat (EUR/ZAR Mini-Long) des Emittenten ABN Amro. Wir gehen jedoch davon aus, dass in Zukunft weitere Produkte in diesem Bereich angeboten werden.

10.4 Weiterführende Literaturhinweise

Eller, Roland / Dreesbach, Stefan (1997): Technische und quantitative Wertpapieranalyse, Deutscher Sparkassen Verlag.

Eller, Roland / Spindler, Christian (1994): Zins– und Währungsrisiken optimal managen, Verlag Gabler.

Fischer–Erlach, Peter (1995): Handel und Kursbildung am Devisenmarkt, 5. Auflage, Verlag Kohlhammer.

Florek, Erich (2000): Neue Trading–Dimensionen, FinanzBuch Verlag.

Goldberg, J. / Nitzsch, Rüdiger von (1999): Behavioral Finance, FinanzBuch Verlag.

Metz, Dennis (2004): Devisenhandel, FinanzBuch Verlag.

Rose, Klaus / Sauernheimer, Karlhans (1999):
Theorie der Außenwirtschaft, 13. Auflage, Verlag Vahlen.

Steinbrenner, Hans–Peter (2001): Professionelle Optionsgeschäfte, Wirtschaftsverlag Ueberreuter.

10.5 Register

Wolfgang Stobbe

Das 1x1 des Devisenhandels

159 Seiten, Hardcover
Preis € 14,90 (D); € 15,40 (A); SFr 26,80
ISBN: 3-89879-106-8

Vom Devisenmarkt geht eine unglaubliche Faszination aus. Aufgrund seiner Liquidität und Komplexität gilt er als Königsdisziplin der Finanzmärkte. Kaum ein anderer Markt wird so sehr von psychologischen und technischen Effekten geprägt. Die unterschiedlichsten Anlegertypen treffen hier aufeinander: Der private Hauskäufer, der sich in Schweizer Franken verschuldet hat, »konkurriert« mit Hedgefonds, die durch Daytrading eine Überrendite zu erzielen versuchen. Wolfgang Stobbe zeigt mit diesem Buch, wie auch Sie von diesem Markt profitieren.

Dennis Metz

Devisenhandel

256 Seiten, Hardcover
Preis € 34,90 (D); € 35,90 (A); SFr. 60,40
ISBN 3-89879-065-7

Der Devisenhandel ist seit Beginn des Börsenhandels eine feste Größe in der Welt der Profis. Keine Bank und kein Land kann seine Geschäfte ohne den Handel mit Währungen führen. Erst seit kurzem stehen nun die Möglichkeiten dieser Handelsart auch dem privaten Investor zur Verfügung. Im ersten deutschsprachigen Werk zu diesem Thema steht der Autor Rede und Antwort und zeigt Schritt für Schritt auf, wie man vom Handel mit Währungen profitieren kann. Der Aufstieg des legendären George Soros zeigt deutlich, dass die Profitmargen im Devisenhandel enorm sein können.